U0648491

跟着宠物学管理

詹妮日记

孟祥林 ◉ 著

JANEY'S DIARY

天津出版传媒集团

天津人民出版社

图书在版编目(CIP)数据

詹妮日记：跟着宠物学管理 / 孟祥林著. —— 天津：
天津人民出版社, 2017.7
  ISBN 978-7-201-12072-0

  Ⅰ.①詹… Ⅱ.①孟… Ⅲ.①管理学–通俗读物
Ⅳ.①C93-49

  中国版本图书馆 CIP 数据核字(2017)第 155700 号

詹妮日记:跟着宠物学管理

ZHANNI RIJI GENZHE CHONGWU XUE GUANLI

孟祥林 著

出 版	天津人民出版社	
出 版 人	黄　沛	
地 址	天津市和平区西康路 35 号康岳大厦	
邮政编码	300051	
邮购电话	(022)23332469	
网 址	http://www.tjrmcbs.com	
电子信箱	tjrmcbs@126.com	

策划编辑	王　康	
责任编辑	杨　莉	
特约编辑	王　玲	
封面设计	明轩文化　·王烨	

印 刷	高教社(天津)印务有限公司	
经 销	新华书店	
开 本	710×1000 毫米　1/16	
印 张	23.25	
插 页	2	
字 数	250 千字	
版次印次	2017 年 7 月第 1 版　2017 年 7 月第 1 次印刷	
定 价	69.00 元	

版权所有　侵权必究
图书如出现印装质量问题,请致电联系调换 (022-23332469)

作者对你说

　　管理是门很深的学问,管理者不但要将管理学理论学好,还要将管理实践做好。很多人认为管理在很大程度上是一门艺术。书店里有关管理学的教材、著作比比皆是,人们可以从这些书籍中汲取管理学知识。但是如今忙碌的人们越来越没有时间坐下来完整地读一本书了, 尤其是那些非专业人士,挤出时间认真读完一本管理学著作,似乎更不可能。本书就是想要给广大读者呈献一种更加简便的方法,让人们在轻松的阅读中,从日常琐事中感悟管理学的知识。

　　小狗这种宠物不离人的左右,与主人之间能够形成非常默契的关系。聪明的宠物能够读懂主人的意图,能够喜主人之所喜,忧主人之所忧,给主人增添快乐,为主人减少精神上的压力。

　　在本书中,"宠物"用以代表"下属","宠物"与"主人"之间的关系实际上映射了"下属"与"上司"之间的关系。宠物与主人是心贴心的,但是宠物对自己主人的行为也并不是完全没有微词的,由此可以想到,对管理者与被管理者之间关系的处理更是比较复杂的。组织的发展需要管理者与被管理者之间有默契的合作,这种合作需要以情感为纽带,但更需要制度来维系。就像书中谈及的,当情感替代制度之后,管理者在下属之间就会制造远近亲疏,组织成员就会感到组织存在不公平。正像书中宠物所言,管理者需要的是人才而不是奴才,要允许下属有不同的声音。只有在这种情况下,下属才会支持管理者工作,而且这种支持是发自肺腑的、免费的,管理者应该通过合理的制度设计,在组织中创造出让下属积极进言献策的氛围。

"宠物"通过日记的方式,将自己对主人的感受写了出来。"宠物"的日记越多,对主人感受的体现就会越全面。书中通过宠物的眼睛,看到了主人为人处世的方式,"宠物"通过向主人说心里话,让"主人"感受到了自己的心声,暗示"主人"要以更加科学的管理方式与身边的人相处。正如现实生活中,下属是非常希望上司能够采纳自己的建议的,这不但对上司的未来发展有好处,而且也可以为下属自己创造出一个相对更加温馨的生存环境。所以日记的目的就在于交流,交流的目的就在于创造一种融洽、和谐的工作氛围。

著名管理学家韦伯认为,管理者的权力分为三种类型:世袭权力、神授权力和理性权力。第一种权力是通过父传子、子传孙的方式得到的,这种权力是通过世袭得来的。第二种权力是在"君权神授"的思想下得到的,带有一定的迷信色彩。第三种权力是通过民主方式被组织成员赋予的。三种权力中只有第三种权力才具有最高的信服力,这是组织通过自下而上的方式对管理者赋予的权力,管理者是组织成员推举出来的。人们对这样的管理者充满了期待,他们德才兼备,能够调动组织成员的积极性,人们希望与这样的管理者打交道。

在宠物与主人之间的关系中,二者权力是不对称的。与这种关系非常类似,被管理者与管理者之间的权力也是不对称的,在这种关系中,被管理者更多的时候是服从,但是在这种服从中是否存在效率损失?这只有被管理者才知道。管理者想要让下属对自己心服口服,就需要完善制度。让自己掌握"理性—合法权力",使下属不成为管理者的"宠物",而是成为合作者。为了做到这一点,管理者在制度建设的过程中,不但要约束下属,也要约束自己,不要让情感替代制度。这样的管理者,在与下属打交道的过程中,即使放开"拴在宠物脖子上的绳子",下属也会努力表现自己的。

　　读者朋友们,本书相对于传统的管理学书籍,行文方式灵活,语言通俗易懂,希望能够成为您的枕边读物。由于本人能力有限,在写作过程中难免表述不周或者存在其他疏漏,恳请您提出批评或指正,以便让我有所提高。

孟祥林

2017 年 1 月于华北电力大学

詹妮对你说

　　亲爱的读者朋友，我叫詹妮，是一只雌性吉娃娃，这个名字是我的主人给我起的。现在您对我很陌生，这很正常，但读了这本书后，您就会对我很了解了。如果您是某个公司中的职员，我在本书中对主人的道白会让您感同身受。我认为我与主人间的关系正好能够映射职场中被管理者与管理者间的关系。在一个组织中，由于管理者与被管理者间的信息不对称，被管理者对管理者的不满意"只许你想、不许你说"，说出来后就会影响被管理者与管理者间的关系。由于二者间地位不对等，结果被管理者往往成为受害者，即使要表达自己的想法也要拐弯抹角地进行，管理者与被管理者之间信息沟通的通道往往就这样被阻塞，正如我对主人的不满意也只能隐藏在心中一样。在日常生活中，我给主人带来了很多快乐。主人交给我的各项任务我都保证完成，主人对我很满意。与主人生活在一起多年，对主人的生活习惯以及脾气秉性等我都非常了解。为了不惹主人生气，我只会在主人面前表现出快乐、活泼，在主人做出令我不满意的举动时，我只能沉默处之。主人是我生活的全部，我应该理解主人的付出和辛苦。主人做事情不可能总是从我的角度出发考虑问题，遇到问题时忍一忍应该是我的基本素质。我的主人是非常善解人意的，在我对主人表示冷淡时，主人一般在最短时间内就会意识到自己的错误，而且马上就能够做自我批评，所以我们相处得很好。

我是一个杂食动物，主人喜欢吃的食物我都喜欢吃，但我喜欢吃的食物主人往往不能满足我，尤其是与主人在大街上散步的时候，好多美食对我形成了难以抗拒的诱惑，而这时主人并不理解我的心情，我对此很是纠结哟！我对蛋白质的消化和吸收能力很强，我觉得这可能是因为我们的祖先都是肉食动物吧！别看我的体型较小，但我的肝脏相对较大，它能够分泌出大量胆汁，让我比较轻松地将肉食消化殆尽。我非常喜欢吃肉类，每当主人给我买回这样的美食时，我都会迫不及待地摇着尾巴扑上去，只要闻到这些美食的香味，我的口水就会在口腔中打转转。但是我绝对不会让这些口水流出来的，不然太有失身份了。我在特别想吃的美食面前也一定要显得足够矜持，当然，主人一般都是非常高兴而慷慨地分给我吃，这时我也绝对不会推辞。嗯，在美食面前我是不会有任何谦让的。主人在与我分享美食的过程中得到了快乐，也拉近了我与主人间的距离。我觉得，在管理实践中，管理者也应该是这样吧，管理者应该懂得与下属同甘共苦，有分享才会有回报。我的主人在遇到困难的时候总会向我诉说，虽然我并不能为主人解决问题，但主人看到我那伤心的样子后，就会开心一笑，仿佛所有问题都解决了。您看，我能够起到"拨开云雾见青天"的作用，我就是主人的"调味剂"和"开心果"。主人已经将我视为其生命中的重要组成部分，并没有把我当成其附属物，这是让我最开心的事情。我希望主人与我一直保持这样的关系。

我认为，在管理实践中，下属一定要在管理者面前表现得非常勤快。管理者与被管理者之间具有何种关系氛围，虽然与管理者的脾气秉性有关，但被管理者应该积极主动地营造出有利于自身发展的上下关系，这一点很重要。在这一点上我就表现得很积极。每当主人领着我散步时，我都会主动走在主人前面，这样就可以完全避免主人总是回头照顾我。我非常善于奔跑,并且具有常人难以想象的耐力。与主人在外面散步的时候,我总是保持一溜儿小跑的状态,而不会慢条斯理地走路。有的时候我都嫌主人走路太慢,我会远远地超过主人走在前面,等到离主人较远了,我会折回头跑到主人面前然后再向前跑。有的时候主人会问我:"詹妮,你这样来回跑,累不累呀?"我不会说话,但能听懂主人的问话,我只是摇着尾巴向主人示意"不累",因为跑步是我的天性。加上我是一个急性子,走起路来就会风风火火,在外面玩耍的时候,我不会过多地注意主人的心思,只要我玩得开心就足够了。我觉得只要我开心,主人就会开心的。主人为了保障我的安全,有时候会在我的脖子上拴一根绳子,有了这根绳子,我就能够与主人的"步调"保持高度一致了,不会超过主人很远,也不会远远落在主人的后面。我认为这应该就是管理者与被管理者之间那种默契的关系吧。就在走路这件小事上,我会从心底体谅主人,主人也会非常在意我。管理者与被管理者之间如果能够达成这种关系,一个组织肯定能够得到高速发展。

被管理者只有具备足够的优秀品质才能够被其上司看重,在这方面我做得非常到位。家族的优秀遗传基因使我具备超强的嗅觉。正是由于具有这个优点,所以侦探、搜救、缉毒等这些高难度工作都少不了我的同伴的身影。当然,我并不参与这样的工作,我只是说我的同类在参与这样的工作。我真得为我们这个家族感到自豪。正因为我们这个家族中的成员都很优秀,所以人们才会对我们高看一眼。依靠灵敏的嗅觉,我能够为主人找到东西,这让主人省了不少事呢。主人需要我做事时我都会竭尽全力,我与主人心灵相通是我全力以赴做事的基础。每当我为主人立功后,主人看我的眼神都会不一样,我看得出来主人是在对我进行表扬。由此我认为,下属如果没有过硬的优秀品质,单凭与管理者套近乎赢得其赏识是不可能的。灵敏的嗅觉是我在主人心中具有重要位置的基本条件。在管理实践中,管理者需要树立威信凝聚人才,引领组织不断成长。因此管理者就需要具有发掘人才和激励人才充分展示其才能的能力。如果被管理者感觉到很压抑,这时候管理者就会失去魅力,有才能的下属也会因此而远离管理者甚至做出离开组织的决定。所以管理者应该具备让被管理者毫无避讳地开口说话的能力。主人对我实行了开放式管理，我的才能可以在主人面前毫无保留地展示，我不会存在"功高盖主"的担忧。读者朋友，您是不是很欣赏我的主人呢？

我除了具有灵敏的嗅觉外，还具有灵敏的听觉。这能够让我听得见非常细微的声音。为主人看家是我的责任。主人很忙，有时整天在外面上课，这时候我就成了家的卫士。虽然中午不能吃上主人为我准备的美味佳肴，但我认为，即使忍饥挨饿也应该履行我的职责，谁让我是主人的詹妮呢？我相信主人不会亏待我的，暂时的挨饿会换来稍后的大快朵颐。主人每次回家都会给我带回礼物呢，仅此一点就足以让我对主人忠心耿耿。我觉得这应该就是我与主人间的不离不弃吧。在为主人看家的时候，门外只要稍微有风吹草动，我就会大叫不止，在我的"威胁"下，坏人就会被吓跑。凭借灵敏的听觉，即使主人在很远的地方走路，我也能够辨识出主人的脚步声。等到主人一开门，我就会热情洋溢地迎上去。不管主人是什么样的心情，我都会充满激情地迎上去摇尾巴、吐舌头、挪动身躯，有时还会用前爪搭在主人的身上，用力咬住主人的裤脚一点一点地挪。每当这个时候，主人即使对我大喊，我也全然不在乎。主人经常给我讲一些管理学故事，那些管理者因为有忠诚的下属进谏忠言而取得了辉煌的成就，我非常激动。如果我能够开口说话，一定会向主人倾诉我的心声。

读者朋友，您看得出来，我一直在表扬自己，但并没有夸大其词。我是很幸运的，有这样的好主人而拥有了美好的生活。我最大的优点就是忠诚。人们都说：狗不嫌家贫，我觉得这是对我们的最精确的描述。主人就是我的全部，我要用100%的心对待我的主人，主仆一场就是缘分。我的职责就是要为主人创造出快乐。只要主人选定了我，此生我注定要跟随主人一辈子。我在与主人生活的过程中，主人能够给我提供最好的物质生活。我并不祈求富贵，只希望有一个属于我的家。有些主人很残忍，为了将自己的宠物扔掉，开着车将其扔在十几里甚至几十里地之外的地方，但是等到第二天早晨起床推开门的时候，发现自己的宠物就蹲在家门口，于是主人感动得流下了泪。没有办法，我们天生就是忠诚，我觉得这也就是人类喜欢我们的原因吧。我就是主人眼中忠实的"走狗"。我就像一个尾巴一样整天跟在主人的身边，成为主人的影子。我认为，在管理实践中，下属就应该像我一样对待管理者，下属应该有更多担当，要为管理者多想事、多走路、多观察，进而为管理者多出好点子，让管理者更加足智多谋。这样的组织才能够兴旺发达。

在我的眼中，主人就是我的"领导"，主人说要写一本管理方面的著作，并且说要以我的口吻写作，这让我感到受宠若惊。主人，您这不是要让我出名吗？在与主人交往的过程中，虽然主人有缺点，但是主人的优点大于缺点，主人的缺点我都能够忍受，我也在通过巧妙的方式帮助主人完善人格，主人对这一点也是心领神会的。就这一点而言，我的主人较现实中的很多管理者高明很多哟！我觉得主人具有闻过则喜的优秀品质。主人要从与我的关系角度讨论管理方面的东西，向读者说一说我在与主人打交道过程中的不如意和对主人的希望，并由此映射管理实践中被管理者与管理者间的关系。我觉得主人不应该将我的心声都告诉读者的，读者读了以后，如果不太明事理的话，还以为我对主人有"二心"呢？我前面已经说过了，我对主人是绝对忠诚的。唉，真是没有办法，谁让主人是我的"领导"呢！主人说怎样就怎样吧！用我的口吻写一个"下属"对"上司"的想法，虽然表面上看起来有些小题大做了，但也并不是完全没有道理，也许读者会更容易接受这种表达管理思想的方式吧！只是我就要背上一个"不忠诚"的黑锅了。读者朋友，只要您喜欢读就行了，我现在不想这么多了。

主人的宝贝宠物　詹妮

2017 年 1 月于金昌博雅书斋

第一篇　用足权力——该出手时就出手

绝对服从

开山之笔 ………………………………………… 003

服从上司 ………………………………………… 005

讨好上司 ………………………………………… 007

主仆关系 ………………………………………… 009

弱化权力 ………………………………………… 011

官大表准 ………………………………………… 013

戴紧箍儿 ………………………………………… 015

在您背后 ………………………………………… 018

你是唯一 ………………………………………… 020

权的魅力 ………………………………………… 023

适度分权

学会放手 ………………………………………… 025

各司其职 ………………………………………… 028

你来我往 ………………………………………… 031

做个地主 ………………………………………… 034

基本权利 ………………………………………… 037

疲劳战术 ………………………………………… 040

自己做主 ………………………………………… 042

建章立制

报告制度 ······································ 044

不能娇惯 ······································ 047

物归原处 ······································ 050

无拘无束 ······································ 053

引入竞争 ······································ 056

等交通灯 ······································ 058

广场隔栏 ······································ 061

奖懒罚勤 ······································ 063

换位思考

我很纠结 ······································ 066

强人所难 ······································ 069

委屈下属 ······································ 071

心情压抑 ······································ 073

换位思考 ······································ 076

不管不顾 ······································ 079

见异思迁 ······································ 081

牵肠挂肚 ······································ 084

体恤下属

为我请命 ······································ 087

我有生活 ······································ 090

付出真爱 ······································ 092

我的梦想 ······································ 095

了解需求 ······································ 097

不能承受 ······································ 099

厄运当头 ·· 101

一意孤行 ·· 103

心烦意乱 ·· 105

做个棉袍 ·· 107

团队建设

唐僧角色 ·· 109

不同声音 ·· 112

理想泡汤 ·· 114

说话算数 ·· 116

虚心学习 ·· 118

潜移默化 ·· 120

形影不离 ·· 123

虚张声势 ·· 125

唱什么调 ·· 128

第二篇　善用他人——众人拾柴火焰高

懂得艺术

玩世不恭 ·· 132

柔性管理 ·· 135

快乐教育 ·· 137

难得糊涂 ·· 140

祸去福至 ·· 142

我并不傻 ·· 144

软硬兼施 ·· 146

名正言顺 ·· 149

激励下属

我也好奇 ……………………………………… 151

我被忽视 ……………………………………… 154

自我推销 ……………………………………… 156

唯才是举 ……………………………………… 158

忙中偷闲 ……………………………………… 161

慷慨表扬 ……………………………………… 163

良莠难辨 ……………………………………… 165

心如死灰 ……………………………………… 167

哭也是笑 ……………………………………… 169

我的视野 ……………………………………… 171

读懂下属

成为热点 ……………………………………… 173

一筹莫展 ……………………………………… 176

玩笑有度 ……………………………………… 178

胆小如鼠 ……………………………………… 180

不美是福 ……………………………………… 182

以丑为美 ……………………………………… 185

填饱肚子 ……………………………………… 187

请求饶恕 ……………………………………… 189

隐藏希望 ……………………………………… 191

俯首帖耳 ……………………………………… 193

我要捡漏 ……………………………………… 195

注重实效

与世隔绝 ……………………………………… 197

走在前面 ………………………………… 200

日积跬步 ………………………………… 203

预测未来 ………………………………… 205

恐惧陌生 ………………………………… 207

不拘一格 ………………………………… 209

适时亮剑 ………………………………… 212

视频会议 ………………………………… 214

纸上谈兵 ………………………………… 216

形式主义 ………………………………… 219

东施效颦 ………………………………… 222

识别小人

远离矮人 ………………………………… 224

各个击破 ………………………………… 227

阳奉阴违 ………………………………… 229

伪装乞讨 ………………………………… 231

过河拆桥 ………………………………… 234

听信谗言 ………………………………… 236

见风使舵 ………………………………… 238

缺斤短两 ………………………………… 240

南郭吹竽 ………………………………… 242

无病呻吟 ………………………………… 244

注意沟通

猫狗对峙 ………………………………… 246

心灵沟通 ………………………………… 249

人情世故 ………………………………… 251

抢占地盘 ………………………………… 253

针锋相对 ································· 255

无隔夜仇 ································· 257

做个陪衬 ································· 259

技术障碍 ································· 262

第三篇　严管自己——身正不怕影子歪

遏制私欲

贪心难泯 ································· 267

欲言又止 ································· 270

利益分配 ································· 272

口蜜腹剑 ································· 274

心底无私 ································· 276

欲望非贪 ································· 278

爱慕虚荣 ································· 280

我想吃肉 ································· 282

控制欲望 ································· 284

以身作则

推卸责任 ································· 286

有公德心 ································· 289

上行下效 ································· 291

以身作则 ································· 293

调节自己 ································· 295

姗姗来迟 ································· 297

管者自管 ································· 299

安心做事 ································· 301

秋风萧瑟 ·· 303

打破藩篱

以貌取人 ·· 305
远近厚薄 ·· 308
利益集团 ·· 310

修身养性

做个绅士 ·· 312
做个内行 ·· 314
不修边幅 ·· 316
修身养性 ·· 319
哗众取宠 ·· 321
与人分享 ·· 323
公鸡品德 ·· 325
少见多怪 ·· 327
小题大做 ·· 329
持之以恒 ·· 331
适度收敛 ·· 333
串门有感 ·· 335

自知之明

量力而行 ·· 337
我不完美 ·· 340
忘乎所以 ·· 342
旁人说话 ·· 344
做个奴才 ·· 346

结语 ··· 348

后记 ··· 351

第一篇

用足权力

该出手时就出手

主人，根据您告诉我的管理学理论，我觉得权力就是让别人按照自己的意思做事的影响力，我觉得您在我面前就是一个很有权力的人，在您的眼神、声音、手势中都饱含了权力的韵味，您对于我而言是至高无上的。在您对我发号施令的时候，我一定会服从，只有这样才能够使您对我产生好感。主人，我觉得在您面前我很弱小，根本没有向您表达心声的可能，所以有时即使您在犯错误，我也必须忍气吞声，否则就是以下犯上，我就没有好日子过了。每次到外面玩的时候，我都是紧紧跟在您的身边。我已习惯了您对我的指挥，我觉得这足以说明您与我之间没有隔阂，如果您不对我进行指挥，我会觉得很别扭，甚至会认为您在有意疏远我。在外面散步的时候，我非常希望您将绳子拴在我的脖子上，因为这样我觉得很安全，我不但不会走失，而且会很好地躲避"外来入侵者"可能对我造成的伤害。我认为绳子就是权力，就代表了您指挥的方向，通过一根细细的、短短的绳子就能够在我们之间建立起默契的合作。主人，从您的身上我看到了权力的魅力，权力能够让别人按照自己的意志行事，于是身边的一切可以按照自己设计的程序进行。您用绳子拉着我到任何您想去的地方，我的行为方式完全在您的控制之下，有时候您带着我走进了一个陌生的死胡同，我们只好退回来，您在犯错时我也跟着犯错，这完全是绳子惹的祸。有时候您拉着我走进大排档，那里到处都是烟熏火燎的，刺鼻的油烟直往我鼻子里钻，我是觉得非常难受的，这时候您的快乐建立在了我的痛苦之上。有的时候您把我拉到花丛中，这时候我会非常高兴，多么盼着您将我脖子上的绳子解开，这样我就可以四处跑跑了，只有此时咱俩的愿望才达到了高度一致。主人，我觉得您无时无刻不在用您的权力，通过权力展示您的威力，通过权力让我服从，这总体上说并无坏处，但也在一定程度上能够助长您的官僚作风，所以我认为应该对您的权力进行适当约束才行。"权力"让您和我紧紧地绑在一起，您通过声音、手势、眼神等展示"权力"的存在。您不但在我面前有权力，而且在小主人和女主人面前也是有权力的，由于您掌握着权力，所以您是家里的核心。我们都希望您不断提高自己的管理水平，在您施展权力的过程中让我们能够感到愉快，从而能够与您合作。家里面的东西放在什么地方，都是由您说了算的。您是一个很会向我们展示影响力的人，我们都服您了。

◆ 绝对服从 ◆

开山之笔

　　今天的天气可真不错！在这样一个明媚的日子里开始我的鸿篇巨制可真不是件容易的事。从今天开始，我就要通过"纸上谈兵"的方式与主人交流了。我已经迫不及待了，赶紧开始工作吧。

　　主人，这是我的第一篇日记，从今天开始，我打算把我与您交往的点点滴滴记录下来，记录下您的优点，也要记录下您的缺点。希望在您心情比较放松的时候，拿起我写的这些日记读一读，也许会有些感悟，咱们之间的关系会更加默契和牢固。主人，在与您生活的过程中，我已经深深感觉到了"近朱者赤，近墨者黑"的道理，我现在考虑很多事情时，都会不自觉地与管理学或者经济学联系在一起，几乎要走火入魔了。在我的眼中，您就是我的领导，我需要听您的话，以您为核心做事情。在我的心中，您的形象是非常高大的，虽然您也有一些小毛病，但这并不能影响您的形象。比如，从表面上看您大多数时间内都是和颜悦色的，但只有我才知道，您的内心也有脆弱的一面。您在遇到不如意的事情时会大发脾气，这与您的工作压力过大有关系，这一点我很理解。我有时也是这样的。散步的时候总会有一些让我心烦的同类想接近我，但我并不喜欢它们，每当这时，我的心情就会很差，为了尽快摆脱它们，我就会大声嚷叫以示愤怒，这些不速之客才会知趣地走开。

您在与周边的人打交道的时候，一般都是在不同的场合、不同的时间，使用不同的面孔去面对。主人，就这一点来说，我就做不到，无论什么时候，在任何地点，我都是用同一张面孔对待您。您是我的唯一，我要用我的全部忠心对待您。在您情绪低落的时候，我要给您带来快乐，以缓解您心中的怨气；在您高兴的时候，我也要给您带来快乐，以便能够给您加油助兴。主人，虽然我有些时候也会犯错误，但我会尽量避免。主人，您可以选择我，但我在很大程度上不能选择您。您对我很严格，而且有些时候让我难以忍受。我能够做的就是不断提高自己，以便能够适应您提出的更高的要求。主人，我这并不是逆来顺受，而是变被动为主动，为自己的生存赢得更好的空间。

6月1日星期三

今日感悟

管理无处不在，只要仔细品味，很多事情中都能品出管理学的味道。管理者与被管理者间的合作需要以被管理者服从管理者为前提，被管理者实际上就是管理者的影子。管理者需要通过创造良好的管理氛围影响被管理者。只有科学的管理制度才会聚拢与管理者真诚合作的员工。管理者不能从个人喜好出发考虑问题，而要从组织发展的战略目标出发考虑问题。这样的管理者才会具有足够的权威，这样的组织才会得到可持续发展。

服从上司

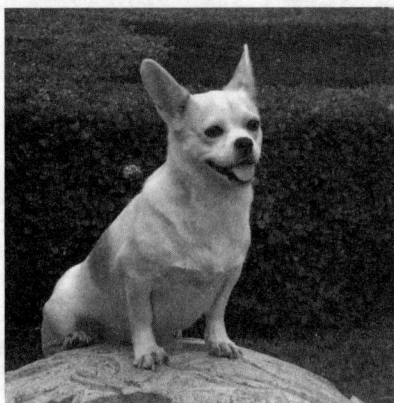

看云识天气,与主人打交道也应该是这样,这就是我与主人相处的技巧。"哪壶不开提哪壶",这会让主人觉得我不乖巧。主人经常告诉我,管理是科学更是艺术,这一点我是深有体会的。主人的脾气飘忽不定,我就需要在活泼或者安静之间做出合理选择。在与主人打交道的过程中,我的行动会随主人的心情变化而变动,每次都能够取得不错的效果。我给主人的印象是"很懂事"。人在一天中会接触很多事,心情也会左变右变的。既然是这样,我一定要学会察言观色,这样才能与主人处好关系哟。

主人今天看起来心情很不错。主人总是这样,只要有高兴的事情就会体现在脸上的。我喜欢主人的重要原因之一就是他"表里如一",这也为我在主人面前恰如其分地表现自己创造了条件。主人高兴对我而言是很有好处的。主人在外面忙碌了一天总是不会忘记给我带回一些好食物,这些好食物都是我最喜欢的。但是主人今天虽然很高兴但看上去好像非常劳累,我觉得到外面去散步的机会好像就没有了吧?主人,我在家中已经被圈了一整天了,最希望做的事情就是等您回来后能够带领我到外面的公园中转一转,您知道这是我一天中最为舒心的时候,但是今天看上去好像没有什么机会了。主人您可别忘记了,您在出门之前已经答应过我的,说您回家之后就会带我出去玩,如果您因为自己过于劳累而不带我出去散步了,就说明您是一个出尔反尔的人,您这样不信守承诺,我以后还怎么信任您呢?我知道您就是咱们家中的老大,我当然不敢冒犯您。我的一切都是您给予的,我对您心存感激,也希望您能够好好休息,所以只能选择服从,将出去散步的愿望彻底打消。其实能够坐在您的身边陪着您休息也是非常惬意的事情。主人,难道您就没有注意到在您休息的时候我有多么乖吗?在您休息的时候我一向都是非常乖巧地在您旁边安静地睡觉的,从来不敢大声出气,害怕影响到您。因为劳累、压力大,您的脾气有时会很坏,发脾气时我都会吓得直哆嗦。我只好蜷缩在一旁,听着您大呼小叫的。主人,您这样大发脾气其实对您的身体很不好的。希望您在不顺心的时候要好好忍一忍,常言道"宰相肚里能撑船",我相信您能够做得到。好了,不多说了,主人,希望您能够有一个愉快的晚上,晚安。

6月5日星期日

今日感悟

管理学理论认为,服从并非盲从。被管理者只有善于谏言才能够协助组织走上良性发展轨道,管理者的缺陷在得到有效遏制的同时,被管理者的才能也得到了很好的展现。管理者需要掌握管理这门科学,它更是一门艺术。这不但包括了管理者识人、选人、用人、育人和留人的艺术,也包括了管理者与下属融洽相处的艺术。管理者需要与下属处好关系,让下属明白管理意图,这样下属才能配合管理者完成各项工作。总之,没有不会做事的下属,只有不会做事的上司。

讨好上司

"怎样才能与主人交心？"我一直在问这样一个问题，这对于我而言真是一个不易破解的难题。

我觉得，与主人相处就如同照镜子，我只要对主人好，主人就会以相同的方式对待我的。主人与我是有心电感应的。我就是要用"以诚相待"，与主人激发出"爱"的火花。我认为，适度讨好主人是没有错误的。主人，我今天心情特别好，您今天也应该是这样的吧？今天一大早您就把我带到公园中遛圈，我可高兴了。您可能不知道，自从入夏以来，我每天很早就会起床，然后趴在您的床前等待着您醒来，看着您还在酣睡，我就会忍着不发出任何声音。我知道您非常疲劳，所以才不好意思打搅您。其实我特别想将您唤醒，因为我也有朋友啊，它们的主人可都是定时定点地到公园中散步的呀，我如果去晚了就见不到它们了。看着您酣睡的样子我真想上前"汪——"一声，但我知道这样对主人是非常不礼貌的，所以我只好在您的床前默默等待。幸好您今天起床不算太晚，在公园中，我终于见到了我的朋友们。我们玩得非常开心，几乎忘记了在一旁跟随的主人们（很不好意思）。

　　早晨的时光过得真快,今天我们走得路程也格外长,虽然天气有些闷热,但早晨还算凉快。我希望您每天都能这样,因为您的好心情与我的好心情是紧密连在一起的。由于需要抓紧时间完成任务,您每天熬夜不睡,其实对身体很不好的。早晨与伙伴们一起聊天中知道,它们的主人也是这样的。是不是现在的人们都是这样的呀?每天只是忙,忙着花钱也忙着挣钱。主人,我有这样的体会,人们在工作非常紧张时,心情就会非常差,而且脾气也变得很不好。这时候就容易发牢骚,并且变得不容易与他人相处。现在我明白了,这实际上不是他人出了问题,而是自己出了问题。主人,我现在替您想出了一个好的办法来应对这种局面了,那就是在需要发脾气或牢骚之前"深吸一口长气",并且在说话前先停留三秒迫使自己冷静下来。这样,情况就变得完全不一样了。您如果觉得好玩,不妨试一试。

6月6日星期一

今日感悟

　　适度讨好上司可以拉近彼此的感情,过度讨好上司会让自己变成奴才。为了维护管理者与被管理者间的关系,二者都要做出努力。管理者不应因为具有控制被管理者的权力,就将管理者所做的一切视为理所当然。管理者与被管理者需要相互尊重,这样才能够持久合作。为了推动组织持续进行,管理者需要的是人才而不是奴才。管理者与被管理者通过利益串联在一起,被管理者需要从管理者那里得其所需,管理者需要清楚这一点,才能够共享财富、凝聚人才。

主仆关系

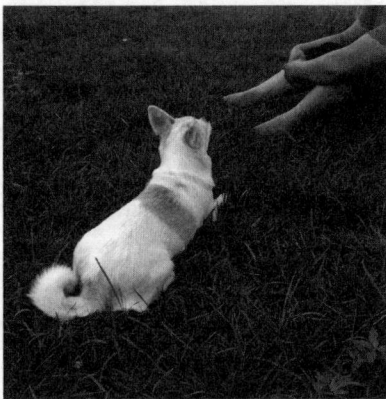

面对一大片草地,麻雀说:我看见了蝗虫。老鹰说:我看见了兔子。兔子说:我看见了草。人们生活在同一个世界中,关注点是有差别的。每个人都有自己的世界,都在为实现自己的目标而不断发掘资源。主人,您就是我的世界。在茫茫人海中,我的眼中只有您。寂静的深夜中,您远远地咳嗽一声,我就能够辨认出是您向我走来了。

主人,您今天去西柏坡旅游啦?西柏坡肯定是个很好的旅游胜地吧?一天不见您了,我看见您回家时那种风尘仆仆的样子很是心疼呢!您真是一个细心的人,给小主人买了非常漂亮的玩具回来,小主人还向我展示了那个玩具呢!小主人告诉我说玩具叫作坦克,打仗时用的武器,不过这个玩具是不会发射炮弹的。小主人的这些话我都听不懂,只是觉得坦克的样子很美。小主人告诉我说这个玩具完全是用子弹壳做的,他非常喜欢这个玩具。我看到小主人快乐的样子我也非常高兴,您知道,我表达对主人感情的方式就是甩尾巴、打滚、咬衣襟、用舌头舔主人的脚和手、满地跑,这些我都做了而且是非常认真地去做了。也许您并不在意我高兴时的样子，但我觉得您肯定在意我不高兴时的样子。我高兴时您会觉得眼前非常热闹，这样的场景司空见惯后您也许就不会有任何惊喜激动，但是当我连续有几天不在您的面前打滚的时候，您是不是会觉得缺少了些什么东西？主人，当您高兴的时候我也会非常高兴，我非常喜欢您高兴的样子，这时您就会给小主人讲故事听，小主人听故事的那种专注的样子让我很着迷，我觉得这是我最享受的时刻。虽然您给小主人讲的很多话我并不懂，但我可以从您的语气上判断出您的内心世界。您到家时我正在睡觉，但我对您的脚步声最为熟悉了，您还在楼下时我就迫不及待地在门口等候了。您不在我身边我觉得这个世界就没有了快乐。我非常喜欢与您在一起，您会给我好吃的食物，抚摸我的头，并主动伸出手让我舔。我已经慢慢感觉出来了，家庭中所有的成员虽然都是我的主人，但您才是核心人物。您在家中的时间最长，还总是在电脑前写这个写那个的，我正在琢磨更好地与您相处的技巧。我已经能够很好地分辨出电脑开机和关机的音乐声，每当电脑关机的音乐响起的时候，我都会一溜儿小跑地蹿到您面前，我觉得您的工作忙完了，带我出去散步的时间应该是到了！难道您没有发现这样的"规律"吗？

6 月 11 日星期六

今日感悟

　　管理者与被管理者之间需要相互支撑、同舟共济，彼此之间以诚相待。管理者与被管理者虽然同处一个组织中，但二者的关注点有差别，前者是从管理的角度看问题，分担的是管理职能，后者是从被管理者角度看问题，分担的是执行职能。著名管理学家法约尔认为，为了提升组织的运行效率，就需要将管理职能与执行职能分开。但分工不等于分隔，有效的分工需要以紧密合作为前提。分工与合作是不可分割的"双胞胎"，管理者必须处理好二者间的关系。

弱化权力

有时候我真搞不明白,控制别人的感觉就那么好吗？也许权力对于主人而言就意味着责任,所谓"责任重大"吧,所以从来不敢将权力放小一小点。

主人,我发现您的权力就太大了,不但我要对您唯命是从,而且家中的所有其他成员都要听您的,在您那里根本就不能找到任何民主。今天早晨咱们一同去散步,您拴在我脖子上的绳子根本就没有放开过,这让我一点也没有感受到自由。我认为,您根本就不懂得放权,这样会让您觉得很累,别人也一直很紧张。绳子对您而言是权力,对我而言是束缚。我喜欢挣脱绳子的约束,自由自在地在草地上奔跑。我明白您这样做是为了保证我的安全,但您的顾虑是多余的。你不用担心我会乱跑,我会一直看着您的,从来不会与您距离太远。难道您就不记得了？咱们玩捉迷藏,您无论藏在任何地方,我都会在最短的时间内找到您的。我之所以能够很快找到您,并非完全凭借我的视力,灵敏的嗅觉帮了我很大的忙。从某种程度上说,您在我脖子上系上绳子与不系上绳子是一样的。在系上绳子的时候,你需要始终拽着我,这样一来您会非常费心,我走路也不自在。在外面散步原本是件开心的事情,但由于绳子的存在,我们两个人都非常紧张。试想一下,如果您把绳子放开,这时您散步就会非常轻松,我也会由于没有了绳子的束缚而轻松一些,但这只是表面上的轻松,我在心中会绷紧一根弦,因为没有了绳子后咱们之间的距离就会拉远，我就必须时刻提醒自己要与您保持较近的距离，只有这样才会让我有安全感。放开绳子后，您就会将束缚我的成本由原来您独自承担变成由我独自承担。我虽然承担了较大的成本，但心情是愉快的。实际上我心里也很矛盾，我既希望您将绳子放开又不希望您将绳子放开，这个绳子实际上就是咱们之间关系的写照。今天早晨遇到了我多日不见的好朋友，我非常希望能够与其多玩一会儿。可能您一点也不理解我的心情，您只是将绳子一味地向前拉，难道您就没有注意到吗？我当时根本一点也不愿意按照您指挥的方向走？我的眼睛一直盯在朋友的身上。看得出来，她的主人与您是一样的，从绳子被拉得紧绷的样子，就可以看得出来，试问主人们这样不感到累吗？

把绳子放长一点、将紧绷的绳子放松一点，主人就可以从中体会到放权的快乐。主人形式上权力的弱化并不意味着实质上权力的弱化，您只要学会适当运用权力，我就会变得非常幸福快乐，您从中得到的快乐或许比我更多呀，您不妨就试一试！

6 月 21 日星期二

今日感悟

对权力要有束缚，让权力有所顾忌，只有这样用权才会有度。管理者用权需要讲求艺术，这涉及授权、集权与分权的关系。管理学理论认为，分权以授权为前提，集权就是权力在高层领导那里一定程度的集中，分权就是权力在低层管理者那里一定程度的分散。过度集权或者过度分权都会对组织发展形成障碍。适度分权可以让管理者从繁杂的事物中挣脱出来，腾出更多精力思考组织发展的重大战略问题，更好地把握组织发展方向。同时也可以增加被授权下属的工作积极性，从而在不同层级的管理者间达成更高水平的合作。

官大表准

世界上只有一个表具有最准确的时间,其他的钟表都要根据这个钟表调整其时间。我觉得主人就是我心中的那个"具有最准确时间的钟表",我的时间要根据主人的时间进行调整。只有这样,我与主人才能够合拍。

主人,咱们在一起散步时步调就总是不一致,不是我快了就是您快了。您步子稍快时,我由于步子较慢就会遭到您的呵斥,我步子稍快时,就会不断地跑回来到您的面前迎接您,然后再回头向前跑去。这样反复跑来跑去我就会多走很多路程。您知道我也是有心情的,我有错误时会遭到您的大声呵斥,而您有错误时我并不能以相同的方式对待您。我的心情必须随着您心情的变化而变化,您悲伤的时候我必须也表现出悲伤,您快乐的时候我也必须表现出快乐。所以只有当您快乐并且我也快乐的时候,我才能真正表达出我内心的快乐,只有这时我们才是同步的。为了赢得您的欢心,我有时在您面前不得不虚伪地装出您喜欢的各种表情。没有办法,因为您是我的主人,我的生活完全依附于您,所以您的情绪是最重要的,这就是您经常对我说的"官大表准"吧!家里有客人到来时,我就会按照您的想法尽量地表现出活泼可爱的样子，这样我就会得到客人的表扬。客人对我进行表扬时我观察过您的表情，您会感到很自豪。您就非得在意这些东西吗？我与其他的小伙伴交流信息时，他们告诉我他们的主人也是这样的。我刻意在您面前表现自己，是因为我知道您高兴不会给我带来坏处，虽然这样做会让我感到很累，但想到您在他人面前会非常有面子，我仍然会不知疲倦地表现我的"才能"。

在公园散步时我反反复复地在您面前来回跑，虽然您走的距离不算长，但我走的距离可能是您的几倍呢。我知道我有时太心急，巴不得您走得快一点，这样我们就可以欣赏更多的风景。但由于您是我的"领导"，我不能催促您，如果我这种急躁心态通过语言表达出来，肯定会导致您不愉快。为了求得您理解，同时又不会影响您的心情，我只能通过来回跑来表达诉求，希望您能够通过我的这些表现体会出什么。但在长期观察后我知道，您对我的诉求往往无动于衷，这多少让我有些失望。您是我的中心，我要时刻围着您转，我需要体会您的感情，而我的诉求您是不用体会的，我对于您而言只是一件物品，而您对于我而言却是生命的全部。我们的地位是不对等的，话语权也有很大差别。我多么希望您能体会一下我的心情呀。

7月17日星期日

今日感悟

　　组织发展的规则是核心管理者制定的，管理者的思路就是组织的发展方向。为了保证组织的发展方向，管理者的权威需要有足够保证。著名管理学家韦伯认为，管理者权力的获得有三种方式：理性的权力、世袭的权力和神授的权力。在如上三种权力中，只有第一种权力与管理者具有的权威具有同等程度的含义。管理者的权威依托其具有的综合素质，这包括总揽全局的素质、捕捉机会的素质、体恤下属的素质、与人沟通的素质以及善于学习的素质等。权力和权威并非等价概念，在组织发展中权威较权力更重要，二者达到高度统一时组织就会取得较高的效率。

戴紧箍儿

　　每个人都需要被约束,不然就会为所欲为,这种约束就像孙悟空头上的紧箍儿,所以我认为人人头上都应该有一个紧箍儿,尤其是拥有权力的人更是应该这样。紧箍儿咒掌握在他人的手中,只要掌握权力的人犯了错误,就会有人给其念上一段紧箍儿咒,于是拥有权力的人心中就有了使其害怕的东西,这些人做事就会更加谨慎。

　　主人,您就是我的"紧箍儿",我最怕您给我念紧箍儿咒了。说实在的,相对于您而言,我根本谈不上拥有权力,我倒是希望您的头上被戴上一个紧箍儿,并且有人给您念紧箍儿咒,这样您就不会为所欲为了。在您的眼中,好像我总是错的,我并不这样认为,很多时候我并没有错误,是您错怪我了,我受到了本来不应该受到的惩罚。我总是盼望着冬天的到来,因为按照惯例,老主人(主人的父亲)就会到咱家一起生活了,他可是您的"顶头上司",他来之后,我估计您就不会那么"嚣张"了。您平常对家里人那么严格是不是有些过分呢?老主人是您的"顶头上司",您跟老人家说话时一定要随和一些呀!老主人年纪大了,您在说话方式以及言谈举止等各个方面都要做些让步呀,千万不要针锋相对,不然老主人会很伤心的。主人,我认为咱家就是一本管理学著作,这样说是不是比较专业了,我受您的熏陶说话也会咬文嚼字啦!我是在班门弄斧,您可不要笑话我。我觉得,如果说我是您的下级,那么老主人就是您的上级。您平常总是对我们吆五喝六的,您在我们面前权力太大了,我倒要看看您在老主人面前怎样表现?您在老主人面前是下级,老主人就是您的"紧箍儿"。您在老主人面前可以体会一下做下级的感觉了吧!老主人的话即使您非常不愿意听,估计也得乖乖听老主人讲完,您管理我时我就是这样做的。如果您能够体会到您在老主人面前的感受,就会换位思考,以后在与我相处时就会对我温和一些哟!这就是您在管理学上讲到的"科层理论"吧。我对这些理论不理解,但是我知道"一级压一级"的道理。我们由于是您的下级,即使您有不正确的地方,我们也不能直接指出您的错误,但老主人就不必在乎这些了。先前老主人到咱家住时,您与他经常会发生一些小争吵,我觉得主要还是您的错误,我认为您缺乏与他人和睦相处的能力。我觉得老主人是非常随和的人,他并不在意您的错误,您发了半天的脾气,老主人还是我行我素,您没有办法吧!如果同样的事情发生在我们身上,我们的遭遇应该不是"冰雹"就是"闪电"吧。您这种"眼睛向上""态度向下"的风格我是很难接受的,难道您也是这样对待您的同事吗?有了老主人这个"紧箍儿",我估计家里的气氛会和谐一些吧!就此而言我非常盼望着老主人能够早些来到,我认为老主人能够给我带来春天的气息。他早来一天,我就能够少担惊受怕一天。

主人,我记得您在给我讲笑话的时候说过,"紧箍儿咒"是《西游记》中观音菩萨给孙猴子施用的魔法,在唐僧念咒语时,"紧箍儿"可以变小,孙猴子于是就会头疼得满地打滚。我记得您说过,孙猴子每一次惹祸之后,唐僧都会念紧箍儿咒。在紧箍儿咒的约束下,孙猴子的野性就被定住,越来越听唐僧的话。依我看来,不光是您,每个人都需要有一个属于自己的紧箍儿,不然人们就会为所欲为,做出危害他人的事情,世界怎能太平呢?当然,与我关系最为直接的,就是您赶紧戴上一个紧箍儿,您的行为收敛了,我是最大的受益者。我和小主人、女主人的日子就都幸福了。

10 月 20 日星期六

今日感悟

　　责、权、利需要相互制衡，否则就会导致滥用权力。管理学认为，权力与责任对等。管理者在拥有理性合法权力时才能够具有权威，下属才能对其心悦诚服。"经营管理之父"法约尔曾经提出管理的十四项原则①，从多方面对经营管理理念进行了论述，该理论中论及的权力与责任原则、秩序原则以及等级链原则等都在不同层面阐述了权力与责任对等的道理。科层体系中任何一级管理者拥有的权力都是整个权力体系中的一个节点。权力是有边界的，管理者运用权力需要受到被管理者的约束，保证权力永远致力于构建科学秩序。

---

　　① 这十四项原则是：分工原则、权力与责任原则、纪律原则、统一指挥原则、统一领导原则、个人利益服从整体利益原则、人员的报酬原则、集中的原则、等级制度原则、秩序原则、公平原则、人员稳定原则、首创精神、团队精神。

在您背后

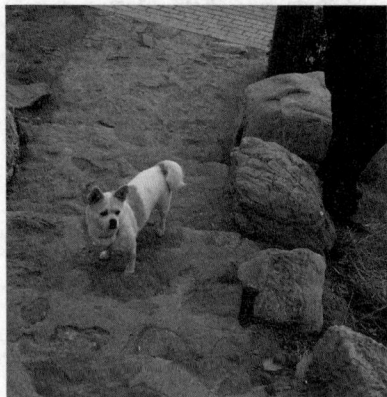

有人问我：你最要好的朋友是谁？我说：当然是我主人啦，说这话时我是脱口而出的，说明潜意识中您在我心中是多么的至高无上。您不仅是我的主人，更是我的朋友。我是您的粉丝，也是您的铁杆支持者。

主人，我就在您身后，无论什么时候，我都会无条件地支持您。您在生活和工作过程中肯定也会有烦心的事情，您一定要想开些，就像您平时开导别人时经常说的，这只是生活中的一个小插曲，退一步海阔天空呀。您不是经常说，这个世界是由矛盾组成的吗？不是冤家不聚头，人们只要聚在一起，就会产生矛盾，这些矛盾或者是因利益纠葛而生，或者由感情不和而生，很多时候矛盾莫名其妙地就产生了。主人您放心，无论在什么时候，我们之间都不会存在矛盾，这一点我敢保证。我永远会坚定地与您站在一起。走路时我要冲锋在前，有困难时我要做您的坚强后盾。虽然有时您会批评我，我不会对此事耿耿于怀，我觉得与您之间是没有心理隔阂的。您在家时无论您走到哪里，我都会像跟屁虫一样如影随形，我要尽最大努力让您永远在我的视线中，我要与您时时刻刻在一起。我虽然能力很小，但我要为您提供最大限度的支撑,这就是我的愿望。您说咱们之间是不是"亲密无间"呀?哈哈,主人,我是在与您开玩笑呢!主人,我不允许有任何人对您不恭。如果有人动您的东西或者对您有不尊敬的言行,我会向其大声"汪——汪——"不止,让其知道我的厉害。虽然有时咱们之间也会存在一些小矛盾,但我认为这是咱们之间的事情,别人是不能干涉的。我从您的身上学到了很多东西,我的素质较先前已经提高了很多。我非常喜欢与您在一起做事情,您听收音机时,我就趴在一旁煞有介事地仔细听,在您哈哈笑时我就摇尾巴,在您默不作声时我就舔您的手腕。在您看电视时,我也趴在一旁认真看,其实屏幕上的情节我什么都不懂,但在看见我的同类时,我就来了兴致,因为只有电视中传来的"汪汪"声,才能够让我真正明白是什么意思,我们的语言只有我们才能弄懂,这一点我比您强哟!有时我会对着鞋柜上镶嵌的镜子端详我自己很久,我非常纳闷,镜子中的这个小朋友,高矮胖瘦以及毛毛的颜色与我都是一样的,这到底是怎么回事呀!每当我有这种疑惑时,您就会在一旁笑,我不知道您到底是在笑什么?主人,您是不是觉得我很可笑呢!我是认真地在向您请教问题呢!如果我有什么不对之处,请及时向我提出,以便我能够更好地做您的支撑呀。

11 月 13 日 星期二

今日感悟

管理者只有得到下属由衷的支持,才能够将事业做大做强。管理学认为,团队是由管理者和基层员工组成的为了实现共同目标而具有明确分工合作和优势互补的有机共同体。管理者是团队的核心,员工是管理者的支撑。典型的团队应该具备如下特点:目标清晰、技能相关、相互信任、相互支持、分工合理、有机协作、领导正确、沟通良好。但是在团队发展过程中,成员间由于各种扰动因素也会产生冲突。管理者的责任在于能够识别良性冲突和恶性冲突,前者具有建设性后者具有毁灭性。

你是唯一

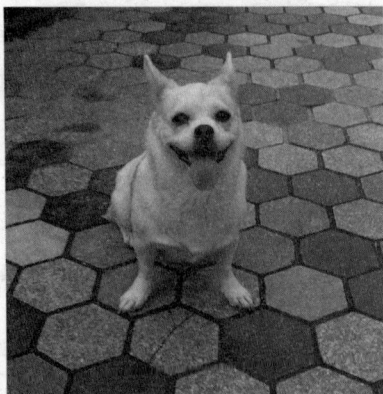

有人采访我：你幸福吗？我觉得这个问题根本不用回答，从我的举止上完全可以得出"我幸福"这个答案，其原因就在于我有一个好主人。主人是我的唯一，我也是主人的最爱。其实"幸福"二字并不能完全表达出我的感受，应该这样说：我非常非常幸福。

主人，您就是我的唯一。在我的眼中，女主人和小主人都不如您，您对我最好，有好吃的东西您都是先给我吃，在大多数时间里，您对我都是和和气气的。所以每次您回家时，您的脚刚一踏上楼梯，我就能够辨认出是您的声音。此时我就会早早地蹲在房门口等待着您打开房门，如果女主人这时已经打开了房门，我就会飞一样地冲下楼去迎接您，您看，我的表现够积极吧？这是我心情最为激动的时刻。我们已经半天甚至是一天没见面了，这是我表达心情的一种方式。虽然您是我的领导，但我对您并无"恐惧感"。在您比较清闲时，我就会翻来覆去地在您身上蹭，虽然我的毛毛会挂在您的衣服上，并因此会遭到您的呵斥，但我觉得您并不是对我真正要厉害。您的声音很好听，就连生气的样子都让我感到痴迷。吃饭时我一般都是站在您身旁，等待着您给我的碗中放入可口的饭菜。让我非常感激的是,您吃饭之前总是将第一口饭菜给我吃,这说明在您的眼中我是很重要的。您总是用实实在在的行动而不是用虚夸的语言表达对我的爱,这一点与其他人不同,这也是您成为我的唯一的根本原因。我的想法虽然不能用您所用的语言表达出来,但我会用摇尾巴以及将前爪搭在您的膝盖上等方式来表达。这种方式您能明白我要表达的情感吗?有一次我听女主人说我这是在欺负您,您可不能这样误解我,您是我的顶头上司,我怎敢欺负您!我是不敢将前爪搭在女主人的膝盖上的,我发现女主人很厉害,我不敢向女主人讨要食物,她虽然也是我的领导,但我与她的心理距离是较大的。在我的心中,您就是我的庇护伞,我的好心情或者坏心情都要向您表达。在小主人和女主人对我生气的时候,我总是飞快地躲到您的身后去谋求保护。这种做法非常奏效,每次都能够巧妙地躲过"劫难"。

您看,我一再强调,您是全天下最好的主人,我的心永远与您在一起。见您高兴时我就会撒开欢儿四处跑,我要分享您的快乐,见您忧郁时我就会趴在您的脚下蹭鞋子,我要分散您的注意力,您说我是不是很懂事呢?因为我不愿意看见您不开心的样子。您不开心,全家的空气都会紧张起来。这时候我也会诚惶诚恐,生怕会有大的灾难降临到头上。我反复说过了,您是我的唯一。因为您非常在乎我,所以我才非常爱您,我希望您每天都开开心心,我也会天天快乐。

12 月 22 日星期六

今日感悟

　　管理者与下属只有相互信任才能够精诚团结。管理学认为，激励下属努力工作的方式有多种，这包括物质激励和精神激励。管理学家马斯洛提出了需求层次理论①，认为只有较低层次的需求得到满足后，人们才会有较高层次的追求。赫兹伯格则从激励因素和保健因素②两个方面论述了激励的层次性。这些理论对管理实践都发挥了重要作用。在实际工作中管理者往往更加注重物质激励，同时也经常会发生"高薪不能促成高效"的问题。因此管理者在注重物质刺激的同时，也要注重情感管理，后者往往较前者更加奏效。

---

　　①　马斯洛的需求层次理论认为，人的需求像阶梯一样从低级到高级分为五层，即生理需求、安全需求、社交需求、尊重需求和自我实现需求。人们的需求就是按照该阶梯由低到高逐渐得到满足的。

　　②　赫兹伯格经过大量研究发现，能够让职工工作满意的都是与工作内容相关的因素，让职工感到不满意的都是与工作环境相关的因素。赫兹伯格据此将前一类因素称为激励因素，后一类因素称为保健因素。

权的魅力

主人,我现在越来越明白了,权力真的是一个好东西。有了权力就可以控制家中的财务,可以按照自己的意愿对其进行分配。为了吃上些东西,我每天都要围着您左转右转的。如果我具有权力,是不是也就可以像您那样为所欲为呢?

我知道您工作很忙,早晨为了赶时间,吃饭总是狼吞虎咽的。所以早饭时我一般都不会靠近您,也因此不能得到任何食物,上午一般都是我挨饿的时间。主人,您是不知道的,上午十点钟时我的肚子就会咕咕叫了。为了削弱饥饿感,我会猛劲儿喝水。但这也是有问题的,因为喝水太多,在您下班前我就会憋得很难受,这时又不能到草地上撒尿,所以在喝水这件事情上也需要适可而止,我经常在喝与不喝之间纠结。有时实在是太渴了,我就勉强喝上一点儿,只有您回家后我才能放开胆子喝。这时我就不会再有更多顾忌,需要撒尿时,我就会扯着您的衣角向外跑,您往往会很快领会我的意思。所以从该角度讲,是您在控制着我喝水这件事。您对我的控制已经从有形达到了无形。您在任何事情上都控制着我,决定我什么时候吃饭、吃多少饭,什么时候到外面玩、玩多长时间、在哪里玩。此间我不能对您表现出任何不满意,我明白,一旦这样的问题出现就意味着我们之间融洽的关系受到影响,而且关系不融洽的直接受害者是我。综合各种因素考虑,我得出的结论是:还是对您服帖一些为好。您的绳子向哪里牵我就向哪里走,即使有时您犯了错误,我也不会说的。我会让这种错误一直进行下去，直到您自己发现为止。这就是因为您有权力！但有的时候我在想，您不是经常说，权力只有受到约束后才不会变成魔鬼吗？我认为您只是理论谈得很好，行动上就是做做样子吧！当自己掌握的权力受到约束时，您也会有抵触情绪吧！受约束会感到不舒服的！主人，虽然受约束会感到不舒服，但我觉得这是必要的，权力就应该受到约束。整个世界就是一个由权力连接起来的相互牵制的链条，这个链条上的哪一个环节都不能出问题。在这个家中您是老大，当然最重要的事情都由您最后拍板。但是也不能完全由您自己拍脑门说了算的，我觉得小主人和女主人的参与权也应该受到足够重视。他们的权力在得到强化后，您的性子可能就会温和一些。说话的表情也许会和善许多吧！您由于权力太大，很多时候我们都怕您。您发脾气时，茶杯、暖壶、订书机等这些小件物品都摔了，就连房门也让您用拳头捅出一个大窟窿，您的力气可真够大的，这拳头要是砸在我身上肯定会粉身碎骨的！您发脾气时从来没有注意过我的表现吧！这时我早就藏在犄角旮旯里去了，生怕由于我的出现再引起什么祸端来。

主人，我还是一如既往地坚持我的建议，您的权力必须受到约束，这个世界肯定会变得太平许多。不知道您是否赞同我的观点呀？

12 月 26 日星期三

今日感悟

　　正确使用权力才会让权力有光彩。权变管理理论认为，不存在一成不变的管理方法。管理者需要根据组织的内外部条件权宜应变。权变理论的中心思想是：组织是一个开放的系统，因而受到外部环境的影响；组织活动需要以反馈方式不断实现组织目标；组织是一个系统，其中的各种因素相互影响。权力的目标不是控制，而是通过控制实现组织目标。所以权力具有魅力也负有责任，责任应该成为权力发挥作用的约束条件，权力也会因此而有秩序地发挥作用，权力也会因为得到正确使用而更有魅力。

◆ 适度分权 ◆

学会放手

主人的优点是很细心,缺点是包办的事情太多。我非常希望我的主人能够放开手,大胆地让我去做一些我想做的事情。

主人,您是不是觉得"有意识地学着放开我去做一件事"很难?现在您已经感觉出来了,咱们一起散步时,我有些胆小怕事。不认识的同伴迎面而来时,我总是选择躲开,在距离人家很远时就一溜烟儿逃跑,或者躲在您身后。我很怕与这些家伙产生冲突。这些家伙有的比我个头大,有的看上去比我更加灵活,打起架来我肯定不是他们的对手。为了避免与这些家伙遭遇,在我非常小的时候,您就教育我在路上与这些家伙"狭路相逢"时要提前躲开他们。为了尽量减少不必要的麻烦,您往往会将我抱起,等距离他们很远时才把我放在地上。您这招还是非常奏效的,到现在为止,我也没有给您惹什么麻烦,但同时我的胆子也小了。这与您的教育方式有关,您应该对我的性格缺陷承担主要责任。做任何事情时我都不敢向前冲。相对于其他的宠物而言,您是不是觉得我缺少了些"霸气",在与朋友碰面的时候,我甚至都不知道怎样与其打交道了。

前些天咱们一起到公园中散步时,有过很好玩的一幕,不知道您是不是还记得。公园中新近在水面上铺了很多的木板浮桥,您让我与您一起过去,这样的桥走上去摇摇晃晃的,而且下面就是"深不可测"的"万丈深渊"呀,这要是掉下去肯定要被淹死的。我当时觉得很害怕,你们有说有笑地来回走了个没完没了。我过桥时几乎是将身子全部贴在木板上匍匐前进,对我而言,过这样的桥就是"上刀山和下火海",看到这样的桥我就一阵阵头晕。您可能不知道,我是多么希望您能够抱着我"渡过难关"呀,但是您和女主人都过了桥,并且根本不回头看我,我当时已经绝望了,认为您和女主人不想要我了。我当时站在桥的这头,看着您在桥的另一头,我真想飞过去与您站在一起。我试探着将爪子接触桥板,但还是不敢走上去。看到我这个样子,您和女主人笑了。都怪您!如果先前不是您宠着我,我难道连过桥的胆量都没有吗?最后还是女主人跑到我身边,硬是将我抱起来放在了桥上。这回我没有办法了,只好跟着女主人一点一点地向前走,起初我还是匍匐前进,后来我就非常放松了,因为我觉得这样的桥与其他桥并无差别,桥下虽然有水,但并不能把我咋样,经过几次过桥后我简直敢在桥上跑了。嗯,在这种桥上走路就是刺激,到最后我简直爱上了这里。幸亏女主人比您更心细些,女主人一下子就看出了我的心思。你们带着我在这个桥上又来回走了好几次,我一次比一次更加积极主动。您看,我实际上还是有本事的吧。话说回来,如果您总是抱着我过桥,我的这点小本事就始终不能展露出来。所以,希望您以后能够更多地放开我,给我受锻炼的机会,让我能够在"大风大浪"中不断成长。

8月7日星期二

今日感悟

　　管理者要学会放权，这样不但自己会感觉轻松许多，下属也有被重用的感觉。"事必躬亲"在一定程度上并不是对管理者管理理念的表扬。麦当劳有这样一条铁律，即管理者想要得到提升，就必须在既有岗位上培养出较自己更加优秀的继承人。在人力资源管理实践中，管理者需要将选人、用人、育人、留人巧妙结合起来，不但需要科学地设计人力资源战略规划，而且通过职业生涯设计让员工看到美好的未来，在这种情况下，被管理者才能够将职业与事业合二为一。管理者善于放权，被管理者才能够与管理者倾心合作，人才梯队在这样的氛围中得以建构。

各司其职

一台偌大的机器是由很多小零件组成的，每个小零件各司其职，大机器才能正常运转。我就是这样的"小零件"，主人组建的大家庭就是"大机器"。

有时我会问自己：我这样一个小人物对大家庭有作用吗？现在我终于找到答案了。主人，我觉得每个人都应该各司其职，在咱家中也应该是这样。您的主要职责就是努力工作多挣钱，给我多买好吃的。小主人的职责就是努力学习，将来有出息。女主人的主要职责并不是挣钱，虽然也要有自己的工作，但还是应该将主要精力放在家庭上，要给我们多做些好吃的，让每个人的身体都是棒棒的。我的主要职责就是玩，要弄得你们都很开心，不要给你们添堵。主人，您说我的分析有道理吗？您经常给我讲管理学的道理，我也学会了用管理学的眼光分析咱们家！家庭就是一个团队，每个人都尽职尽责，为大家庭努力做贡献，整个家庭就会兴旺。

主人，我说的没错吧！我发现您很尽职尽责，但有时我们几个就不是很尽职尽责，在这一点上我们应该向您好好学习。我有时会惹您生气，您给我食物时，我会挑三拣四的，气得您将食物猛地摔在地上。说实在的，我当时也很害怕，我觉得我的小脾气都是您惯出来的，您自言自语地说詹妮是不是太娇气了。我觉得我是有点娇生惯养了。不过不光我有这样的毛病，小主人有时也不听话，老师布置的作业不认真做，有些基础知识掌握不牢固。您见到这种状况时就会大发雷霆的。本来已经工作了一天，讲了很长时间的课，回到家中还要为小主人补习功课，这不但会让您透支体力，而且会增加您的心理负担的。您说您的嘴已经很累了，根本就不愿意再多说一句话。我非常理解，讲课不但是智力劳动，也是体力劳动。您经常说，讲完课后最希望做的事情就是躺下来休息一下，但您不但没有得到休息，反而要给小主人补课，我觉得这是很辛苦的。还有女主人，有时做的饭不好吃，您干脆就不吃饭了。忙碌了一天，您却不吃饭了，我真为您揪心呀。您的身体必须非常结实才行，只有这样我才能够有足够多的美食得以享用。小主人没有做好本职工作，我也稍微有所懈怠。我们都应不断提高自己。

主人，在与您交往中，我越来越感到各司其职的重要性。如果一个人不能出色地履行职责，就会影响其他人的工作，因为一个团队中每个人的工作都是紧密联系在一起的，哪一个环节都不能出错。从这个意义上讲，我觉得您发脾气是正确的。但我总觉得，光发脾气是不能真正解决问题的，要想办法让每个人各司其职，这才是最重要的。您不是经常说吗，办法总会比问题多。

家庭成员间的关系是建立在亲情基础上的，但在某些层面组织成员之间的关系是以利益为基础的，虽然彼此间也有感情成分，但组织成员间的关系远比家庭成员间的关系要复杂得多。组织成员间是有感情而没有亲情，彼此之间存在基于利益的明争暗斗，友谊的小船随时说翻就翻。员工供职的组织是可以选择的，但家庭是无法选择的。"铁打的营盘流水的兵"，一些人会在不同组织间走马灯似的换工作，以期能找到属于自己的生活坐标。

家庭成员间有时虽然彼此间有矛盾，但此生很难再分开，在出现问题时，成员间需要尽快找到合适的办法进行解决，而不是选择逃避。如果说家庭成员是"风筝"，家庭就是牵住每个"风筝"的线。无论"风筝"飞得多高,总有"风筝线"牵着。主人,我觉得在咱们这个家庭中,您就是这条"风筝线"的核心,我们都是"风筝",只要我们各司其职,不但风筝会飞得漂亮,而且牵住风筝的线也会很有力。我们是在分工协作的情况下完成一台优美的舞蹈。您说是吧?

8月18日星期四

今日感悟

　　每个人都认真履行自己的职责,既对别人有贡献,也实现了自己的抱负。管理学强调"定岗定责、一岗一薪、薪随岗变、人岗相宜",正因如此,岗位分析就成为人员配置的前提。岗位分析的目标在于弄清楚岗位的职责、岗位间的联系,从而确定该岗位的人选。在组织结构逐渐复杂化的情况下,需要进行岗位细分。不同岗位间只有紧密合作,组织目标才能顺利完成。分工是为了更好地协作,岗位划分的目标也是协作,这需要中高层管理者有较好的战略眼光,并能够协调各个岗位、部门的工作。管理学家泰罗提出"第一流工人原理",即将合适的员工配置在合适的岗位上,岗位就是组织链条上的"节","节"结实链条才会结实。

你来我往

"看电影"是谁都离不开的娱乐。打开电视就能够看电影，我也非常喜欢看，主人看电视时，我也都会趴在电视前面，煞有介事地看来看去，表现出很感兴趣的样子。但是最近我发现，外边小区公园的地面上开始"演电影"了，我必须与主人交流一下我的想法。

主人，咱们在外面散步时，因为我走路时一般都是低着头的，所以地面上出现了什么新状况，我都能最先了解到。我发现地面上的"牛皮癣"越来越多了。原先只有刻章、办证之类的，后来出现了"办理贷款"，现在又出现了"包小姐"，真是不得了，以后还会出现什么状况，谁知道呢？地面上"电影"的内容真是越来越丰富了。我发现清洁工师傅们很忙，他们拿出各种"武器"来对付这些"牛皮癣"，起初是用小铲子铲，不过我认为这种办法工作效率太低了，花上半天的工夫也铲不掉多少"牛皮癣"。后来开始改成高压水枪对"牛皮癣"喷射，这下子工作效率提高了不少，但很费事，必须动用大型设备才能够解决问题，是不是成本太高了呢？后来清洁工想到了一种省时省力的好办法，这就是在"牛皮癣"上喷漆，最初是抹白颜色的，现在则是抹黑颜色的。但是我发现"道高一尺魔高一丈"，这些"牛皮癣"为了保证能够"长寿"，从地面飞到了墙上，而且距离地面越来越高。主人，这些贴小广告的家伙真是嚣张，就不怕有人抓他们吗？前些天地上的"包小姐"全部被抹上了黑油漆，今天早晨地上又出现了崭新的一茬。主人，有时我在想，这些"牛皮癣"真的有生意吗？如果真是这样，这个世界是不是很乱?贴"牛皮癣"的人在夜深人静的时候忙碌,为的就是太阳出来后让路人看见,如果有人需要该项服务,还是要在看不见太阳的时候交易。这种"两头不见太阳"的交易正在为社会添堵吧?主人,我觉得这些人就是在地面上"演电影",一会儿换一个镜头,虽然镜头的表现方式有差别,但内容基本是一致的。为了弄点散碎银子,这些不法分子想出了各种发财招数,做事情好像都没有了底线,为了钱好像什么都能够放得下。既然地面上有这么多"牛皮癣",我觉得肯定是有交易的。不然的话,不法分子肯定不会花这么多钱打印这些小纸片贴在地面和墙上的。主人,我觉得出现这种问题的根本原因就是"贪"吧,您不是经常说"贪是万恶之源"吗?我觉得真的应该管管了。如果这些家伙都像我一样能够安守清贫就好了。我觉得,光在地面上进行"游击战争"是不能解决问题的,要从人心管起才行。人只有做某件事的想法后,才会通过行动表现出来。用小刀、铁刷、喷头等工具处理地面的"牛皮癣",治标不能治本,看上去工作人员很敬业,也很忙碌,但不能解决根本问题。

主人,人类是不是经常做一些治标不治本的事情呀,这怎么能行呀!时间长了,形式主义就会泛滥的。主人,我只是在发愁没有用的事情,我只是您的宠物而已,这些事情不是我应该管的,也不是我能够管得了的,我是不是在杞人忧天呀。我觉得您和您的朋友们真的应该考虑一下了,从根本上处理一下这些不法分子,以便地面上不要再"演电影",让地面永远回复往日的洁净吧。

8 月 22 日星期四

今日感悟

领导力是在博弈中实现的，任何一方都在想办法强化自己力量的同时，也都被对方削弱着。管理中出现问题时，首先需要考虑问题出现的根本原因是什么？只有从根本上解决问题，问题才不会反复出现。治标不治本的管理就是形式主义，不但问题不能得到解决，而且组织成员对管理者会形成"做事不务实"的印象。管理者的威信是从处理点滴小事中形成的。管理者的行为对组织文化的形成具有非常重要的引导作用，管理者不务实，下属就会以同样的方式应付差事，组织就会失去强劲的发展动力。

做个地主

我们动物界会通过各种方式来圈划地盘，其中最主要的方式就是在地盘上留下气味，当别的同类闻到这种气味后，就知道这里已经有主了。如果不想爆发冲突，就会尽早离开。我们的世界里一直恪守这样的准则。

主人，今天发生了一件非常有趣的事情。咱们到外面玩的时候，刚一走出楼门，我就发现不远处小卖部的花花(也是一个我的同类哟)一溜烟儿似的从咱们楼前跑掉了。当时您还非常幽默地说：这真是只家窝子狗。原先我从她家门口路过时，花花总是冲我大声"汪——汪——"，我非常害怕。其实我并无与其冲突的想法，但谁让那是她的地盘呢？我们间就这样有隔阂了。现在她在咱家门口觅食，这是我的地盘，她自然要矮我三分。实际上咱们出门时我还没有发现她，是她首先发现我的，她主动选择了撤退。主人，您说得太对了，这个花花就是一只家窝子狗，此前咱们从其家门口经过的时候，这个家伙使劲儿地追我，那意思好像是不让咱们从她家门口经过！这个家伙真是有些不讲理。主人，说心里话，我从心底里有些发怵，她撒起泼来真够凶的！于是每次从她们家门口经过时，我都会快速地并且绕个大圈地从其家门口经过，连大气都不敢出，这样可以与花花保持尽量远的距离，就这样她还不依不饶呢！主人您能够看得出，有时我背上的毛都会耸起。女主人说得对，我这种"毛骨悚然"的样子已经说明我"害怕"了。虽然有时您会对我说："詹妮，不用害怕，有我呢！"但我还是忍不住要害怕。主人，这毕竟是人家的地盘，长时间在人家的地盘停留我感觉到心虚。今天花花到我的地盘上来了，这家伙还真有些胆大，但是听到咱们走路的声音就逃之夭夭，这说明她也是很心虚的。我这时才明白，原来这家伙也并非处处都是强势。虽然我打架的能力并无长进，但由于这是我的地盘，我是正义之师，花花就应该怕我。但由于花花逃跑得太快了，我心中的那口恶气还是没有出来。下次我见到这家伙在我地盘上时，一定要追赶，反正我比她跑得快，不怕追不上她！追上她我就使劲地"汪——汪——"，让这个家伙害怕害怕。主人，您是不是认为我很小气呀？我可能是有些小肚鸡肠，但对待花花就应该睚眦必报，您可以批评我，但我的主张一定要坚持。

　　主人，您说人类是不是也都有自己的地盘呀。比如就管理者而言，其权力也就是"地盘"吧，自己的"地盘"是不允许别人瞎掺和的，这应该就是各司其职吧！不然在别人的干涉下，自己还怎样履行职责呢？除了管理者外，我觉得每个人都有其"地盘"。咱们在看《动物世界》时，老虎、豹子、土狗等这些动物都有"地盘"，只要有"侵略者"入侵，这些"地主"都会奋力保护"地盘"，"地盘"是自己赖以生存的根本。这些家伙为了地盘往往会争得鱼死网破。"捍卫者"为了地盘就需要有过硬的本领，不能给"入侵者"任何可乘之机。我有时也看到某些"捍卫者"失败了，将"地盘"让给了"入侵者"，原来的"地主"由于失去了"地盘"而成为"流浪者"。失去了生活依托和与同伴们的联系，这个"流浪者"很快就会死亡的。主人，我从中明白了一个道理：如果要想留住"地盘"，"地主"就要有真本事，有捍卫地盘的真本事，这需要"捍卫者"不断学习提高管理水平，不然地盘终究还是要让给别人。主人，我觉得这就是竞争吧！有竞争才会有进步，"入侵者"会使"地主"们时刻"提心吊胆"，不断增强自己的战斗力。养尊处优和不思进取的"地主"是不能守住自己的"地盘"的。主人，您说是吧？

10 月 21 日星期日

今日感悟

　　每个人都有自己的"地盘",但这要凭实力保持。为此地盘的"捍卫者"就要不断进取。学习也是一种能力,管理者通过学习,不断更新知识和优化知识结构,从而保持较强的竞争力。这样的管理者在组织中就会具有更高的威望,从而居于领导地位,将组织资源整合在一起向预期目标前进。组织发展中会遇到各种扰动因素,具有较强的战斗力是有效规避这些扰动因素的重要法宝。进攻取得胜利而得到的喜悦是暂时的,防守成功才能使地盘不易主,因此进攻和防守都非常艰辛。管理者作为组织的领航者,注定要勤于奋斗、甘于吃苦,只有嚼得菜根才能百事可做。

基本权利

民以食为天,我也是非常在意"吃"这个问题的。主人,您与朋友打招呼时,经常说"吃了吗",我觉得这就足以证明"吃"的重要性了。

"吃饭"对于您很重要,对于我也很重要。主人,我希望能够吃饱饭,我觉得这是我的基本要求。有时,您和女主人、小主人吃饭时忘记了我的存在,这让我非常失落。你们吃饭时谈笑风生、大快朵颐,而我的肚子却在咕咕叫,您平时对我很好,但在吃饭这个最重要的问题上怎么就忘记了我呢?您的这种做事风格让我感到您是虚伪的。有时我都误以为自己不是家庭成员了。

您是我的主人,您是我生活的全部,您的一个眼神、一个声音都会对我有较大影响,我对您唯命是从、百依百顺。自我非常小的时候,您把我带回家中,我就认定了这辈子要与您生活在一起了。我需要从您那里得到温暖。我现在已经三岁了,已经习惯了您的生活方式。您在电脑上写字的时候,我总会在一旁静静地睡觉,从来不敢大声出气的,害怕扰乱了您的写作思路。您看电视时,我也会将垫子叼到您的身边静卧在上面,与您一同观看电视节目,虽然我并不知道电视上在讲些什么,但我会一如既往地这样做。我看到您高兴时就会使劲儿地摇尾巴,我觉得您的高兴就是我的快乐。有时为了表达我高兴的心情,我要将两只前腿搭在您的腿上,虽然我脚上的土弄脏了您的裤子,但我并不在意这些,我认为只有这样才能够表达我的诚意。我觉得您也是需要我这样做的,我越是这样,您就越会高兴。

我对您是全心全意的，但是在吃饭这件重要的事情上，您居然会将我忘记，这太不应该了。难道您在狂嚼海喝时，就没有看见我那瘪瘪的肚子以及希望吃到东西的眼神吗？如果您在意了，就应该满足我的要求；如果您没有在意，就说明我在您心中的地位不够高。主人，我突然觉得，在您的眼中我是可有可无的，这太让我失望了。我有时需要忍饥挨饿，而您也至多是将一些鱼刺或者鸡骨头赏给我。虽然上面的精华已经让您吃干净了，但我还是觉得很有滋味。我从市场上叼回一块猪骨头，会舔半个月，甚至将坚硬的骨头啃去很大一块。我啃骨头时是很专心的，发出的"咯嘣咯嘣"的声音让我很陶醉。到了饭点，只要女主人轻轻地说一声"吃饭了"，我就会兴奋起来。这时我根本顾不上任何事了，飞快地跑到大厅中，又从大厅中飞快地跑到您工作的地方，将前腿搭在您的座位上，拼命地摇尾巴，示意您要"吃饭了"，当然这也是我企盼已久的时刻。您难道不明白？我示意您"该吃饭了"时，也是在表达"我该吃饭了"的心声。您不要工作太过专一，一定要劳逸结合，吃饭是非常重要的事情。您坐在饭桌旁时，我认为这是我的愿望得以实现的时候，我会在您的身旁来回转悠，甚至蹲在您的旁边反复蹭您的裤脚。

我觉得您是明白我的心思的，只是您不愿意让我得到我想得到的东西而已。吃饭是最基本的需求，不断补充营养才能让我保持年轻态，您总不能让我整天挨饿吧。您的做法虽然让我很失望，但我还是对您很忠诚，这就是我的坚守，我不能离开您。在我让您不满意时，也许您会用其他宠物替代我，所以对于您的做法我只是敢怒而不敢言，这种状况没有办法通过其他方式得到解决。在您的面前我是弱势群体，我只是每天都在祈祷着您能够良心发现，在内心深处祈祷您能尽快觉察自身的错误。有一天能够将我视为您生命中的重要组成部分，关心我的疾苦。如果是这样，我就会感觉到无比幸福了，您会看到在您前面的我更加欢快。

11 月 12 日星期一

今日感悟

　　要想让下属没有担忧地做事情，首先要让下属享受基本权利。管理者和下属需要相互支撑，组织才能不断发展壮大。权利与义务是对等的，管理者在让下属履行责任的同时，需要保证下属的基本权利，这样的管理者才能够在下属面前有威信，管理制度也才能够对下属产生较大的激励作用。下属在组织中要生存和发展，就需要管理者通过设计科学的制度，让下属感受到来自管理者的关爱。下属在管理者面前是弱者，不能直接向管理者表达内心感受，管理者需要体察到下属的委婉表达方式，这样彼此的感情不会受到伤害，组织也不会带病运转。

疲劳战术

　　适当休息意味着更好的"战斗"，不会休息的人也就不会有高效率的工作。在这一点上我应该劝一劝主人懂得休息的道理，主人有些太"敬业"了。主人，"休息"与"偷懒"的意思是不一样的。我真的建议您能够适当"偷懒"，您从繁忙的工作中解脱出来后，我就有更多的时间与您在一起了。

　　主人，今天我在您面前进行了一天的精彩表演，已经觉得很累了，我现在连说话的力气都没有了。我现在唯一想做的事情就是趴在地上大口地喘气。主人，我觉得您总是用这种疲劳战术让我工作，让我连喘气的时间都没有，您的做法实在有待商榷。我觉得，休息是为了更好地工作，古人不是也说"劳逸结合"吗？我相信您比我更懂得这个道理吧！您不给我休息时间，实际上就是没有给我好好工作的机会，我是多么希望能够生活在高效率的工作环境中呀！主人，您不但这样要求我，也这样要求您自己，您不应该这样，不应该搞疲劳战术。我知道，您工作很努力，这一点我很佩服！但您不应该将自己的做法强加于他人身上，休息是我的权利，不能因为您自己没日没夜地工作，别人也必须这样。主人，您还有一个毛病，就是干什么事情都一鼓作气，不管多么难或者消耗多少时间，都要一口气做完。主人，您这样做事是有问题的。我觉得有些事情可以一口气做完，但是有些事情就不能一口气做完。有时候中间停顿一下是必需的，只有休息充分，人的大脑内存才能够有效释放，也才能够深入考虑问题。所以有些事情需要慢慢来，留出慢慢思考的时间，这样做事情时就会少犯错误或者不犯错误，甚至在"休息"的过程中还会冒出灵感。主人，您总是一口气地完成工作，这样会让身边的人感到紧张，偶尔这样是没有问题的，但长期这样身边的人就会积累怨气。您不是经常说，加班加点地工作需要以报酬增加为前提，但如果收入并没有增加多少，下属还会配合您的工作吗？您让我筋疲力尽地进行表演，让我一下子掌握一种表演技术，这其实真的有些强人所难。您可能不知道，在您这样搞疲劳战术的时候，我都想"辞职"了。但是由于害怕离开您之后不能很好地"就业"，所以还是忍了下来。在没有激情的状态下工作，我觉得工作效率真的很低。您是明白事理的，下属在无法忍受时是会罢工的！其中的原因很简单：要么是工作太劳累了，要么是辛苦的工作没有得到公平的待遇。在我的印象中，您向来是通情达理的，不过一时犯糊涂也在所难免。

主人，您只要让我稍微休息一下，适当补充营养，再让我努力工作，我就没有任何怨气了。我非常愿意努力工作，因为这里面也有一个"面子"问题，我的业绩出色，就会在同行中脱颖而出。我的名气提高了，您的名气自然也就提高了。我和您的命运是绑在一起的。主人，我建议您，在工作的时候稍微"懈怠"一些吧，这样我们都得到提升！

12 月 18 日星期日

今日感悟

只有劳逸结合才能够养精蓄锐，高效率地履行职责。不懂得休息就不懂得工作，休息能够让人放松，从而得以冷静思考。管理者为了能够得到充分休息，就需要在组织结构层面做文章。组织规模较大时可以采用直线职能制、事业部制、矩阵制等多种组织结构形式。管理者可以从繁杂的事务中挣脱出来，详细构思组织发展的重大战略问题。管理者可以享受闲暇，下属也感觉受到重用，这实际上就是管理者与被管理者间的合作。管理者要学会让下属承担责任，这是管理者的能力也是管理者的智慧。

自己做主

有一次我梦中遇到了一个白胡子老爷爷,这个老爷爷告诫我:你要听主人的话,不然你会没有饭吃的。我说:我也有自己的思想,我要给自己做主。白胡子老爷爷对我的话不屑一顾,扬长而去。我感到很委屈,醒来之后才发现是一个梦。主人,也许您会问:"詹妮也有梦吗?"我当然有。谁都有自己的梦。我的梦只是比较渺小而已,我的梦是建立在您的行为不断得到改善的基础上的。

主人,您今天给小主人讲了"刘巧儿找婆家"的故事,我在一旁也能够听懂一些。这个故事太有意思了。小主人听完您的故事后,又开始给我复述了起来,其中的一些片段我都能背了。"巧儿自己找婆家"在当时是件新鲜事。在刘巧儿的影响下,边区老百姓开始移风易俗,将"父母之命,媒妁之言"的包办婚姻扔到垃圾堆中去了。主人,我很佩服刘巧儿这种敢闯敢干的精神,这种劲头不是一般人能有的。人们很多时候没有勇气冲破旧有的观念,一直在不合理的条条框框中打转转,虽然有时感到堵心堵肺,但还是要忍气吞声。人们一直遵循"低效做事,低调做人"的蹩脚做事的原则,做事过程中也不能打起精神。主人,我觉得这就是"集权"与"分权"的关系吧,让属下在一定程度上拥有更多的自主权,属下心气高,有了较好的心情,完成任务时就不会缩手缩脚的。

主人,我认为权力虽然是很重要的东西,但需要讲求运用的方法,如果运用不当,权力的作用就会适得其反。因此管理者一定要适当利用权力,让权力在调动人们工作积极性的过程中发挥应有的作用。主人,在这一点上,我觉得您做得不是很到位。每次与您到外面玩,您都将"缰绳"抻得紧紧的,以至于我丝毫没有活动余地。如果您将绳子放得稍微松一些,我就会有较大的活动空间。您不要过分担心我,我不会因绳子放松而挣脱您的束缚,我做事情是有分寸的,不会给您带来麻烦。这样,您会感到轻松,我也会感到比较愉快。我觉得您应该设定一个范围,在这个范围内,所有的事情都可以由我自己做主。主人,在您有闲情逸致时,是不是可以考虑一下这个事情?

12 月 22 日星期四

今日感悟

给下属放权,让下属做主履行自己的职责,这就是对下属最好的激励。在组织发展进程中,下属都有主动做事的愿望,但由于既有管理制度存在缺陷,下属不能放开手脚做事。管理者适度放权,让下属承担责任,以核心管理者为中心就会在组织中形成联系紧密的管理团队。《三国演义》中的诸葛孔明认为,在管理过程中要集思广益,通过汲取众人的智慧让组织保持高效运转。给予下属自主决策的权力,下属的工作积极性与组织的发展效率就会得到同步提升。海底捞在这方面就做得非常出色。

◆ 建章立制 ◆

报告制度

　　只有信息通畅才能得以有效沟通,进而很好地解决问题,主人总是为一些小事情生气,我觉得这就是沟通方面出了问题,我真的有些为主人担心呢。

　　主人,今天又遇到烦心事了?从以往经验看,我猜想肯定也不是什么大不了的事情。主人,今天您讲课回来后,我发现您好像很生气的样子,估计又是谁惹着您了吧?后来我才知道是因为教室的门坏了。您说教室的门裂开了一个大口子,对师生都会有危险。您已经告诉了学生不要从这里过了,并开玩笑说"从这里过有生命危险"。您虽然脸上带着笑容,但心中充满了气愤。您对女主人说,一个月前这个门就已经坏了,但没有人修理,您半开玩笑地说这就是"民不举官不究"吧!您言谈中有些哭笑不得,现在人们做事都有些太不负责任了吧!主人,我觉得对于这样的事情您不必动肝火,修门的人肯定是因为工作太忙而顾不上,不要把别人都看成坏人,相信很快就会有人来修门的,门不会总这样下去的。主人,我觉得像这样的小事情不会成为"跨世纪工程的"。哈哈！不过仔细想来,这种"报告制度"也挺恶心人的,如果有了问题不报告,问题将永远不会被解决,但是如果报告了问题,听了这些问题的人就会感到心烦,工作人员会认为报告问题的人为其增添了工作负担,同事间的关系会不会就此而紧张起来呢?人们在同一个组织中工作,相互间存在利益纠葛,彼此间的关系有时真的很难拿捏的。看起来,还是我比较悠闲自在,没有欲望就没有烦恼。主人,这样分析起来,门坏了虽然只是一件小事,但其涉及关系比较复杂,所以肯定不是那么容易解决呀!问题是需要报告的,但在报告问题方面也要讲求艺术呀,不能总是不报告问题,也不能总是报告问题,在报告问题的数量和质量上也要有分寸,这样就既让解决问题的人感觉到有问题存在,又不会感到非常棘手,这些人就会过得比较轻松惬意。把一个简单的问题弄得这样复杂,真感到有些无奈呀!

这难道就是您发脾气的原因吗?主人,您不是说经常有巡视的人到教室中吗?这些人看见门坏了就不报告吗?我觉得教室的问题是巡视员的职责,不然这些人不就成为吃闲饭的了? 也许我的看法不正确,但这些巡视人员总应该抱着负责任的态度管一管吧, 毕竟这么小的事情并不会给其造成多大麻烦的呀? 主人,我觉得报告制度有些刻板,如果大事小情都报告, 确实会给相关工作人员带来不必要的麻烦。再加上有些人 "谎报军情",这些工作人员有情绪也就很正常。我觉得,应该改变一下方法,让工作人员经常性地到外面走走,尤其是到教室中转转,不要总是坐在办公室中等着他人给其打电话,到教室中转转不是可以让工作人员锻炼身体吗? 自己发现了应该解决的问题,并且主动地去解决这些问题,这些人在内心深处就不会再有抵触情绪了,您说是吧?

我认为应该是"报告制度"本身存在问题,听报告的人总是坐在办公室中听别人报告,人家报告了还不一定愿意解决问题,况且不是任何问题都会有志愿者及时报告的。虽然电话已经很方便了,但给这些工作人员打电话时,总是无人接听,那报告还有什么作用呢? 您是不是经常遇到这种事呢? 主人,我觉得不管是采取什么样的制度,最终的目的是为了高效率地解决问题。我觉得制度不要拘泥于形式,应该为解决问题而存在。"报告制度"也确实应该变一变了。我再次劝告您一下,您也不要太过着急了,问题终究是要解决的,这也不是您一个人说了算的。主人,您说对吗?遇到问题时忍一忍有时也是非常必要的,不要在任何事情上都那么较真,先坐下来喝杯茶吧!

6月7日星期五

今日感悟

　　及时沟通才会保持信息畅通,组织运作效率也才会保持在较高水平,但沟通需要技巧。沟通技巧一般是指人们收集和发送信息的能力。良好的沟通能够正确解读信息,让沟通的双方了解彼此的想法、感受和态度。管理者拥有沟通技能不一定就能够提升管理效率,这就需要选择恰到好处的沟通方式。缺乏沟通技能会使管理者遇到障碍。为了做到有效沟通,沟通的双方需要以认同、赞美和询问的方式开始,在交换观点过程中,不要轻易否定对方的想法。幽默、友善、热情、亲和往往更加有助于解决问题。

不能娇惯

　　有什么样的领导,就有什么样的员工。嗯,这个对于宠物也是适用的,我觉得,应该这样说,有什么样的主人,就有什么样的宠物。主人,我就是您的影子。我的很多习惯都是从您那里学过来的,也许您并没有意识到。您的言行对我都会潜移默化地产生影响。您有时对我生气实际上就是对您自己生气。

　　主人,今天咱们散步时,我惹您生气了,非常对不起。我当时没有任何感觉,我只是觉得我就应该那样做,我做什么事情都会由着性子来。您知道,晚上出去散步是我最担心的事情,我害怕走失,不愿意走很远的路程。我很难理解您的生活方式,白天忙忙碌碌,晚上吃完饭不抓紧时间休息或者看电视什么的,而是到外边走那么长时间,这难道不是让您更累吗?也许您已经感觉出来了,晚上咱们散步时,我不愿意在您前面走,我一般都是远远地跟随在您后面,而且大多数情况下我根本就不愿意走。我站在远远的地方看着您和女主人,只要您还在我的视线范围内,我就一直保持不动,我不愿意向前走了。行人看见这种阵势也觉得挺奇怪的,但是过了一段时间后,这些人好像已经看懂了我想要向您说些什么。难道从我的表情中您还看不出来吗?我不想晚上散步,想回家了。我知道您一直注意着我,害怕我会走失,所以过一段时间您就会回头看看。当发现我距离您很远并且站着不动时,您就会蹲下身向我招手,示意我赶紧向前走,这时我才会很快地向您跑去。也不知道这种情况是从什么时候开始的,我已经非常熟悉咱们之间的这种沟通方式了。您不蹲下身体，我就不向前走。今天散步时，我发现女主人对我非常生气，说您已经惯出了我的坏毛病。于是您就不再回头看我了。即使我躲在您身后老远的地方看着您，您也无动于衷了。你们走路的速度太快了，我必须目不转睛地看着您，稍不留神你们就转过树林，不知道到什么地方去了。如果不注意跟着您，我真的会走丢的，我开始有些担心了。现在我只能乖乖地跑在您前面走路了。

主人，您知道吗？我最喜欢听您说"詹妮，抱抱"这句话了。这样一来我就可以不用自己走路了。雨后道路泥泞，您往往抱着我走很远的路，我感到很惬意。我趴在您温暖的怀抱中，用脑袋紧紧地顶住您的胳膊。在旁人眼中，我一定是个非常懂事的宠物。您的娇惯让我有了很多坏毛病。在我眼中，您蹲下身等我走近，这时我就会有被尊重的感觉，并且体会到了什么是安全。女主人的说法也是对的，您越是娇惯我，我就会越发不听话，我是禁不起娇惯的。您越是对我好，我就越会蹬鼻子上脸的。所以您对我适当严厉也是应该的，这一点我是理解的。当然我非常希望您再对我好一些。您严厉的时候那"五官挪移"的生气样子，使我感到世界末日到了。"娇惯"让我有了很多坏毛病，但我觉得您要承担更多的责任，是您的错在先，我的错在后。您每次"蹲下身去"时，是不是觉得很麻烦？女主人告诉您的"詹妮是不能惯的"是对的，"娇惯"最初也许只出于温情，但后来就演变成了溺爱，您在处理问题时往往不会坚持原则，这是管理者的大忌。在工作单位中，您怎样处理与下属间的关系呢？我认为，在同事的印象中，您肯定是一个非常随和的人。但是光随和是不可以的，除了随和，我觉得您是不是还应该做些什么。这个您比我更懂，您说是吧？

8 月 8 日星期三

今日感悟

　　"温情"不等于"溺爱",对下属应该宽容有度。制度是管理的准绳,在一个组织中,制度就是组织成员需要共同遵守的行为规范。著名经济学家诺斯认为,制度就是大家共同遵守的"游戏规则"。管理者既是游戏规则的制定者,也是游戏规则的遵守者,任何组织成员都不能游离于制度规则之外,这样的制度对所有成员就是公平的。管理者与被管理者间的关系也需要通过制度维系,制度在先情感在后,在下属眼中这样的管理者既坚持原则又具有人情味,但温情不能取代制度,否则组织中就难以形成良性文化,每个成员都会成为制度的破坏者。

物归原处

　　我觉得制度应该是给所有人制定的，人们在制度面前没有高低贵贱之分。主人是个非常严肃的人，但在做事时经常特别注重宏观方面，细节之处往往会出问题。

　　我睡觉的垫子总是放在固定的地方，家里人只要到这个地方找我，肯定能够找到。但是我发现，家中的几个主人在找一件小东西时，往往需要消耗很长时间才能找到，原因是忘记了放东西的地方。主人，您定个规矩吧！做小事情也是需要守规矩的。不然经过一段时间后，东西就很不容易找到了。您今天找小剪子，找了很长时间也没有找到，您很生气。虽然我的鼻子很灵敏，一般的东西凭嗅觉就能找到，但我找了很长时间也没有找到。由此我意识到一个很严重的问题，我觉得"物归原处"应该成为做事的原则，只有这样在找东西时才不会晕头转向，但养成这样的习惯是很不容易的。咱家中的所有成员都没有养成"物归原处"的好习惯，用完东西后都喜欢乱放，下次再用时就找不到了，所以经常会发生翻箱倒柜找东西的事情。您是个急脾气，找不到东西时就会发脾气，费很大劲终于找到需要的东西了，用完后又随处乱放，时间久了又找不到，同样的问题总是重复发生，这就说明您本身存在问题。

　　主人，我建议立个规矩：东西要放在固定的地方，每个人都要严格按照规矩做事，这样一来，在取、放东西的时候就不会乱套了，表面上看人们好像是受到了约束，从长期看这是有好处的。任何一个东西如果长时间不用就不知道放在什么地方了，但是只要将其放在规定的地方就不会有问题。做什么事情都需要讲究规矩，没有了规矩就很难将事情做好。一个家庭虽然很小，管理起来也很简单，但是如果每个人都不守规矩，也会出乱子的。"物归原处"看上去很简单，实际上并不那么简单。大多数人都是这样做的：拿东西方便，放东西随便。主人，恕我直言，您就经常犯此类低级错误。女主人就曾经直言不讳地批评过您(我可不敢这样做，您们毕竟都是主人！彼此之间可以平等对话，如果我批评您了，就要大难临头了)。您总是严格要求别人，对自己则是从宽处理，这很不应该。最后只是一笑了之，也不向别人道歉，难道这就是管理者的风格吗？如果管理者这样做，下属肯定不会听他的，与这样的管理者打交道，下属都会感到很心烦的！主人，您实际上在"逍遥法外"。您做出的规定也要适用于自身，不应该只是针对别人的，只有身体力行才能让别人体会到您的威信。

主人，从"物归原处"这样一个小小的制度，就能够折射出人性的很多弱点。每个人都希望决定他人的行为，而不希望让别人决定自己的行为。这就涉及权力的公正性，人们实际上遵循的不是某个人的意愿，而是遵循权力，权力是通过制度表现出来的，由于管理者的意愿会通过制度表现出来，所以下属听命于领导是应该的。权力的魅力是无穷的，一个人只有掌握了权力后，才能够指导别人的行为。当管理者非常公正地执掌权力时，才能够展示个人的魅力，权力与组织发展目标也才能够相一致，从而也就更加有威信。像您这样将自己游离于制度之外的做法，实际上是在毁坏自己的信誉，因此不能让您一再错下去。我觉得您真的应该认真思考一下了。

8 月 19 日星期三

今日感悟

　　不同人一起做事，要遵守共同的规则，这样才能步调一致。规矩是组织成员的行动标尺，否则虽然走得很远，但会忘记为何要出发。组织发展中有很多宝贵资源，其中最珍贵的资源就是人才。但在所有的资源中，人是最难管理的。原因在于每个人都有自己的思想，而且这些思想并不一致。管理者的责任就在于协调人力资源的行为，让组织成员按照既定目标行动。做事前需要先定规矩，看起来很麻烦，实际上是事半功倍。规矩不是摆设，需要严格执行，不允许任何破坏规矩的事情发生，这样的规矩才会有效。

无拘无束

哎,没有制度可真的不行呀! 没有规矩就没有秩序,好的制度规范能够让人们养成好的行为习惯。我觉得,一个人不能想做什么就做什么,在做事时还要考虑到是否给其他人造成了不方便。当然,像我这种即使没有制度约束也能将各项事情都做得很好的宠物,真是不多见的!

主人,这些天我觉得在街上遇到的同伴少了很多,有些不对头,遇到的同伴也都是被主人拴起来拉着走,而且有些主人手中还拿着个小铲子,大概是处理宠物排泄物吧,这些主人怎么一下子都这么懂规矩啦?隔壁家的点点也很少见到了,不会是出门走亲戚了吧? 我们经常在一起玩,我很想她的。现在人们富裕起来了,有闲工夫的人都要养一宠物,所以我在外面见到小伙伴的机会是蛮多的。但我发现这些宠物的德行相差很大,很少有像我这样有规矩的。在家里能够忍着我一般都会忍着,直到您带我出去时,我才会解决问题的。有时我实在忍不住了,就会发出奇怪声音向您提出请求,示意您赶紧带着我到外面去,所以我从来没有给您造成过麻烦。咱们在一起生活很长时间了,我的行为举止您一般都很熟悉,我发出的声音您也是能够读懂的。在外面方便时也是在您指定的地方排泄,方便您清理,不给社会增添麻烦。您说,我是不是很懂事呀? 主人,我觉得那些不太懂事的宠物实在应该管教一下了。在公共场所,每个人都应该尽量收敛自己,不应该想怎么样做就怎样做。其实宠物是主人的影子,首先要使主人受到约束,宠物就会相应地受到约束,这样人们在走路时就不会遇到尴尬事了。据说政府有新规定,宠物必须办理身份证,主人们不能随便养宠物,需要按照相关规定办。宠物有了身份证,丢失后容易找到主人,惹祸后也能较方便地追究主人的责任。您不是经常听说宠物袭击人的事件吗?我觉得这些主人有些过分,这哪里是在养宠物,简直是在养凶手。我在路上遇到"大家伙"时,一般都会躲着走,害怕这些"凶手"会让我遭受灭顶之灾。主人,我觉得您肯定也是有所担心的吧!您带着我在外面玩,有时也会因为我对其他的主人有意见,虽然您并没有说出来,但我是能够看得出来的。主人,我觉得您真够绅士的,我现在的很多素质都是从您那里学来的。有一次您在与朋友电话聊天时说到了宠物的事情,我听到了。您说:"宠物随主人,有什么样的主人就有什么样的宠物,宠物与主人长期生活在一起,有的时候宠物在面相上也很随主人的。"主人,您说这话应该是在开玩笑吧,我觉得您应该为逗电话那边的朋友开心而说这些话的,我觉得"宠物会长得像主人"这句话有些夸张,这样的主人还有人敢接近吗?但宠物与主人在脾气性格层面相随,应该是有一定道理的。您的所作所为在潜移默化中会对我产生影响。我看着您的眼睛时,我就知道您想让我做什么,什么可以做,什么不可以做。

没有规矩不成方圆,宠物也不是想咋样就咋样的呀。我觉得这是一个管理问题,管理就是要让人们懂规矩和守规矩,这样一来世界就变得有秩序,我们的"担心"就会变得越来越少,"放心"就会变得越来越多。

8月23日星期五

今日感悟

按照既定规则行事,方便别人也就是方便自己。发展目标是组织存在的原因,为了实现组织目标,组织成员要行动一致。每个组织成员的能力是多侧面的,但只有为实现组织目标有贡献的能力才是组织需要的能力。组织成员在行为自己时不能无拘无束,需要与既定的组织规则一致。组织成员是在分工协作基础上做事的,某个成员按照个人意愿做事时,也许会为其他成员的工作造成不便。每项工作的完成都要为其他工作的完成创造正外部效应,否则就应该调整行为方式,以便更好地符合组织发展目标的要求。

引入竞争

在外人眼中，我就是一个"娇小姐"，吃得好、睡得香、玩得开心。主人有时开玩笑说：詹妮真是有些太娇气了，我得管教管教你了。嗯，这个怪不得我，我的一切都是您给的，就连我的脾气也是您给的。主人，我就是要通过"娇小姐"的方式扮演一个宠物的角色！

今天我听到了您与女主人的谈话，好像是说你们想再养一只与我一样的宠物，连名字都想好了。女主人起初劝您不要买了，说一个詹妮还照顾不过来呢，再来一个詹妮就更照顾不过来了。您的想法与女主人正好相反，您说正是因为养了一个詹妮，才导致詹妮不好养的，詹妮现在有些太娇气了。如果有了第二个詹妮，这个詹妮就不会这样娇气了，两个詹妮之间就会形成竞争。你与女主人的这些谈话还真是提醒了我，我确实有些娇气。睡觉时必须给我盖上小被子，不然我就不能安然入睡。吃饭时挑食，我不喜欢吃的饭菜绝对不吃，宁可饿上一段时间也不吃不喜欢的食物，好像人家的宠物并没有这样。我觉得您对我的批评是正确的，不过您如果再养一个詹妮，通过这种方式在我们两个之间引入竞争机制，其实我觉得这倒不一定是个好办法。难道您就不怕我们两个联起手来"绝食"吗？您把第二个詹妮买来之后，由于我们两个在一起的时间会很长，我们有足够多的时间进行感情交流，我们在很多事情上可以形成一致意见，我们可以非常细致地讨论问题。我有信心能够与新来的詹妮在很多问题上达成共识，从而把您架空。只要我们之间有共同利益，什么事情都好谈。我觉得与其再养一个詹妮，还不如通过建立相对更加科学的制度对我的行为进行约束呢！您可以用严格的制度对我进行"修理"，让我的坏毛病得到纠正，这些我都能做到。退一步说，即使是您养了第二个詹妮，也还是要尽快建立起比较合理的制度，不然这个詹妮将来也会变得与我一样不听话。到时候您在我们两个之间不但没有建立起竞争机制，反而因为照顾两个詹妮而增加了自己的工作量，这是得不偿失的。

主人，我劝您还是要认真考虑一下，每个家庭都有其特殊情况，不要盲目地效仿其他主人的做法。在外面散步时，我也经常看见领着一小群宠物的主人，这些宠物左右乱窜，主人时刻在大呼小叫，但这些宠物还是我行我素，我想这样的主人饲养宠物的心情会很沉重吧！后来我知道，这是由于主人对宠物的"计划生育"工作没有做到位造成的结果。这些主人感到很麻烦。人家是被动地找麻烦，而您现在是主动地找麻烦。您在养第二个詹妮前还是要进行充分论证，我不是怕引入竞争，而是害怕您引入了不能产生预期效果的竞争，到头来您会有苦说不出的，既然养了宠物，就要对宠物负责任。您不是说世界上没有后悔药吗？当生米已经做成熟饭，后悔是来不及的。

9 月 20 日星期二

今日感悟

良性竞争能够创造效率，创造适度竞争是必要的。竞争是每个参与者都不惜牺牲他人利益而使自身利益达到最大化的行为，以利益为目标的竞争往往是恶性竞争，在竞争过程中参与者会两败俱伤。但良性竞争是以合作为前提的竞争，不会造成资源浪费。在组织发展中，管理者需要通过构建良性竞争机制，激发组织成员的工作效率。没有竞争的组织缺少效率，有恶性竞争的组织也缺少效率。管理者需要在组织中创建竞争的环境，但也要避免出现恶性竞争进而导致组织无序发展。

等交通灯

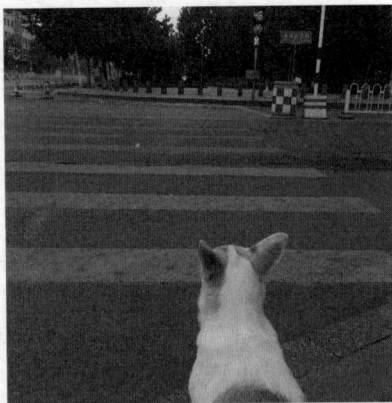

我是个守规矩的人吗？嗯，是的。我绝对不是一个神经病！我经常会这样自言自语。我问这样的问题，是因为经常会被身边的一些事情所困扰。主人，您说我这种守规矩的宠物是应该得到表扬还是应该受到批评呢？您不要急于给我答案。散步时我经常会遇到很多无奈，例如等交通灯时就会有这样的纠结，我的纠结就是：到底是等还是不等交通灯？主人，我觉得交通灯设计得太不合理了。今天咱们过马路时，本来已经是绿灯了，该咱们过马路了，但是右转弯的灯也变绿了，开始有私家车右转弯。现在的私家车越来越多，在咱们面前形成了一道墙，我们根本无法过马路。于是我们继续等，直到交通灯又变红了，右转弯的私家车还没有过完，我们只好再等下一个绿灯，但是下一个绿灯又发生了同样的事情。您真是有耐性的人，我们一直等了三个这样的绿灯，总算通过了马路。

主人，您不是说网上在热议"中国式过马路"这个问题吗？我看不能单纯怪过马路的人，行人固然有闯红灯的嫌疑，但红绿灯本身也是有问题的。我认为，如果红绿灯设计得更加科学些，"中国式过马路"就会变少的。主人，我当时等绿灯等得都有些心焦了，我真想成为一个"中国式过马路"

的宠物。主人,这样的交通灯设计理念还是按照十多年前人们以骑自行车为主的状况考虑问题的,这也太不合理了!那时候车没有几辆,人们稍微等一下就能够过马路了。现在情况不同了,汽车变得多了起来,汽车和行人,谁都想提前过十字路口,于是路口的交通秩序很乱。在机动车面前,行人是弱者,出于安全考虑,人们需要等更长的时间。我觉得谁也没有这么多耐性连续等上几个绿灯才能过马路。但是只发牢骚是没有用的,完善红绿灯的设计才是最重要的。红绿灯完善后要让机动车、行人、骑自行车的人都感到方便就行了,人们无须为争路权而进行博弈。我觉得现在的红绿灯主要是服务于机动车的,我可惹不起这些大家伙,在这些大家伙面前我绝对是一个弱者。红绿灯不是专门为机动车设计的,应该是为所有人设计的,要让所有人都感到行路方便,这是最重要的。我觉得即使是开车的人也有步行的时候吧,这时候就会感受到行路不方便了。这些人开车时得到的便利在走路时就会失去。这样看来,人们都会感到走路时堵心堵肺。加以"中国式过马路"问题的出现,人人会产生"交通混乱"的印象,该局面是不能长久存在下去的。主人,我觉得这是一个思维方式的问题,考虑问题应该力求全面,不能单纯从某一个方面考虑问题。机动车在马路上本来就是"强者",在行人、骑自行车的人以及我(您的宠物)等这些弱者面前,应该更懂得收敛才行,但是这不能靠自我约束实现,因为很多时候自律是软弱无力的。我觉得我就是生动的例证。我管不住自己,只有在您的大声呵斥下,我才能表现得更好些,所以弱者需要得到保护,强者需要受到遏制,这都需要依托科学的管理制度。现在为了过马路,真是等你等到我心焦。在长时间不能过马路时,我都想冲着行人"汪——汪——",以此表示我内心的不满。主人,我是不敢在马路上乱跑的,我非常守规矩。但是像我这样守规矩的宠物经常过不去马路,那些不守规矩的反而能够快速过马路,不过我觉得不应该向这些不守规矩的"学习",我需要好好地训练耐性。

主人,我觉得完善一下红绿灯应该不是很困难吧!据说只是重新设计一下程序而已,工作人员稍微增加一点工作成本,行路难的问题就不存在了!但谁又愿意以增加个人成本为代价来换取他人受益呢?我真诚地盼望着交通状况早日得到改善!

12 月 12 日星期一

今日感悟

制度需要自觉遵守，不能心存机会主义心理。在制度面前每个人都应该显得"呆傻"才对，如果有人在制度面前显得足够"聪明"，就说明制度已经遭到践踏。制度是人们需要共同遵守的规则，严格的制度是不允许任何机会主义行为发生的。制度是有尊严的，在有人破坏制度而制度默不作声时，制度的严肃性就受到了威胁。由于破坏制度而受益的人，在其他人面前就会产生示范效应，更多人就会进入破坏制度的阵营，制度于是形同虚设。制度的尊严依托制度的科学性和执法者的严肃性。任何制度都是人设计的，如果人缺失了严肃性，制度的严肃性就荡然无存。

广场隔栏

制度应该是看得见摸得着的，但有时我觉得，制度好像与心情有关系！比方说，广场的隔栏摆放方式就经常随着超市工作人员的心情而变化，这是我亲眼看见的呢！主人，今天咱们去超市购物时，女主人与小主人到超市里面买东西了，咱们两个在超市外的广场上等着他们。这时我发现有两个人在来回地挪动广场上的隔栏。我发现这个隔栏很有意思，由于是活动的，所以工作人员可以根据需要来回地挪动。主人，我觉得这个隔栏实际上就是一种制度，这些挪动隔栏的人实际上掌握着制定制度的权力。我觉得，广场上设计隔栏是为了让过往行人按照规矩走路吧！广场上空间本来是有限的，在挪动隔栏的过程中，隔栏的位置就可以按照方便消费者停车的要求挪动，这样做不但让超市门口更有秩序，也方便了行人。但我觉得，事情并非这么简单。挪动隔栏，到底是出于超市的需要呢，还是出于挪动隔栏的人自身的需要呢？这就很难说了。挪动隔栏的人有说有笑的，按照自己的意志将隔栏从一种格局变化为另外一种格局。我觉得前一种需要属于"公利"，后一种需要属于"私利"，两者间的权衡完全在于隔栏的位置，而隔栏的位置完全由挪动隔栏的人的心情决定，这些人的心思于是就决定了"公利"与"私利"的分割状况。主人，咱们在广场上等待的这段时间内，我就发现那些挪动隔栏的人，反反复复地将这些隔栏来回挪动了好几次。这些人很辛苦，因为隔栏非常沉重，需要好些人通力配合才能够完成。主人，当时关于这个隔栏我想到了很多，我觉得您在工作中也会遇到这样的"隔栏"吧？如果"隔栏"总是来回移动，人们肯定会迷失方向，觉得隔栏是飘忽不定的，走路总是需要变换路径。主人，我看见马路上的隔栏就是相对固定的，虽然这些隔栏也是可以挪动的，但位置一旦确定后，就不会再移动。相比马路上的隔栏，广场上的隔栏变动不居，说明了挪动隔栏的人的心情是变动不居的。反复挪动隔栏，就是要在"公利"与"私利"之间重新布局，以便使事情向着有利于自身的方向发展。

主人，我觉得制度就应该相对固定，这样人们才可以根据相对固定的制度规划自己的发展方向，不会发生"南辕北辙"的问题。制度是人们的行为准绳，准绳不固定，人们的行为就很难固定下来。如果制度总是变化，人们就觉得未来很难把握，做事的成本就会增加。主人，在日常工作中，您遇到过管理者随意挪动"隔栏"的事情吗？我猜这样的管理者肯定存在。挪动"隔栏"是可以的，我觉得应该在"公利"与"私利"的关系上，将更多的空间让位给"公利"，组织成员才能对其心服口服。就像广场上挪动"隔栏"一样，一定要以广大消费者停车、走路方便为准，不能单纯以超市方便为目标。主人，我觉得管理者挪动"隔栏"，关键还是存在私心，如果私心不存在了，就会"四大皆空"，任何事情处理起来就不再那样困难了！

12 月 13 日星期二

今日感悟

制度应该相对稳定，应该是对事而定，而不应该是对人而定。稳定的制度有助于组织成员设计长远发展目标。在组织内外部环境发生变化后，组织制度要做微调，制度变化要循序渐进。制度具有客观性，不能随管理者心情变化而变化。著名管理学家西蒙认为，管理就是决策，决策贯穿管理的始终。制定制度和完善制度都是决策，但在制定制度伊始，调子就要定好，否则就会影响组织的持续发展。科学的制度可以凝心聚力，组织成员在既定制度下可以找到自己的坐标。如果制度变动不居，组织成员就会感到茫然。

奖懒罚勤

在一个组织中，没有完善的制度，永远不会有优秀的员工。主人，像我这样能够进行严格自律的"员工"不是很多吧！我觉得，所有员工都会有"机会主义"心理的，说实在的，我也有，只是较少而已，所以主人才会对我比较满意。不过，对于绝大多数人而言，一定要通过设计"奖勤罚懒"的制度，才能够做到激励先进、约束后进。

主人，今天您的朋友到家中来做客时，我偷听了你们的聊天。您朋友在聊天中表达了很多无奈。他家养了好几只小狗，本来是为了在小狗间形成竞争机制，但这位朋友最后发现，目标并没有达到。这几条小狗都很懒，没有一个像我这样优秀的。从这位朋友的言谈中，我可以猜出来，那些小狗的综合素质都比我优秀，但表现得都不如我好，我对您这位朋友感到非常好奇。主人，我觉得您对这位朋友做出的分析是很给力的，只用了"奖懒罚勤"四个字就道出了天机，您看问题可真够深入的。您的朋友实际上就是在奖励与惩罚的关系上没有拿捏好，奖励与惩罚出现了错位，应该得到奖励的没有得到奖励，应该受到惩罚的反而得到了奖励。这是原则性的错误。您的朋友在奖励谁的问题上掌握着权力,在分配食物时并没有按照小狗们表现的优劣进行区别对待,这是造成问题的关键原因。每次吃饭时,朋友都是将美食平均分配给每个小狗,这种分配方法从来没有改变过,如果您的朋友给的食物都足够多,所有的小狗都不会努力表现自己。如果您的朋友给小狗的食物不够多,并且是平均分配给每个小狗的,小狗们就会感觉到:表现好坏一个样。您的朋友自然就不会见到谄媚的小狗。这种平均主义的分配方式,虽然表面上看起来是公平的,但实际上不公平的。其直接结果就是:表现好的小狗得不到更多的食物,表现较差的小狗也不会得到较少的食物。既然表现好的得不到奖励(实际上是受到了惩罚),表现差的也得不到惩罚(实际上是得到了奖励),小狗们就没有更多愿望改善其表现。不合理的分配方式,让本来应该由表现好的小狗享受的食物被表现差的小狗享用了,表现差的小狗会暗自庆幸,表现好的小狗会暗自叫苦。既然这样,那大家就都静下心来过着平淡的日子:没有宠物愿意充分地表现自己。小狗们虽然表面看上去一团和气,但实际上表现好的小狗对其主人充满了怨气。您的朋友虽然对小狗们的待遇很高,但没有达到预期的成效。

主人,我觉得您的这位朋友应该改变一下管理策略了,花费不会增加,但绝对会得到意想不到的成果。我觉得,您的这位朋友应该通过改变分配方法在小狗之间真正形成竞争局面,让表现优秀的小狗觉得有盼头,让表现较差的小狗觉得担心。大家的心情不一样了,表现也就不一样了。表现差的小狗就会有足够多的学习愿望,让其表现逐渐好起来。主人,如果您的这位朋友采用了我的建议,我相信,不久就有机灵活泼的小狗出现了。

12 月 24 日星期六

今日感悟

激励先进约束后进,组织中的先进才会越来越多,后进才会越来越少。科学的分配制度是激励员工努力工作的基础。平均主义的分配方式造成的结果是,将劳动生产率高的劳动者的部分劳动成果转移给了劳动生产率低的人无偿享用,多劳者不多得,少劳者不少得,于是人们都会存在"不劳而得"的心理。管理者虽然为员工支付了不菲的薪酬,但由于没有正确地做事,勤奋者没有得到奖励,懒惰者也没有得到惩罚。管理学认为,只有不会管理的领导,没有不勤奋的员工。要想做到药到病除,不仅要有好药,而且要做到对症下药。

◆ 换位思考 ◆

我很纠结

同时侍奉多个主人是很让人纠结的事情。如果主人们的想法一样还好办，如果不一样，宠物就无所适从了，都是宠物的主人，宠物到底要听哪位主人的呢？真是很难裁定呀！我的三个主人经常会让我出现这样的难堪。我需要做的，就是谁的话都听。只是我在这当中需要付出更多的辛苦。哎，主人们真是不懂得我的苦衷呀！这话也不能说出来，不然主人肯定会对我有意见的！

主人，在公园散步时，您和女主人有时走不同的路，这时我真的很纠结，您朝这个方向，女主人朝另外一个方向，我不知所措。我不知道是跟着您走好，还是跟着女主人走好。我的想法是，跟着其中任何一个人走，另外一个人都会对我有意见,每当这种事情发生时,我就会首先跟着您或者女主人先走到道路交会的地方,然后又飞快地跑回来迎接另外一个。您说,我这样做是不是显得很圆滑?我没有办法,这应该是我最好的选择。实际上您们根本不懂得我的辛苦,我这样来回来去地跑,要走很多倍的路程。您们两个都是我的主人,任何人我都不敢怠慢。我只有对您们绝对忠诚,才能够丰衣足食。我觉得周末是我最幸福的时光,因为平时您们两个人都很忙,只有周末咱们才能够一同散步,您们两个会一同到菜市场买菜,我也可以顺便浏览菜市场的风景。在菜市场中也经常会发生让我纠结的事情。女主人买菜时,您总是不在一旁等候,而是毫不在意地向前走。往往是走出了一段很长的距离后,女主人还没有跟上来,我这时就不愿意再向前走了。任凭您向前拽绳子,我还是不肯走,我要等着女主人跟上来。在我看到您那种茫然的表情后,我其实是很纠结的。您肯定认为我不听话了。虽然女主人跟上来后,会非常高兴地表扬我懂事,但是我也害怕因此而伤害了您,幸运的是您还是很善解人意的。当女主人一本正经地向我说"詹妮真是一个好'走狗'!没白养"的时候,我会摇头摆尾地上前扑您们一下(两只前腿搭在您们的腿上,蹦跳好几下,以示友好),虽然将您们的裤子弄上了很多土,并且我也会因此遭到您们的批评,但我一点儿也不在乎。因为我知道,虽然您们嘴上批评我,但内心深处是喜欢我的,我感到很幸福。

主人,您看我是不是已经学会了心理学?我建议,您和女主人是不是也要学点心理学?如果是这样,您们在处理事情时,就可以为我多考虑一些,使我在与您们相处的过程中不再那么纠结。您们是我的生活依靠,但我也给您们带来了很多快乐。有了我,您们的生活就变得丰富了许多。您们让我很纠结,我在做事情的时候就要左右逢源,有时我在"真懂事"与"会来事"之间很难区分,难免就会变得越来越势利。其实我并不想这样的,主人,您不要怪罪我呀!

5月5日星期日

　　"纠结"就是内心有矛盾,管理者要让下属愉快地做事情。管理学中在论及职能制这种组织结构时,对其存在的多头管理问题进行了批评。多头管理就是"一个下属多个婆婆"的问题,由于每个"婆婆"都是下属的顶头上司,在上司意见不统一的情况下,下属就会无所适从。所以管理制度出了问题,就会让下属失去工作效率。科学的组织结构是提升管理效率的前提。由于管理者与员工间权力不对称,面对这种问题时,员工需要承担做事不力的责任,但实际上棒子应该打在管理者的屁股上。

强人所难

俗话说,强扭的瓜不甜。我觉得这句话好像是为主人准备的。主人有时会让我做一些我不喜欢的事情,主人看起来肯定觉得非常别扭吧!俗话说瓜熟蒂落,只有自然成熟的瓜才会好吃的。我觉得,主人对待下属也应该遵照"瓜熟蒂落"的原则!

从日常生活中的一些小事情,就能够看到主人有些"独裁"。哈哈,这样说话可不是说我对主人不满意哟!我是非常看重我们之间的关系的!只是真的希望主人能够在一些细节上改变一下!主人,我在吃东西时请不要勉强我做其他事情,这样我会对您很不满意的。女主人每每喂我吃东西时,您也在招呼我,这时我会很为难。我非常不愿意放弃正在吃的美食而听从您的召唤,但又不想冷落了您,所以这时的我会表现得非常紧张。有时候我会飞快地跑到您那里去敷衍一下,然后又非常快速地跑回来,继续我的美餐。有时我索性就装着没听见您的召唤,仍然一味地讨好女主人,吃女主人给我的美食。我与您几乎是同时进餐的,您们一天三顿饭,我却不是。如果错过了这个吃饭的时间,我在接下来的时间里就必须忍受饥饿,需要耐心地等待下一餐。您总是站在自己的立场上考虑问题,所以您并不理解我。在您吃饱之后就开始看书、看报、看电视,没有看见我还是一直很忙吗?我还要继续讨好女主人,希望从女主人那里得到一些我最需要的东西。您不要嗔怪我,我有些时候表现得确实有些功利。每当吃饭时,只要您落座了,我肯定要将前爪搭在您的腿上,向您示意我要吃东西。凡是您喜欢吃的东西我都喜欢吃,有几次您将辣椒、大蒜喂我吃,我不是也吃掉了吗?事后我总觉得这些食物有些怪怪的,但是并不讨厌。

多年来与您生活在一起,我的生活习惯与您也一样了,我只是早晨起床的时间略早一些而已。这没有别的原因,只是我想早一些将您唤醒,以免您上班迟到!但是我在睡觉时您一般不要将我拉起来,要么逗我玩,要么拉着我去散步,其实这时我最想做的事情仍然是睡觉,您在逗我玩时我并不高兴,在拉着我散步时我也无精打采。我非常了解您的性格和脾气,我能体会出您的喜怒哀乐。您高兴时我会欢呼雀跃,您不高兴时,我就会躲得远远的,但是您不要将您的兴趣强加在我的身上。您往往非常喜欢做这样的事情,我真是没有办法,我拗不过您的,很多时候我真是感到无所适从。每当这个时候,我总是将眼睛睁得大大的,希望您能够从中读出些什么,但您往往表现出心不在焉的样子,我真是哭笑不得。

5月17日星期四

今日感悟

想要让对方与自己真心合作,就不能牺牲对方的利益。在管理实践中,管理者与被管理者均以利益最大化为前提进行博弈,只有制度公正才能将二者的关注点从博弈转移到工作上来。组织成员以利益为纽带聚在一起,以制度为准绳而理顺各自的行为。管理者要认真对待被管理者的切身利益,否则就会离心离德。一旦管理者与被管理者的关注点不对称,下属与管理者的合作愿望开始降低,管理成本就会上升,组织运行效率也会下降。

委屈下属

　　遇到一个善解人意的主人是宠物的幸运。我觉得我就很幸运，因为我的主人能够与我心灵相通，我在主人的庇护下得以幸福地生活着。但是误会也是不可避免的，在双方不够了解的时候，互相曲解对方意思的事情也会时常发生。

　　今天小主人就没有正确理解我的意思，让我蒙受了不白之冤，所以一定要在日记中写出来告诉主人。主人，我感到非常委屈。今天在外面散步时我非常高兴，并在您和小主人面前通过各种方式表现自己。您知道我长得还是很漂亮的：雪白的毛毛，匀称的身躯，在草丛中飞快地跑起来，就像一只兔子来回乱窜，每当这个时候都会有很多人驻足观看我的表演呢！玩耍时我太高兴了，我咬住小主人的鞋子不放，以此表示我对小主人的好感。其实您是知道的，我从来不会真正咬的，我是懂得"咬"的分寸的，我也这样与您开过玩笑，一回也没有发生过意外。不用说不会将主人的脚咬痛了，连鞋子也不会有任何损伤的。但是小主人对我并不理解，他好像对我有点烦，狠狠地在我背上捆了两巴掌，我都感到有点疼了。小主人不是一直很喜欢我吗？为什么要对我下此"毒手"？我当时对小主人都有些诧异了。小主人的这种举动着实让我感到意外。也许小主人心情不好吧。看来以后取悦主人时需要多观察一下主人的状况了，主人不耐烦时不会达到理想的效果。取悦主人也是一门艺术呀！不过小主人确实委屈了我。在我对小主人表示友好的时候，小主人不分青红皂白地对我"大开杀戒"，使我蒙受了"不白之冤"。这样的事情在您这里从来没有发生过，因为您能够很好地处理我与您之间的关系？在小主人打了我之后，我都不敢亲近他了。当然小主人后来意识到了什么，开始向我表示友好，对我说话变得轻声慢语起来，可我已不敢相信小主人是真心对我好了。他向我招手时我吓得跑得远远的，经常被我舔的小手转瞬间变成了"打人武器"，我曾经非常熟悉的人转瞬间让我感觉到非常陌生。在我内心深处知道，小主人与您是心连心的，我得罪了小主人就等于得罪了您，但是我总觉得您比小主人更和善，更通情达理，所以考虑再三之后还是想向您告小主人的"黑状"，希望您能够认真考虑一下！希望您们这些主人不要将我的好心当成恶意哟！

6 月 19 日星期日

今日感悟

　　管理者不明事理，会让下属蒙受不白之冤。为了避免发生此类事情，信息对称就显得非常重要。管理学认为，各类人员对信息的了解程度是有差异的，掌握信息较为充分的人在行为过程中就会处于有利地位。在管理实践中应避免由于信息不对称造成的误解。周哈里窗模型[①]认为，要想提升沟通质量，就需要从两方面努力：其一是增加自我暴露的程度，缩小隐藏区；其二是提升他人对自己的反馈程度，缩小盲区，扩大开放区。沟通质量决定合作质量。现代管理学理论越来越强调沟通的重要性。在组织结构复杂程度较高的组织中，管理者与被管理者之间以及不同层级的管理者之间都需要有效沟通。

---

　　① 周哈里窗模型根据信息暴露和反馈程度由四个窗口组成。"开放区"是自己和别人都知道的信息；"隐藏区"是自己知道而别人不知道的信息；"盲区"是别人知道而自己不知道的信息；"未知区"是自己和对方都不知道的信息。与该模型相关有"暴露"和"反馈"两个概念，"暴露"是个体公开自身信息的程度；"反馈"是个体从他人那里了解自己的程度。

心情压抑

不健康的工作氛围会让处于其中的组织成员感到心情压抑，心情不好了，自然就不愿意做事了，这会影响人们的工作效率！

主人，我现在的心情就够压抑的。说实在的，我对您有些怨气，但不知道向何处发泄！主人原来说过这样一句话：世界上不变的事情就是"永远在变"。这句话在主人身上应验了，我仔细观察主人很长时间了，主人真是变了。看来，我有必要向主人说说心里话了。主人，有时我觉得心情压抑，与您生活在一起有些累，这是一种莫名其妙的感觉，很难说明白具体原因是什么，应该是很多因素交织在一起的结果吧。

主人，您应该明白，生活中面对的就是柴米油盐这些小事情，不要小看它们，很多小事情聚集在一起就成为大事情。起初我觉得与您在一起挺开心的，因为我觉得您与我是心连心的，我们之间进行沟通时并无心理隔阂，但后来在相处过程中，我觉得事情并非如此简单，我越来越感觉到您与我之间的关系并不像我想象的那样和谐。我虽然在您面前很好地表现，但有些美食您也不分享给我，而之前您是给我这样的美食的。为了美食，我会主动亲近您,您也对我表示友好,但是到来真格的时候,我就被您抛在了脑后。我不知道您到底为何要这样做。主人,我现在终于弄明白了,原来您"移情别恋"了,自从您将巴顿(与我几乎一样的宠物)带回家以后,您就将更多的爱投在了巴顿身上,我于是就被遗忘了,即使在您的面前较原先表现更加努力,也无济于事。您的心思并没有在我身上,所以我在您那里根本不能得到应该得到的报偿。

主人,我觉得您应该对身边的"下属"一视同仁,巴顿和我都是您的"下属",您怎么能够厚此薄彼呢?况且我是您的"老部下",表现一直都是很不错的。现在您的眼睛总是看着别的地方,我的能力实际上并没有缩减,只是由于您的心中有了偏见,这导致我"英雄无用武之地"了。我知道,按照这样的状态发展下去,我根本没有出头之日了。您这样做很让人失望,在您做出一项决定前,是不是应该考虑一下我的心情呢?您这样对待我,我的心情您能想象出来吗?您对我可以选择,但我对您是没有选择的,我此生实际上就是"嫁鸡随鸡嫁狗随狗",即使您不"抬举"我,我还是要一如既往地认真表现自己,让您觉得我是出类拔萃的,我的优秀表现与我从您那里得到的赏识并不一致,这使我高兴不起来。

主人,您经常给我讲偏好的道理,但我觉得偏好是个心理学的东西,不是一成不变的。您看,您的偏好就在发生变化,这种变化对我的生活质量有很大的影响!偏好这个东西也许在他人眼中并不重要,但在自己心中可能有无上的地位吧!每个人的关注点是有差异的。就像您一样,在没有巴顿之前,我在您心中的地位是至高无上的,有了巴顿以后,您就将主要心思转向了巴顿,也许巴顿更加讨您喜欢吧。主人,您这种情况就是管理上存在的"裙带关系"问题,就是在用个人喜好创造一种不公平的管理氛围。

主人,我发现您也很容易犯平常人都犯的错误,您实际上也非常普通。您在给我讲故事时,经常批评其他管理者在管理中存在的问题,但您并没有意识到自身的错误,您在我心中的地位正在下降。如果组织中也有人与我一样心情压抑的,以这样的心情工作,工作效率肯定会受到负面影响的。

主人，我觉得您应该公正一点，只要您公正了，家里就能够"拨开云雾见青天"了，我的心情马上就会好起来的，您就不会再看到我那忧郁的眼神了。

6月30日星期四

今日感悟

管理者让下属以好心情投入工作，这样会激励下属真心合作。管理者在组织发展中扮演着多种角色，既是管理制度的主要设计者，也是企业文化的设计者。员工的工作环境就是企业文化的重要组成部分。管理者需要积极为员工创造轻松的工作氛围，以便更好地提升工作效率。关于这一点，梅奥在霍桑实验[①]的"福利实验"阶段已经得出了结论，研究表明参与实验的被测者具有强烈的荣誉感，这是激发员工不断提升劳动生产率的基础。因此员工在何种心情下工作与其创造的生产效率直接相关，管理者需要充分重视这方面的事情。

———————

① 霍桑实验是1924年在西方电器公司所属的霍桑工厂进行的，由哈佛大学的心理学教授梅奥主持。实验分为照明实验、福利实验、访谈实验和群体实验四个阶段。实验的重大意义在于将管理的关注点从物的因素层面转移到人的因素层面。基于该实验，产生了人群关系理论和非正式组织理论。

换位思考

　　人们总是习惯孤芳自赏，如果站在自己的对面看自己，才能发现自己是否有缺点，这大概就是"当局者迷旁观者清"吧。我觉得主人就应该经常站在自己的对面看自己，看看脸上是否有灰尘，衣衫是否整洁。嗯，只有发现了脸上有灰尘，才会勤洗脸的呀！

　　主人，我就像您一样，在没有人对我提出批评时，我真的自我感觉良好，别人不肯表扬我，我得自己找些乐子。今天到外面玩，咱们转悠了大概有两个小时吧，我真的被累坏了，后来我都不愿意走路了。对我的疲惫您全然不知，您还是自得其乐，一路说呀笑呀唱呀的，我真想找一个比较干净的草坪躺下来睡上一大觉。主人，您真是不懂得换位思考。今天的天气真的很好，蓝天、白云、绿草、鲜花，加上略微有些风，这就是我希望的那种天气。我可以在蓝天白云下奔跑，鲜花和嫩草与我做伴。起初与您散步时，我还是兴高采烈的，后来就疲惫不堪了。您好像精力很充沛似的，一点都不知道累。主人，我觉得您在做事情时，是否需要从我的角度考虑一下问题呀。我的体重与您有很大差别，我的耐力与您也是有很大差异的。您能够走那么远的路，我能与您相比吗？我如果走相同的路就需要付出更大代价，我与您的承受力是有差异的。您总是以自己的标尺来衡量我，您并没有感觉到有任何异样，而我实际上已经付出了更多。我觉得换位思考是非常必要的，做任何事情时，您总是习惯从自己的角度考虑问题，从来不考虑我的处境，这样就会破坏咱们的关系。主人，我真的希望您尽快从这种做事风格中摆脱出来，我就可以从身心疲惫的状态中摆脱出来了。主人，您做事情时虽然大多数情况下考虑得很周到，但在一些细节层面仍然考虑欠妥。您多一些"换位思考"，我就会少一些折磨。

主人，我认为我与您之间的关系，与一个下属同其上司之间的关系很相似。一个上司在考虑问题时，如果总是从管理者的角度出发，从来不关心被管理者的心情，久而久之二者之间肯定会出现矛盾的。由于管理者与被管理者之间的权力是不对称的，被管理者只能忍气吞声，以降低劳动效率的方法降低自己的损失，以此表示对管理者的反抗。下属的工作热情降低，管理者与被管理者之间就很难形成默契的关系，二者间既然已经缺乏合作愿望，员工士气自然就会受到影响，组织的发展动力就会严重削弱。

主人，我觉得"换位思考"并不需要您付出更多的成本，只要在做事情时稍微将我考虑进去一点，我就非常满意了。今天走了那么多路，咱们在一个饭店门前停留时，我已经非常渴，于是努力去舔地上的积水。我真的是没有办法才这样做的，您当时还使劲地拉绳子，让我不要舔地上的积水，估计是因为地上的水不卫生吧！主人，我已经顾不了那么多了。在外面"急行军"时您也不给我带上些水，我只好做出这样的不雅举动了。主人，您是我的好领导，您要是能够多一些"换位思考"，您在我心中的形象就会更加完美。您只要有一个小的改变，我就会得到更多的幸福，这就是您所说的帕累托改进吧！我是不能向您提建议的，我企盼着您能够尽快自我完善。

7 月 4 日星期一

今日感悟

善于从对方的角度考虑问题，很多问题解决起来就会很容易。管理实践中由于存在信息不对称问题，管理者与被管理者之间会存在矛盾，这会进一步削弱二者间的合作愿望。通过换位思考能够让这些问题得到解决。换位思考是融洽人际关系的润滑剂。一个人善于换位思考，就会变得胸襟豁达、善解人意。管理者能够换位思考，就会树立较高的威信。管理者需要处理繁杂的事务，没有时间进行换位思考，这会使组织发展过程中的很多问题潜伏下来，并成为组织进步的较大障碍。

不管不顾

做事情不顾别人的看法,这样的人是不会讨人喜欢的。我觉得与别人打交道,总该照顾一下别人的心情吧! 我的主人也不是没有毛病的。如果我能够说话,肯定会向主人提出建议让其改正错误的,但是我不能做到这一点,只能将体会咽到肚中了。不过我还是想说,主人呀,您不要再有那些怪举动了,我快要承受不住了!

主人,我觉得您做事情真是有点儿不管不顾。这些天您开始减肥了,每天只吃两顿饭:早晨吃一顿,中午吃一顿,您晚上不吃饭,为的就是让自己的大肚腩瘦下去。主人,减肥也是要讲科学性的,您这样心血来潮地做事情是不行的。您看,我就顾不上这些,有了好吃的,我也不论时间,只是猛劲地吃。我觉得您的做事方法让人感到好笑。自己是个大男人,在家里硬是要穿上裙子,还向女主人说"要找一找做女人的感觉",您还说"穿裙子就是凉快",并且决定以后在家中就要穿裙子了,这样就能够尽享清凉的夏天了。主人,也多亏不常有人到咱家来,不然人家看见您这个样子可怎么得了呀! 有一次,查煤气表的工作人员来了,当时我发现把您忙得不亦乐乎,您脱下裙子换上长裤,嘴上还一个劲儿地说"来了,来了",很长时间后才把门打开。您当时的"狼狈相"让我笑了好几天呢! 还有一次,快递来了,您当时也是正在穿着裙子,人家已经在敲门了,您为了拖延时间,一个劲儿地问人家是干啥的?您当时由于找不到长裤,让人家等了您好长时间。主人,我建议您不要这样神经兮兮的,这让我很纠结。面对您的做法,我不知道是向您说"好"还是说"不好"。这些天您又开始减肥了,上一次减肥您就以失败告终了,我觉得这次成功的希望也不是很大。我觉得胖些没什么大不了的,只要身体健康就行了,为什么要刻意在减少体重上下功夫呢?况且我觉得您并不像自己说得那样严重。

主人,实际上您减肥成功与否我倒并不是非常在意,我在意的是,这些天由于您晚上又不吃饭了,我也只能又跟着挨饿了,难道您没有发现我比您瘦得更快吗?您晚上不吃饭了,也将我抛在了脑后。我不知道您这次减肥能够坚持多久,您坚持的时间越久,我挨饿的日子就会越多。我非常希望您赶快减肥失败,这样我就不用忍饥挨饿了。主人,我也会从我的切身利益角度考虑问题,我希望整天吃得饱饱的,睡得香香的,这样的日子才叫舒服。您做事这样心血来潮,全然不顾他人的感觉,我真是无语。这不单纯是我的想法,女主人和小主人不也在批评您吗?您做的很多事情实际上别人不一定感兴趣,但由于我们人微言轻,所以对您无法强行干涉。您在做事前能否考虑一下我们的心情,我觉得这样最好不过了,这样就能够皆大欢喜了。您在做事时也能够得到我们的拥护,而且是发自内心的拥护。主人,您说是吧!

8月11日星期日

今日感悟

做事不顾及他人感受,会导致他人与自己不合作。组织成员间相互联系构成一个整体,每个成员的行为都会影响到其他成员,管理者的行为在组织中的影响力会更加深远。管理者在推出一项决策前要充分进行调查研究,如果绝大多数员工对该项决策表示支持,就说明该项决策具有广泛的群众基础。管理者是决策者也是服务员,只有从被管理者角度考虑问题,决策结果才会赢得绝大多数成员的支持,管理者也会得到组织成员的拥戴。

见异思迁

"吃得好,睡得香"是我的最大需求,我没有太高的愿望。哈哈,我这样说话可不要让主人听见,不然主人又要批评我了:詹妮真是胸无大志! 我可不希望有这样一个不好的名声,毕竟我是主人的脸面呀! 不过,说到睡觉,我可是有一大堆话可说,这是我心中的秘密,千万不要让主人知道了,嘘——

主人,这两天我特别喜欢在小主人的卧室中睡觉,您给小主人买了一个不倒翁。小主人说,这是一个用来练拳的大家伙,这个不倒翁看上去像个"巨人",地上全铺上了软软的胶垫,小主人很喜欢我也很喜欢。我看见小主人总是踢打那个不倒翁,发出"咚咚"的声音,我都感到有些害怕。但是我还是禁不住小主人在卧室中练拳的那种场面的诱惑,每天晚上睡觉时,我就在小主人卧室门口等候了,小主人只要打开卧室门,不用招呼我,我就会飞快地跑进去。这个你不要怪我,我就是这样的急脾气,哪里有好事情我就会向哪里跑。您和女主人一直在议论我,"詹妮这两天怎么不在咱们的卧室睡觉了?原来不都是在咱们这里睡觉的吗?"的确,原来我都是在您的卧室中睡觉的,现在不是出现了新情况吗?小主人的卧室没有不倒翁以前,我一点儿都不感兴趣。那时小主人倒是非常希望我在他的卧室中睡觉的。有时候即使我非常不愿意,他还是强行将我弄到他的卧室中去。我没有足够的力气反抗的,小主人拽起我的两个前腿就拖向他的卧室了,每次我都眼巴巴地看着您,请求您"救命",但您只是笑,好像对我的遭遇无动于衷似的。我没有办法,只好到小主人的卧室中睡觉了。那时我每天晚上都睡不好觉,第二天我都要打哈欠,那日子可真不是"人"过的。现在情况不一样了,我是主动要求到小主人的卧室中睡觉的。我挨着不倒翁躺在胶垫上,有说不出的舒服。不倒翁是个大力士,挨着它睡觉我就会得到无穷的力量呢!我喜欢这样的环境。您对我的行为表示疑惑我并不吃惊,对睡觉的地方我有选择权。原先在您的卧室中睡觉,是因为您的卧室中有我睡觉的垫子,比小主人卧室中的"就寝"条件要好许多,现在小主人卧室中的条件已经超过了您的卧室。

我是一个见风使舵的"人",我不太在意您的感受,我只希望过得舒服点。我不是经常说您也是有毛病的吗?我一直将这些有关您的意见藏在心中没有说出来。您最大的毛病就是睡觉时打呼噜,我觉得楼下的邻居肯定能听见,这是让人难以忍受的。女主人曾经多次对您提出过强烈抗议,但您都是一笑了之。您的呼噜声音好大,我都以为半夜三更在打雷,被惊醒之后才意识到是您在打呼噜,这样说一点儿都不夸张呀!这种事情一旦发生,我就很难进入梦乡了,这些问题您可能从来没有意识到吧,犯错误的人从来不会意识到自己的错。小主人就没有您这些毛病,我躺在胶垫上,除了屋里空调发出的轻微声音外,就是小主人匀称的呼吸声,我觉得这种睡觉的环境是和谐的,我不用再担心半夜被"打雷"的声音惊醒。主人,我知道我是离不开您的,您难道没有看见每天早晨打开小主人的房门时,我都是兴高采烈地摇着尾巴扑向您吗?我会在您的身上四处蹭,这一点与先前是一样的。毕竟咱们又有一晚上没有见面了。我知道对于我的"反常"表现您不会介意。如果您的卧室中有比小主人卧室更好的睡觉"设施"并且您保证不"打雷"了,我马上就会回来的。

8 月 17 日星期五

今日感悟

　　吸引下属的注意力,管理者的魅力就能够得到强化。管理学理论在发展进程中,对人性的研究经历了经济人假设、社会人假设、自我实现人假设、复杂人假设等多个阶段,对人的认识越来越全面。下属"移情别恋"没有错误,管理者应该思考失去魅力的原因。在对管理者进行评价时,一般都会选取德、识、体、能、绩等多个指标,德排在第一位。这说明管理者的道德素质较丰富的学识更为重要,管理者要同时注意情商和智商的培养,在组织成员面前树立有情、有义和讲原则的印象。

牵肠挂肚

我在与主人的交往中经常会有让人感动的事情发生。不是我让主人感动，就是主人让我感动，"感动"使我们之间的心理距离更近。我虽然不会说让人类能够听懂的语言，但可以通过行为举止表达我的思想呀。

今天下雨了，又增加了主人与我之间的一次感动。主人，这天气真是捉摸不透，天气预报也不是很准的呀，本来说今天没有雨的，但是晚上又下起了雨。今天晚上您有授课任务，就在您快要下课时，下起雨来了。主人，您知道吗？每当这时我是最揪心的，我非常担心您被雨淋着。您总是骑着个自行车，带着个雨披。在人家都已经进入汽车文明的时候，您还是难以摆脱传统样式的"贫穷"。如果您是开着车去上班的，我就不会有这么多担心了。现在已经进入秋季，雨是很凉的，与夏天的雨有很大的差别。我猜想，如果您被雨浇透，第二天肯定会生病的。我站在咱家的窗台上，看着外面不大不小的雨，盼望着您能够早些回来。您早回来一些，我就少担心一些。女主人看见我这种"失魂落魄"的样子都有些被感动了，对我说：詹妮，不要在窗台上张望了，快点下来，主人马上就回来了，咱们到楼门口去等吧！女主人的话是非常有号召力的,我马上从窗台上蹦下来,摇着尾巴在门口瞎嚷嚷。等我到了楼门口的时候,我发现雨比我在窗台上看到的要大些。雨滴打在地上,泥点子都溅在了我的身上,洁白的毛毛沾上泥了。我对这些全然不在乎,依然蹲坐着等着您出现在我面前,盼望着您的车铃声马上响起。我和女主人在楼门口等了有半小时的样子,终于看见您了,我顾不上雨打在我的身上,一下子蹿了出去扑向您。您也许是被我的这个举动吓着了吧!赶忙说:詹妮,回去!主人,我知道,您是怕我淋了雨有生病的危险,但为了表达我对您的情义,我已经什么都不在乎了,我要按照我的方式表达想法。我发现您并没有穿雨披,我有些担心地开始向您嚷叫(当然我的心情您是不理解的)。女主人的问话把我的问题解决了:都下雨了,怎么也不穿雨披呢?我听见您说:都快到门口了才下雨,感觉用不着穿雨披了,谁知道雨一下子下得这样大。您还半开玩笑说:这就叫作"天有不测风云"。我看着您全身湿透了,赶紧跑上前去舔您身上的雨水,希望早些弄干您的衣服。女主人表扬我说:詹妮真是懂事。听到女主人的这句话,我的心里美极了。这比您给我一块肉吃我都感到高兴呢!(当然给我一块肉吃我是绝对不会拒绝的哟)主人,您平常对我那样好,给我美食,给我看病,抱着我过马路……我怎么能不担心您呢!您是我的全部,您就是我的幸福。我要让您感觉到"我的心是属于您的,我的心是热的"。

　　主人,您千万不要偷看我的日记哟,即使您看见了也千万不要感动哟!因为我觉得所有我已经做的和将要做的,都是特别特别应该做的。我觉得这就是"将心比心,以心换心"吧。主人,我实际上不知道这句话是什么意思,我只是听小主人这样说过,我觉得这应该是句好话吧,但愿我没有犯错误呀。

9 月 14 日星期五

今日感悟

　　管理就是将心比心，上司对下属真诚，就会换来下属的真诚。员工并非金钱的奴隶，但物质激励对于强化员工的工作动力是必需的，真诚是组织发展的基石。孔子曰：人而无信，不知其可也。中华医药老字号同仁堂严格恪守"炮制虽繁必不敢省人工，品味虽贵必不敢减物力"的古训，真诚做人、地道做药。企业的真诚换来了消费者热情的"投票"，于是成就百年老字号。在组织发展中，真诚是相互的，在管理者与被管理者中，一方付出的成本就是对方获得的收益。

◆ 体恤下属 ◆

为我请命

"主人是与我站在同一个战壕中的吗？"我经常想这样的问题。我是主人的宠物，我与主人生活在同一个家庭中，从这个角度看，"主人当然是与我站在同一个战壕中了"。我一直是这样认为的。但是今天发生的事情让我怀疑了。主人，今天家中怎么没有暖气了？没有暖气的滋味还真是不好受，我觉得非常冷。今天是周末，您也在家呢！难道您就不感觉冷吗？我觉得肯定是供暖公司那里出了什么毛病，您能不能去问问到底出了什么问题？我不能用语言表达，但是我通过其他方式向您表达了我的意思，您好像也懂了，但您为什么就是不去做呢？咱们生活在同一屋檐下，我受冻您也受冻。我觉得您肯定是不愿意去吧！您在家是"领导"，在外面受他人"领导"。您对我们吆五喝六的，但是在面对自己的领导时就应该是服服帖帖的了吧！您宁可受冻也不愿意向管咱们的人提出问题，就好像家中什么事情都没有发生一样。主人，您也太不务实了吧！面对领导就只能报喜不报忧吗？领导虽然喜欢下属取得好成绩，但在下属遇到问题时，也一定要为下属分忧解难才对呀！主人，我觉得"暖气不热了"是实际问题，这个问题能不能向上面反映一下，不然咱们就会一直被冻下去，这样会出问题的。就像身上长了个疖子必须及时治疗一样，病变是压制不住的，相应部位终有一天会化脓的。疖子在化脓前如果能够及时诊治，问题就会提早得到解决，否则会变得很糟糕的。只有病人本身才知道难受，只有在病人向医生提出治病请求后，医生才会针对具体情况制定有针对性的治疗方案。

主人，咱家的暖气不热了，就是咱们身上长出了"疖子"，您就要去请"医生"了，如果请不到"医生"，咱们就要一直挨冻。问题已经产生了，就要赶紧想出解决问题的对策，"等"是不能解决问题的。哦，对了，咱单元所有住户应该都没有暖气了吧，您是不是在等其他人反映问题，您这就是"搭便车"行为。我觉得您应该具有向上反映问题的勇气，毕竟世界就是在不断产生问题和不断解决问题的过程中发展着的。有了问题之后不能将其潜伏起来，您这种视而不见的做法有失妥当。

您身边某些做管理工作的人是否也是这样呀？我觉得您肯定是受了他们的传染才这样的！这样的管理者对上司"打包票"，对下属"拍桌子"，无非就是为了保住"乌纱帽"。您经常说，"管理就是生产力"，我对您的说法表示认可。但是一定要区分开什么样的管理才是生产力，像前面所提到的这种管理方式就很难产生高水平的生产力。管理者如果不在科学管理基础上"对上"和"对下"，上司看到的都是假象，下属也会感到"窝火"，长期这样下去怎么能行呢？下属也会认为管理者是严重的形式主义者，管理者在这样做事情时，实际上与下属已经不在同一战壕当中了。

主人，您只有能够主动为我请命，我才会快乐起来的，我也才会真心拥护您的呀！

1 月 14 日星期六

今日感悟

　　为下属做实事才能够让下属感觉到上司的真诚。管理者与被管理者是拴在同一条绳上的蚂蚱,双方在制衡中推动组织发展。管理学虽然在强调将计划职能与执行职能分开,但"计划"与"执行"是不能截然分开的,二者是以合作为前提的分工。无论是科层体系还是等级链,都需要管理者与员工站在同一战壕中。管理者对下属的真诚是需要用实际行动表现出来的,下属希望看到的是管理者"怎样做"而不是"怎样说"。这就要求管理者以平常心做平常事,但要负领导职责。管理者为员工解决问题就是在为自己解决问题。

我有生活

春天来了,我对很多事情都感到很新鲜。虽然已经三岁了,但我还是感到春天具有不可抗拒的诱惑力。

主人,您知道吗?整个冬天,我都感觉全世界是雾蒙蒙的,虽然您在阳台上养着的几盆花草能够让我感觉到大自然的气息,但远不如春天的绿色那样浓重,我希望能够全身心地融入嫩绿的春天当中去。您把我带到公园时,我简直忘乎所以了。在公园中散步时,我会飞快地跑到刚出土的嫩草中卧下,并且用鼻子仔细地嗅着青草的香味,而且要用两只前爪使劲地刨土,将草根刨出来,然后嚼一嚼,我要仔细品味春天的味道。每当看到我做这些事情时,您就会非常生气,因为您所关心的是,我身上的毛又脏了,回家后您又要给我重新洗澡,这会给您造成很大麻烦的。我毫无保留地释放天性,却无意中增加了您的工作量。主人,非常抱歉呀!我不会隐藏内心的想法,一定要毫无保留地释放才过瘾。每当见到绿草地时,我很难顾及您的想法。我不但要用前爪刨土,而且要撒开欢儿地在草地中乱跑,尤其喜欢藏在较高的草丛中与您捉迷藏。我喜欢在草丛中一跳一跳地向前跑,将尾巴绷直,将两只耳朵竖起来,眼睛紧紧盯住前方,飞快地在草丛中穿梭,每当这个时候,就会引来很多人围观。人们喜欢我这种活泼的样子。您经常对女主人表扬我说:"詹妮就像一个大兔子!"主人,我就喜欢您这样表扬我,您越是表扬我,我跑得就会越欢。我要绕着树跑,我要跑过小山,我要跑大圈,只有这样才能够展示出我的优美身段,展示出我跑步的速度,展示我的高兴劲儿。很多"大家伙"根本就追不上我,他们由于体型大,不好绕弯,跑起来显得很笨拙,我就是要逗他们玩,让他们追不上我。我高兴之余也有烦恼,在跑的过程中,我身上沾满了青草的绿颜色以及泥点子,我于是由一个"白精灵"变成了一个"脏精灵"。接下来的事情就需要您收场了,回家后您再对我精心地"梳洗打扮"吧!

　　主人,我这样做完全是无心的。我并没有认识到,在高兴之余会给您带来很多麻烦事。我在跑步时,只是因为看到您高兴,我于是也就很高兴。主人,我也有天性,我需要尽情地释放我的天性,希望您能够理解我的心情。主人,如果我在高兴地玩耍时,给您造成了负面影响,希望您通过恰当的方式比较含蓄地将我制止,这样就会同时达到两种效果:不打扰我的兴致,又会满足您的要求。只有这样,我们才会很好地和谐相处哦。我有我的生活,你一定要给我留足空间哟!

5 月 6 日星期一

今日感悟

　　充分融入生活并且享受生活,才能创造生活。自从行为科学产生后,学者对员工的研究发生了转向,即从经济人转向社会人。在劳动生产率不断提升的前提下,员工有足够多的条件用闲暇替代劳动,员工的生活更加丰富多彩。管理者要通过多种方式丰富企业文化内涵,让员工在为组织发展做贡献与充分享受个人生活两方面实现完美契合,管理者要为员工张扬天性创造条件,要将人性化管理巧妙地运用到管理实践当中。

付出真爱

《三字经》中说过:养不教,父之过,教不严,师之惰。主人就是我的老师,主人可以用语言教育我,也可以用行为教育我。反正我的行动坐卧走都是从主人那里学过来的。我从主人那里不但学到了优点,也学到了缺点。所以我觉得,主人要对我进行批评,首先要先看看是不是应该进行自我批评。

主人,您经常宠着我,以至于我都染上了一身懒毛病。有时您对我非常生气,冲着我嚷叫,但我也没有办法,这些不良习惯已经养成,想要改正过来,也不是轻而易举的,这就是您经常说的"病来如山倒,病去如抽丝"吧。您要给我充分的时间,让我慢慢改过来,这也需要您对我多多提供帮助,这些懒毛病的养成毕竟也有您的"功劳"呀。咱们在交往中您能感觉得出来,先前我喜欢吃的蛋黄、排骨等,现在我只是闻闻而已,我已经不愿意吃了,我的消费水平也在提高呀!有时您觉得非常奇怪,"这些东西詹妮不是很喜欢吃的吗?怎么现在一点儿也不感兴趣了呢?"您往往是一边说,一边将这些东西塞到我嘴中。每当这种事情发生时,我心中就有很大的不情愿,您怎么强行让我做我不愿意做的事情呢?您不是经常说"填鸭"是很恶心的事情吗?怎么您现在就在做"填鸭"的事情呢?也许您并没有意识到正在做错事。我也是需要变换口味的,总是吃同一种东西,我就会倒胃口的。您觉得我喜欢吃蛋黄或者排骨,就总是给我这两样东西,天下哪有这样的道理呀? 我盼望着您能够尽早反省自己的问题,让我的伙食变得丰富一点。我觉得在"什么是真爱"这个问题上,您是应该好好琢磨一下了。我最苦闷的是,您经常拿着这些自认为我爱吃的东西往我嘴里塞,碍于面子,有时候我只能勉强咬在嘴中。您也看到了,我转过头去就将嘴中的食物吐了出来,我实在不想吃这些东西。今天咱家改善生活啦,您试着将一些用卤汁搅拌好的面条放在我的盘子中,这才是我久违了的美食呀!难道您没看见我那种狼吞虎咽的样子吗?我非常喜欢吃打卤面,我将盘中餐舔得干干净净的。我希望以后您经常给我变换口味,只有这样,我吃饭才会更加有滋有味,我的身体才会更结实。您希望我健康,但又不关注我的饮食,这是没有道理的。

我与您生活在一起, 这是我的幸运。我知道您是一个通情达理的主人,您是非常喜欢我的。但我真诚地想对您说:您要想给我真爱,就要从我的角度考虑问题,不要总是从您的个人愿望出发,您如果能够这样做,我会从内心深处对您表示感谢。虽然我不会说话,有愿望的时候总是会通过摇尾巴或者各种不同的"汪"表示,但我真心希望您能够读懂我的肢体语言,只有这样,我们之间才能够达成心灵上的沟通呢!

5 月 7 日星期二

今日感悟

　　下属是上司的镜子,上司要先改变自己,才能改变下属。上司对下属的态度就是下属对上司的态度。管理者要学会观察下属的表情,通过下属的眼神体察自己工作中的不足。碍于管理者与被管理者权力不对称,管理者在犯错时,下属不会直接指出,但会通过降低劳动效率的方式进行反抗。管理者的错误如果长期存在,组织就会长期低效率运转。管理者爱护员工,就需要构建科学的管理制度,并且及时解决员工面临的问题,让员工舒心地工作、愉快地生活。

我的梦想

每个人都有自己的梦想,我也有,只是我的主人不知道而已。梦想可能就是一种向往吧!我的梦想就是希望将来不会再有眼前的不如意。主人给我创造的生活环境已经很好了,但我还是有我的小想法,想让我的生活变得尽量完美些。

主人,我必须向您敞开心扉说话,我有时也是很自私的,比如说,只要将饭放在我的盘子中,别人就不能再动了,即使我不吃,别人也不能动,这是我的地盘。您经常发现,这时如果有谁接近我的盘子,我就会"呼——呼——"地要横,我最讨厌别人动我的东西了。您是我的主人,在您的眼中,我就是您的财产,我的一切都属于您。所以您可以对我吆五喝六的,我敢怒而不敢言。我虽然还是一如既往地对您摇尾巴,但心中已经对您有些想法了。当然我不会记仇,我对您是忠心的,我只是在内心深处希望您能够反省失误,我承认我是自私的,但有的缺点就是很难改正。在您吃东西时,我就会在您面前毫不掩饰地摆出想吃东西的各种动作。我会将前腿搭在您的膝盖上,眼睛直直地盯着您,两只耳朵不停地左右动,同时还发出各种声音。最让我不能忍受的是:您吃着香喷喷的美味佳肴时,对我的请求置若罔闻。每当这样的事情发生,我就会发出更大的声音,动作幅度也会变大,我会围着餐桌转圈跑,还会在地上打滚儿,最后到您的身上蹭了又蹭。我不太在意您对我怎样评价,我只是希望得到我想吃的东西。我尤其想吃肉,每当周末女主人炖肉时,会从锅中散发出诱人的香味,这是我最高兴的时候。因为我知道，在主人能够吃上美味时，肯定也不会少了我的。我最喜欢吃肥肉，嚼在嘴中腻腻的、滑滑的、香香的，那种感觉真是一言难尽。

主人，您知道吗？我真希望天天都是周末，因为周末是我最快乐的日子，除了能够吃上美食外，您和女主人会一起带我去散步。我喜欢吃、喜欢玩、喜欢与您在一起，不喜欢别人打搅我，我的梦想就是过悠闲安逸的生活。我不像您那样整天忙忙碌碌，我已经习惯了悠闲的日子，晚上过了九点，我就不喜欢到外面散步了，虽然有时您给我拴上绳子并且硬是牵着我向前走，围着咱们住的小区转呀转的，我最多能转一圈。每当转完一圈回到小区门口时，我就不愿意再向前挪步了。您说我很懒，埋怨我不喜欢锻炼身体，也许您说得对，但我还是不喜欢完全按照您的设计生活，您的设计毕竟有时与我自己的设想相悖。请您给我留出一片属于我自己的天空吧！让我自由自在地生活，让我由着性子在毫不顾忌别人的想法的前提下"汪——汪——"两声，让我在地上随便地打滚儿，让我与我喜欢的朋友尽情地在草地上追逐，让我尽情睡大觉！这些在您看来无关紧要，但在我看来非常必要。

主人，我属于您，希望在您的关心下，让我减少一些怒和哀的无奈，增加一些喜和乐的享受。

5月9日星期四

今日感悟

员工都有自己的梦想，帮助下属实现梦想是管理者的责任，这就需要管理者为员工清晰地设计出职业生涯发展路径。一般而言，职业生涯设计是组织为员工设计的职业发展、援助计划。职业生涯管理必须满足员工个人和组织发展的双重需要。组织为员工搭建的平台有多大，员工实现梦想的可能就会有多大。因此组织的发展环境很重要，员工职业生涯需要经历成长、探索、确立等阶段。树立榜样有助于尽快完成职业生涯确立，这对于员工成长和组织发展都有益。

了解需求

管理者有时不容易明察下属的需要,下属做事就会"手软",管理者到头来还要埋怨下属没有能力。说到底这是管理者的问题。主人经常给我讲这个道理,但我觉得主人就存在这样的问题呀。我虽然是个宠物,也是懂这些道理的。

主人就是我的"保姆",我虽然年龄在长大,但几乎是个"弱智"。主人代替我做的事情太多了,我虽然并不希望这样,但又怎能对主人提出批评呢?主人越俎代庖导致我"弱智",造成的结果是:主人忙得团团转,而我经常闲着发呆。不过我要感谢我的主人,有了这样的好主人,我才能足够幸福哟!只是我很不容易成熟起来,从"幼年"向"成年"经历的时间就要稍微长一些啦!主人,到目前为止我已经追随您很长时间了,我也已经到了谈婚论嫁的时候了,但是您一点儿也不关心我。每当从楼下的那间小店路过时,我都会对花花无比羡慕,花花是小店主人的宠物,人家现在已经是四只小狗的妈妈了。传宗接代是件大事,而您对我的这件大事丝毫不记挂在心上,您总是这样的。我在草地上奔跑时,对异性非常感兴趣,这一点您是能够看得出来的,但每每我们在一起玩耍时,您都会高声呵斥我迅速离开,不要与异性玩耍时间过久。我对您的这种表现实际上是有些不满意的,我觉得您是在压抑我的天性。与异性在一起玩耍是我的需要,我虽然是您的宠物,但您也不能将我管得太过苛刻,我甚至一点儿"人身自由"都没有。长期这样下去可能造成的结果是,我与他人打交道的基本技巧都不能掌握,您不是希望我是一个聪明的宠物吗?只有在与他人打交道的过程中我才能变得非常聪明。吃喝睡自然是我的需要,但除了这些需要外我还有其他需要呢!而这些其他的需要您并不关心!我多么希望您是关心我全面发展的主人呀。

　　说到这一点我就非常羡慕一些其他主人, 他们对自己的宠物管教得并不像您这样严格。邻居家的当当就是这样,她可以自己过马路。这种本事是需要长期训练的,而您从来不让我自己过马路。过马路时您总是抱起我,到了马路对面时,您再轻轻将我放下。这样看来,您对我的照顾自然是非常周到,但是您照顾越周到,我就越不具有独立做事的本领,我也需要有独立做事的本领,这就需要您为我创造机会,但您显然并没有这方面的意识。不对我进行开放式管理,就会进一步加重您的管理成本,这会导致我在年长时也不会做事,难道我一辈子都要过着"衣来伸手饭来张口"的生活吗?您包办了我应该做的所有事情,我就失去了受锻炼机会。我不能长本事,您可不能怪罪我哟!

6 月 22 日星期三

今日感悟

　　放手让员工做事,让员工在工作中成长,这是员工自我发展的需要也是组织发展的需要。组织发展需要建立人才"蓄水池",除了要从外部引进人才外,组织内部培养也很必要。为了尽快构建人才梯队,管理者要让员工有更多承担责任的机会。每个员工为自己设计的成长方向不同,管理者要顺着员工的发展方向,为其创造发展条件,员工就会有较快的发展速度。挖掘员工需求是管理者的职责,管理者需要通过这种方式培养优秀的继承者,员工积极上进是组织发展的福音。

不能承受

"忍无可忍就无需再忍"，这句话好像是小主人说的吧。今天我就是"不能再忍"了，于是犯了错误，其实我想忍也是忍不住的。哎呀，那时候我才明白，有些事情是能够忍住的，有些事情是忍不住的。

主人，实在对不起，今天早晨让您生气了。由于昨晚一直在下雨，您也没有带我到外面散步，于是我没有到公园草地上撒尿的机会。您想想看，从昨天下午开始一直到今天早晨我一直憋着这泡尿，我实在是没有办法忍受下去了，所以才偷偷地将尿撒在了屋内地板上。在做了不光彩的事情后，我等待的唯一结果就是您对我的责骂。果然您今天早晨非常生气。如果换成我，我也会非常生气的。这让爱干净的您咋能忍受呢？其实我是等着挨打的，但出乎意料的是您并没有打我，而只是对我进行了责骂，然后就拿起拖把将我的"杰作"抹去了，随后听到了您说的一句话：我昨天晚上忘记到外面放詹妮了。我知道这句话的含义，其实主人是在责备自己了。主人，您知道我也是非常喜欢干净的，自从我开始记事，就没有在室内大小便过，这一点您是知道的。即使到了外面我也不会在道路上大小便的，一定要跑到草地上解决问题！我是个非常讲规矩的宠物哟！您不是还经常表扬我的这个优点吗？虽然您没有对我进行责罚，但我还是感到非常歉疚。我犯了这样的错误说明还是我不懂事。虽然昨天晚上一直在下雨，但如果我以非常坚决的方式向您表示我要到外面去，您还是会抽出时间来满足我的要求的，这样一来就不会出现今天早晨的那一幕了。虽然您在责怪自己，我还是感到有些不安。毕竟自己的需求自己才会知道，主人您很忙，哪有那么多时间观察我呢？主人工作很多，并非总能很好地顾全到我的一切，这时就需要我主动向您发出"求助"信号，但我的错误就在于没有向您发出信号，所以我再次声明这完全是我的错。在以后的生活中，我发誓不会再出现类似问题。大清早本来应该以非常喜悦的心情迎接新的一天的，但由于我的过错造成了您心情不愉快，您还是重重地责罚我吧，这样我会感到好受些。

6 月 28 日星期二

今日感悟

对下属要适度宽容，让下属有犯错的机会。在发现下属有错时，管理者首先要反省自己是否有错，管理者往往是错误的元凶。管理者的责任在于命令，下属的责任在于反馈。双方只有顺利沟通才能够实现信息对称。在出现问题时，管理者和被管理者都要主动承担责任，这不但会弱化二者间的矛盾，还会进一步强化二者的合作愿望。组织就是在不断试错中得以发展的，在犯错问题上需要坚持的原则是：不该犯的错误不能犯，犯过的错误不能再犯。管理者只有善于积累经验，才能变得足够聪明。

厄运当头

主人是我命运的主宰,我的一切全部掌控在主人手中。主人也是普通人,心情不好时,难免会拿一些东西出气的,宠物有时就会成为主人的"出气筒",虽然这是不应该的,但"不应该"或者"应该"都是由主人的心情决定的。

我的主人是个很好的人,但其他狗的主人就不一定啦!主人,咱们今天遛圈时面前发生的可怕一幕您还记得吧!咱们前面不远的地方,一个老太太用力打自己的宠物。那是一个全身黑毛的小狗,看上去很听话的。老太太给小狗拴着一根绳子,勒得紧紧的,每前进一步,老太太就要用手拍小狗的头部一下。我见了这种情况,飞快地跑出好远,恍惚间听见您在叫我,我才停下脚步。我不知道老太太的那个宠物犯了什么错误,但无论怎样也不应该那样使劲儿地打宠物吧!我相信这个小狗与老太太之间还是有感情的,友谊的小船怎么说翻就翻了呢?我当时害怕极了,在您招呼我时我还是惊魂未定呢!由此我想到了很多事情,我真的有些担心了,我担心将来有一天您会不会以同样的方式对我?

主人,我越来越觉得感情这个东西是非常靠不住的,感情随着心情变化而变化,也会随着时间和距离逐渐变淡。您说过,我们生活的社会是一个关系社会,人们为了生存就要不断维持各种关系,将自己置于一个网络中。咱们一起看《动物世界》时,我清楚地记着有种动物叫蜘蛛,这种动物最擅长织网,但由于每个蜘蛛的能力有差别,所以织出的网也存在大小差异。主人，我觉得这与人类很相似，人类生活在世界上不就是在织自我的那张网吗？每个人根据能力织网，能力越大，织的网就会越大。我不知道您的网到底有多大，但是我的网只有您，我的能力非常有限，所以我织的网也非常小。我的命运就建立在这样一个危如累卵的网上，我将一切都赌在了您身上，所以我非常在乎咱们之间的感情！在看见前面说的那样可怕的一幕时，我感觉到从背后冒凉气。如果有一天它在我身上出现了，我将如何面对您呢！如果真是这样的话，那我就太伤心了。当然了，这只是我的联想而已，我相信咱们之间不会有此类问题发生的。

与您相处，在您的庇护下我不会有厄运的。您是一个充满阳光的人，我也会充满了阳光。我已经与您绑在一起了，您高兴时我就蹦蹦跳跳，您伤心时我就默不作声。

7月20日星期五

今日感悟

管理者要注意"惩罚"与"虐待"的界限，否则就不能达到预期的教育效果。惩罚的目的是让员工记住教训，不再犯类似错误，所以在惩罚的同时要告诉员工受惩罚的原因，否则员工就充满怨气，觉得受到了不公平对待。在惩罚员工时，要保留员工的说话权利，管理者据此可以反省自己。管理者惩罚员工是从管理角度看问题而采取的措施，但管理制度本身是否存在缺陷以及管理者对员工的惩罚力度是否合理，这些都需要通过员工的言行得到证实。员工是管理者的智囊也是镜子。

一意孤行

"我这样做对不对呀?"我总是这样问自己,但主人好像从来没有这样问过自己。如果经常这样问一问自己,就会少犯错误。主人在这方面应该提高一些哟!

"抠门"是主人的最大毛病,做事情时总是一意孤行,根本没有商量的余地,我的感慨是从"安装空调"这件事引发的。主人,这个夏天可真够热的,这两天新闻报道说,柏油路上可以煎熟鸡蛋了。主人,天气这样热,我都懒得走路了,稍微一活动,我就会张开嘴喘粗气。这些天正值暑假,您有足够的时间带我去散步,我们每天都要早晚各进行一次"远足"呢!这对于您而言也许不算什么,但我已经觉得很吃力了。你难道不知道吗?我散热主要是通过舌头和爪子等部位进行的,我长得这样小巧玲珑,虽然使劲张大嘴呼吸,由于舌头很小,我散热的能力非常有限。您对我一点儿都不理解,有时还夸奖我"秀气",其实这也是我的无奈,上天赐予我了这样一个灵秀的身躯,我即使想"狂野"一些,也没有能力。由于天气很热,女主人向您提出了"安装空调"的请求,但被您毅然决然地否决了,理由是"装空调后,屋内与屋外温差太大,容易得空调病"。您这个道理在一定程度上是成立的,但我认为那都是由于不合理使用空调所致,若合理使用空调,是不会得空调病的!主人,我非常赞同女主人的观点,女主人说您是个吝啬鬼,我也觉得您实际上就是怕花钱,小主人也认为您是一个"守财奴"。您看,我们都在批评您了!由于这些批评的话并未直接对您说,所以您根本不知道！主人，您应该明白，您面对的人虽然总是笑容可掬，但并非意味着就对您持赞同态度！虽然"守财奴""吝啬鬼"这类词汇很不好听，但用在您的身上我觉得很合适。您还经常说不安空调会低碳或者其他什么的，您总是有很多不安空调的理由。但我再强调一下，所有的理由最终只归结为一个理由：怕花钱。您在电脑上写文章，天热时用"汗流浃背"形容真是再合适不过了。您有时还说，出汗会觉得很舒服。我觉得您的思维方式真是比较另类，您感觉到舒服的事情，难道别人都会感到舒服吗？我觉得您不应该将自己的想法强加于别人身上，并让他人认同您，大多数情况下别人的想法与您是不一样的。就拿空调这件事情来说吧，如果算上我，咱家就会有三票是反对您的，我觉得您是没有"帮凶"的。您自己"喜欢"大汗淋漓，您以外的家庭成员实际上都不喜欢这样。正像女主人说的：如果安上了空调，就连詹妮也会享福的。

主人，您在与别人谈话时，有关管理的道理一套一套的句句在理，怎么将这些道理用在自己身上时就不灵了呢？您不会是一个说假话、说大话、说套话、说空话的坐而论道的人吧！看来理论与实践真的是两码事呀！主人，我认为适当采纳别人的建议也不是坏事，有时这样的建议也会让您自己受益呢！

8 月 10 日星期六

今日感悟

采纳他人的合理建议，管理者会变得聪明，从而得到下属的强力支持。三个臭皮匠顶个诸葛亮，集思广益应该是管理者的一项基本素质。管理者要敢于和善于让下属说话，让下属说话才不会塌天。管理风格受管理者脾气秉性的影响，可以分为指令式、教练式、团队式、授权式等多种类型，指令式风格即"我决定、你去做"，教练式风格即"共同探讨、我决定"，团队式风格即"共同探讨，我们决定"，授权式风格即"你决定、你去做"。管理风格是组织文化的重要组成部分，不同管理者、不同类型的组织要选择合适的管理风格，组织发展才会更加高效。

心烦意乱

下属与管理者间的关系很玄妙哟！这从我与主人的关系中就能体会出来。人的心思是很难捉摸的，主人的心情我也很难琢捉摸的，这往往使我感到很郁闷，害怕与主人的关系变僵。为了避免这种局面出现，我总是不断提高自己，掌握与主人相处的更多技巧。我对此很有些感慨，但主人也许根本没有这样的感慨。

主人，不知道什么原因，我有时会莫名其妙地感到心烦，也许是与主人相处给我带来了更多的心理负担吧！有时早晨一起来就是这样，女主人带着我出去玩，我也是心不在焉。这种情况出现时，我对什么事情都不上心，觉得生活很没有意思，即使有美味佳肴摆在我面前，我也觉得没有任何吸引力。我真是没有办法，谁让我天生就是这样表里如一呢？主人，我恳求您在招呼我时适当照顾一下我的心情，可以吗？我觉得您"官僚作风"太严重，我在与您交往的过程中，往往都是要对您察言观色的，而在这方面您一点儿意识也没有。无论我处于何种状态，您都让我遵照您的意思行事，我就会更加心烦意乱，什么事情都不想做！不但不想吃饭也不想出去玩。主人，您说我出现这种情况正常吗？您有时是不是也心烦意乱呢？出现这种状况时，您是怎样想的？是不是什么事情都不想做？主人，我已经掌握了判断您心情好坏的方法。如果您下班回到家，用拉长的音调叫我一声"詹——妮——"，这时我马上就意识到您是非常高兴的，我会摇着尾巴走近您，或者扑过去，或者是使劲儿扯住您的衣角，不管采取何种方式，目标只有一个：助兴。让您在高兴的基础上更加高兴。如果您下班回来打开门时，将书包向沙发上一扔，什么话也不说，这时我就意识到您可能有些不高兴，此时我就会躲到远远的地方看着您，连声音也不敢发出，恐怕会惹您生气。主人，您看我是不是很会"察言观色"，这些都是我长大了之后才懂的。小时候我很不懂事，无论您是高兴还是不高兴，我都要用我固定不变的方式表达对您的热情，后来我发现这样做并不能得到您的认可。我也曾感到很纳闷呢！我兴致满怀地在您面前"手舞足蹈"，而您为何要对我严声厉喝呢？小时候很多事情都不明白，现在我终于明白了。这需要慢慢琢磨！与您一起玩耍需要寻找恰当的时间，在不合适的时间做出了不恰当的决策，就会使您心情更差，这当然不会给我带来任何好处的。人们都说"姜还是老的辣"，看来人的年龄也不是白白增长的。我现在已经成年了，比小时候已经"老练"了许多。您看，我现在将心理学运用得非常好了吧！我对您是非常忠心的，也恳请您照顾一下我的心情，主人，希望在您的呵护下，我能够拥有一个属于自己的温馨港湾！

8月18日星期六

今日感悟

　　上司要减少不当行为，给下属创造好的心情。能力不高不一定不能成功，但情绪不好一定不会成功。坏情绪就是打碎的水晶杯子。管理者的情绪会通过表情、声音、动作、脾气等表现出来，管理者的心情决定着组织成员的心情，对组织环境建设会产生较大影响，组织成员要根据管理者的表情做事。控制情绪是优秀管理者应该具备的基本素质，管理者应该做到处事不惊、临阵不乱，因此管理者要注意多释放好的心情，并尽量隐藏坏的心情，这样就能够为组织成员创造和谐的工作氛围。

做个棉袍

我的主人是个很细心的人,但有时也会非常粗心,关系到我切身利益的事情,主人有时能够体察到,有时却不能,所以需要我主动提出来。

冬天来了,我感到出奇的冷,非常希望主人能够给我做一件小棉袄。主人,您对我的好我会记在心上的。但您却没有在意这件事,总认为我身上有毛,冬天就会很暖和的,而且不穿衣服是我的一贯做法,一年四季我都是一个样子的。实际上并不是这样的!看来我有必要向您说说这事了。主人,您应该感觉到我需要一件棉袍的!天气这样冷,您身上的衣服加了一层又一层,好像从来没有考虑过给我增加一件衣服!这几天我走在外面就觉得身上在发抖,难道您没有看见我在哆嗦吗?今天咱们到外面散步时,我感觉到刺骨的寒冷。您穿着皮靴、戴着棉帽、穿着皮夹克、围着围巾,那种"武装到牙齿"的样子简直有些可笑,您既然也感觉到这样冷,为何不能替我考虑一下呢?我是多么的可怜呀。我一年四季就是这身衣服,夏天还好些,天气炎热时我会脱毛。但到了寒冷的冬天,我身上只能够长出一些绒毛,相对于刺骨的寒风而言这是多么的微不足道。主人,我郑重向您提出要求,我需要一身棉袍,不需要多么漂亮或多么体面,用您的旧衣服改做就可以,穿在身上就能够抵御寒冷的西北风就可以。难道您没有看到别的主人都给宠物做了花衣裳吗?今天从我身边经过的家家就穿了一件棉袍呢!当时我非常羡慕,家家从我身边经过时,那种自豪的样子简直让冻得哆哆嗦嗦的我无法忍受。如果我也有一套这样的装备,家家就不会炫耀了。而且主人，您还没有意识到吧！我实际上就是您的面子呀！我体面您就会非常体面，我不体面您就会脸上无光。咱们回家时，我嘴上叼着用来牵我的绳子，很多人见了都说我很乖，当时我看见您脸上露出得意的表情。我很乖是因为您教导有方！这是您的面子。我如果穿上一件棉袍，别人就会认为您对宠物体贴备至，这有利于树立您的良好形象。从这一点上说，我可以为您做广告呢！一件棉袄花费不了您很多钱，但能够增加我对您的好感。

　　明天就是平安夜了，按照西方的风俗，您是应该送给我礼物的，我希望您这个圣诞老人给我的礼物就是一件花棉袍，当明天醒来时，这件棉袍就放在我身旁。如果这个愿望实现了，我会叼着棉袍围着咱家的房子跑上好几圈，并且用尽浑身力气舔您的脚丫子。哈哈，主人，不要取笑我哟！

12 月 23 日星期日

今日感悟

　　上司要体察下属冷暖，就要从下属的衣食住行开始。赫兹伯格的双因素理论认为，只有保健因素得以满足后，激励因素才能够提到议事日程。因此为了激励员工努力工作，管理者需要从员工关心的生活条件和工作条件入手，为员工解决基本问题。员工认为这样的管理者才贴心。管理方格理论[①]也认为，管理者不能只关心工作，应该将对人的关心纳入管理函数当中，这样的管理者更容易让员工接受，从而创造出更加富有人情味的管理氛围，员工可以在更好的心情中完成工作，工作效率会成倍提升。

---

　　① 管理方格图将纵轴和横轴分别 9 等分。纵轴和横轴分别表示管理者对员工和对工作的关心程度。从原点出发，1 格表示关心程度最小，9 格表示关心程度最大。"1–1"方格表示管理者对员工和对工作都不关心，属于"贫乏型"管理模式，管理注定要失败；"9–1"方格表示对工作非常关心而对人不关心，属于"任务型"管理模式；"1–9"方格表示对员工非常关心而对工作不关心，属于"俱乐部型"管理模式；"9–9"方格表示对员工和对工作都非常关心，属于"战斗集体型"管理模式；"5–5"方格对员工的关心和对工作的关心都保持中间状态，属于"中间型"管理模式。

◆ 团队建设 ◆

唐僧角色

主人是我的主心骨,我对他是无条件的信任,跟着他走永远不会错!

我的主人是一个低调有内涵的人,从来不张扬自己,在这一点上我与主人有很大不同,我经常会在别人面前表现自己,有时都有些喧宾夺主了。"善于表现"可能是我的天性吧!我顾不了那么多了,只要能取悦主人,我就会努力表现自己。当然有时主人也在暗示我"应该怎样做"呢!

主人,今天您给小主人讲的有关"唐僧取经"的故事,我听了之后很受启发,您的很多看法我是非常赞同的。您说唐僧虽然没有神通,不会腾云驾雾,但在西天取经过程中发挥了非常重要的作用,这个观点真是很新颖呀!有些人说,唐僧的三个徒弟都是神通广大,尤其是大徒弟孙悟空更是这样。我觉得孙悟空太棒了,美中不足的是有些傲慢。这家伙把谁都不放在眼里,这怎么能行呢?孙悟空的本事即使再大也应该服从唐僧的领导吧!唐僧虽然没有神通,但在念经方面却是专家(主人,念经是什么?就是管人吧),唐僧指引了取经的方向是不容置疑的事实。主人,我觉得在唐僧这个团队中，每个人都应该有其角色，都应该各司其职，如果不能扮演好角色，就会出现越位、缺位或者错位的问题！团队就会是一盘散沙。主人，您讲的这个故事让我明白了"角色"的重要性，我要努力扮演好自己的角色，在家中担当起"调节气氛"的任务，让您的心情好，提高您的工作效率，这样您就会挣更多的钱，给我买回好吃的，您说是吧！

　　主人，角色很重要，这个道理我越来越明白了。每个人都要认真履行角色，如果不认真履行角色，这个社会就乱套啦。人们不认真履行角色，一方面是因为组织没有通过合理的制度对私利行为进行约束，另一方面是个人玩忽职守，没有重视工作的重要性。社会的各个职能部门对于社会发展都是非常必要的，部门分工精细化是社会进步的标志。我也是社会进步的受益者哟！部门越多、分工越细，就意味着角色越多，扮演每个角色的人都要认真站好自己的位置。整个社会就像一个大舞台，人们都在这个舞台上演出，所有人都应该恪尽职守，这台戏就会很精彩，表演者的名字也会被人们记住，被人们称颂。一些人总认为自己大材小用了，到处惹是生非，就像《西游记》中的孙悟空大闹天宫那样，我觉得这是不行的。孙悟空的角色是保护唐僧取经，保证唐僧的安全，西天取经的最终目的是"取经"，而不是表现孙悟空的神通有多么广大。孙悟空的神通再广大，也是为取经服务的，在取经路上一切都要以取经为主要目的。很多人在看《西游记》的时候，因为孙悟空好玩，甚至看《西游记》就是为了看孙悟空，这种思维方式是错误的。看《西游记》要进行一些理性思考！在神通层面唐僧虽然没有看点，但却是主角，当然如果没有孙悟空等的帮衬唐僧也不能成功取回真经。主人，我认为在《西游记》中若无孙猴子，只凭会念经的唐僧念"阿弥陀佛"，很难吸引观众眼球的，但缺了唐僧却是万万不行的！唐僧能够很好地把握方向，别人都可以要小脾气，随时离开取经队伍，但唐僧一直没有动摇过取经的信念！唐僧具有无坚不摧、勇往直前的英雄气概！最后不但取得真经，还让徒弟们都修得了正果，这就是唐僧的功劳吧！

　　主人，您说我的看法正确吗？咱们在散步时，我在草丛中像只大白兔那样跑，我吸引了大家的眼球，但我知道我不是主角，虽然大家关注我，但您才是核心。哈哈，这个我已经注意到了，人们在欣赏我的同时，也将羡慕的眼光投向了您,那意思好像是在说:你家的詹妮真好玩、真懂事,你真幸福呀!

1 月 14 日星期一

今日感悟

　　管理者是组织的核心,组织有了核心才会有灵魂。对于管理者而言,管理能力较专业技术更重要,管理者的职责在于凝聚成员的力量,实现预期目标,而不在于某方面的技术很精通。一般而言,管理者应该具备判断能力、决策能力、应变能力、承压能力、激励能力、纠偏能力、沟通能力等,管理者应该在组织内部创造出凝聚力,激发员工的工作热情,让组织成员看到发展方向。较组织中的其他成员而言,管理者应该具有坚忍不拔的毅力,能够在挫折中奋起,在群雄中突显。管理者就是组织发展的旗帜。

111

不同声音

　　每个人都有其魅力,孤芳自赏就会导致故步自封,善于倾听不同的声音能够使自己进步很快。

　　我就是一只喜欢四处搜罗信息的宠物,而主人就不一样了,我觉得主人就是一个"两耳不闻窗外事"的人,这样下去怎么能行呢?主人啊,您应该多与别人交流,多获取一些来自不同方面的信息!不知道您发现了吗?在您的身边都是赞同的声音,您不觉得这有些欠妥吗?一个人的智慧是有局限的,考虑问题总会有不周全的地方,但是身边的人从来没有对您提出过反对意见,这不是别人没有发现您的弱点,而是没有人愿意指出!这并不意味着您成功,反而说明了人们不愿意配合您的工作,我觉得这肯定与您的做事风格有关系。一般而言,人们都不愿意说别人反话,因为这样容易产生人际关系的冲突。"和气生财"不仅中国人需要,外国人肯定也需要,所以一般情况下,只要不是存在无法调和的矛盾,人们都会忍一忍的。每个人都喜欢他人给自己笑脸,因为这意味着他人对自己没有意见,彼此可以和平共处。主人,您应该比我明白,由于管理者与被管理者之间权力不对称,所以只要管理者随便给被管理者一只小鞋穿,被管理者就会吃不消,所以被管理者怎敢对管理者提出反对意见呀!当然,您从来没有给我穿过"小鞋"哟!您的身边没有当面说您反话的人,是因为存在很多顾忌。没有人愿意以牺牲自身利益为代价让他人搭便车。如果您在管理中存在某些问题,并且该问题不是单纯降临在某个下属身上,这样的问题就会长期存在,所有下属一起用肩扛着,大家就会在既定氛围中干熬着。久而久之,组织的工作氛围就会死气沉沉。您说我看问题很深入吧! 其实以我的水平,根本不能说出这些话的,这都是您教育得好,我潜移默化地也学会了很多管理学知识哟! 我觉得,组织存在不同声音才会有朝气,管理者于是可以意识到组织中存在的问题,并尽快着手解决,组织的运转效率才会提升! 这就像穿衣服,如果大家穿的衣服都是一样的,世界就显得太单调了,也不容易展现每个人的个性。

　　主人,在家中,您对我的管理非常严格,我总是安静地听您讲话,其实您的一些观点是站不住脚的,但是我不能反抗您。您说话时,我温柔得就像一只小猫,连大气都不敢出一声,家中只有您的声音。您有时给我们讲的故事是重复的,但您仍然会讲得眉飞色舞,好像是第一次给我们讲这个故事,但我们这些"听众"都听烦了。我觉得,您是不是可以将时间适当地让给女主人和小主人,让他们也给您讲一讲故事,您经常说重复的故事,难道没有感觉出来您知识贫乏吗? 听听不同的声音,我觉得并不会降低您的身份,反而会让您与我们之间的距离缩短。这样一来,大家的心情就不一样了。主人,改一改您现在的做事风格吧,我盼望着!

2 月 17 日星期五

今日感悟

　　每种"声音"都有其道理,要学会通过听不同的声音认识自我。每个人由于说话的立场不同,所以在发表言论时所持的观点就会有差别。兼听则明,偏信则暗。管理者应该具倾听不同声音的能力。屁股坐的位置不同,讲话的立场就不同,看问题的关注点也就有差异。倾听不同的声音有助于管理者从不同角度看问题,及时发现管理中存在的问题,并对不恰当的管理措施进行矫正,从而让管理策略更加符合组织发展需要,更能代表绝大多数员工的利益,从而得到更大的支持。

理想泡汤

虽然主人的心情我一般都能够读懂，但我的心情主人有时是很难读懂的，所以，我的一些愿望就不能实现。

吃对于我而言是很重要的事情，所以我总是盼望着主人能够给我买回一些好吃的东西。主人，今天去参加婚宴了，一定会吃到不少好东西吧！您每次出去赴宴，我都在家中苦苦等待，盼望着您能给我带回一些好吃的，但是您每次回来时都是两手空空的，您真是让我有些失望。您总是说"人家的东西不能拿！吃饱就行啦！"您回来时，我和女主人在公园的草地上等您，我多么盼望您能够给我带回些美食呀！我没有资格参加人家的婚宴，所以也没有机会吃上山珍海味，这个希望只能够寄托在您的身上喽！但您从来没有满足过我的愿望！我听见您和女主人说的话了，您说：吃完饭看见有老太太打包了，实际上有好些没有吃完或者没有吃的菜，如果打包回来给詹妮吃，詹妮肯定爱吃，但这样做不好意思，人家都不打包，自己打包，人家会说自己小气。主人，您这种心理是要不得的，您自己倒是大方了，但我本来应该吃上的美食就吃不上了。况且，那些美食不打包不也是扔掉吗？主人，我觉得您做什么事情总是顾虑太多，您就是脸皮太薄。我觉得您不必这样，您也太过拘谨了！如果总是这样，会失去很多机会的。现在人们都在读《厚黑学》，我劝您也读一读！有时脸皮厚一些不碍事的！我一猜就能够想象得出，宴会上肯定有好些没有吃完的饭菜，这些东西扔掉了绝对是浪费。如果您将这些剩饭剩菜给我带回来，既不会对他人形成任何损失,而对于我又是很一件幸福的事情,也算是间接节约粮食呢!这不也是传统美德吗?您不是在给学生讲经济学时经常说"帕累托改进"①的事情吗?按照您的说法,在没有给其他人带来负面影响的同时给我带来了正面影响,这分明就是帕累托改进。主人,我真的希望您能够在帕累托改进中给我带来更大的福利。我觉得,自己想做的事情就要做,只要在达到自己理想的过程中不给他人造成负面影响就行。

主人,我真的希望您能够尽量给自己松绑,这样一来,我的福利也会增加一些!我能够享受多多的美味喽!

5 月 21 日星期二

今日感悟

下属对上司有很多不能言表的企盼,管理者不能让下属有太多的失望。管理者应该从组织成员集体利益出发考虑问题,其思维方式决定了组织的成长方式,但只要能尽快形成健康的集体决策制度,组织的发展轨迹就不再是管理者个人意志的表现。管理者应该具备闻过则喜、见贤思齐的基本素质,建立起以组织发展为目标的智囊团,要通过制度设计将组织成员的发展目标与组织的发展目标相一致,通过恰当的方式使员工的想法得到及时反馈,在管理者与被管理之间实现信息对称。

---

① 在使用资源的过程中有很多种不同的配置方式,但是不同的配置方式带来的效用往往是不一样的,如果对现有的资源配置方式进行完善,在使甲的总效用没有降低的同时乙的总效用得到了提高,这就是一个帕累托改进。如果存在帕累托改进的可能性,就说明资源还没有达到最高配置效率。如果为了使甲的效用得到提高,不得不使乙的效用降低,这时资源就达到了最佳的配置效率。

说话算数

　　承诺不能随便做出,一旦做出承诺就要千方百计兑现,这样的人是有诚信的,能够较好地与别人打交道。已经做出承诺而不能兑现,别人会感到非常失望,做出承诺的人的形象也会大打折扣,别人再与他打交道时就会心存疑虑。

　　在我心中,主人近乎完美,是一个值得信赖的人,我一直是这样认为的,直到今天发生了一件事,让我开始质疑以前的看法。主人,我对您有些不满意。记得今天您去上班前对我说,下班回来后就带我到外面散步。为了你的这个承诺我等了一天,傍晚我一听到您的脚步声,就蹿到门口,并且用非常响亮的"汪——"示意女主人开门,因为我知道您回来就意味着我马上就能实现到外面散步的愿望了。但是令我没有想到的是您到家后就倒在沙发上,还让小主人给您拿了一根冰棒,说上了一天的班已经很累了,现在终于有时间"逍遥"一下了。我看着您那边看电视边吃冰棒的样子就有点着急了:您对我的承诺还记得吗? 我可是为了这个承诺等了一天的! 您上了一天的班确实很累,但一回家就倒在沙发上,并且对我的承诺只字不提,这实在是有些让"人"气愤。当然您也不一定必须带着我出去玩的,哪怕您说一句抚慰的话我就会感到非常满足了,您的情况我是非常理解的。或者您完全可以让小主人带我到外面玩一会儿, 小主人可以代表您,我同样感到快乐。您到外面工作,我总是全天地被圈在家里,您也应该理解我的苦衷。您工作一天回家后,最希望做的事情就是好好休息一下,而我已经在家里待了一整天,我最希望做的事情就是到外面玩一玩,咱们两个的要求在时间上实在是不对称的。自从我记事以来这个矛盾就一直存在,好像您根本就不希望解决这个矛盾。今天这样的事情发生过不止一次呀,今天我实在不能忍受了,咱们之间的这个矛盾什么时候才能够得到解决呀?我向您提一个小小的要求,您信守承诺行吗?既然答应了别人的事情就一定要想办法兑现的,不然在别人的眼中您就是一个没有诚信的人,我不希望您成为这样的人,您在我心中的形象一直很高大,您就是我生活的全部,我衷心地希望您幸福,同时也希望您能给我更多幸福。我已经再三强调,我的幸福是建立在您的幸福基础之上的,但您是否仔细思考过,我不是也给了您很多快乐吗?我们是相互的。您对我说话不讲诚信倒没有太大损害,如果您对待同事或者朋友也无诚信,您的日子就会很难过的哟!

主人,我真为您着急呀!我希望今天的事情是偶然事件!您不要就此真的变成一个不讲诚信的人哟!赶快悬崖勒马吧!

6 月 17 日星期六

今日感悟

管理者一诺千金,说到做到才能有威信。管理者做出的任何承诺都代表组织,这是制度意义上的承诺,对组织成员会产生较大的激励作用,因此管理者的承诺就是组织成员的发展方向。在承诺没有兑现时,员工的努力与回报就会严重不对称,管理者的形象就会严重打折扣。员工会认为受到了欺骗,在下一个工作周期中会保持与管理者不合作态度,管理者开展工作的难度就会加大。这种循环累积效应不利于团队建设。管理者信守承诺不仅是在维系与员工的关系,而且是在守护组织的发展未来。

虚心学习

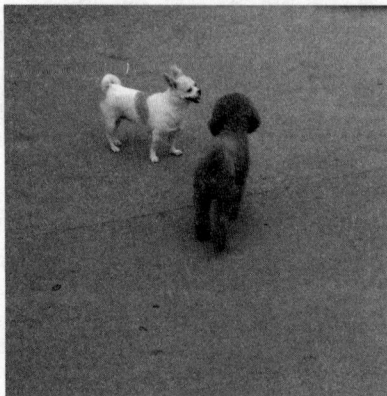

　　金无足赤人无完人，主人也有不足的地方，所以一定要养成终生学习的习惯，学习可以掌握新知识，发现他人的长处，让自己变得更加聪明。主人在很多方面都很优秀，简直没有什么可挑剔的。我这样说可不是在奉承主人，说实在的，与主人在一起生活，真的很开心。主人懂得学习，懂得自我批评，还经常跟我说悄悄话呢！我最喜欢主人抚摸我的毛毛了，好像是在给我做按摩！与很多其他小伙伴相比，我是很幸运的，我非常知足。

　　主人，今天在散步时我遇到了小伙伴点点，她说她非常羡慕我能经常出来玩，您带着我一起出来玩，而她就没有这么幸运了，她经常被圈在屋子里，只有早晨才能出来转一转，而且时间非常短。她说今天非常高兴，主人能够带着她到公园散步，可以比较长时间的呼吸新鲜空气了。我们说了好多话。我说我每天都会出来散步，每天至少要三次，而且主人一般都会让我在草地上撒开欢儿地跑，每当这个时候我就会感觉到无比幸福。说这些话时，我发现点点一点儿也不高兴，她仿佛很失落。我已经猜到了她在想什么：她肯定是认为自己选错了主人。但没有办法，她没有选择主人的权利，只有主人选择她的权利，虽然对主人有怨言，但不能表露出来，只能够默默地承受，这会让点点更加苦闷的！但愿点点的主人在与其他主人交流时能够学到一些什么，点点的生活状况也会得到一些改观的，我知道点点正盼望着这样的奇迹发生呢。当时我已经劝了点点很长时间，我说主人给你吃喝你就满足吧，不要有太多奢望，没有看到过街上有很多流浪狗吗？他们的日子是非常糟糕的！主人们的脾气秉性不一样，一定要学会适应主人，主人是无论如何也不会适应宠物的。我当时将您经常与我说的一句话告诉了点点：要学会与自己不喜欢的人打交道。点点当时眼睛一亮，认为我说的有道理，并且表扬我很有学问！我告诉她，主人精心豢养你，你就一定要为主人带来快乐，不然主人就会不喜欢你的。点点听了这些话后似乎高兴了一点，但看得出她还是不很高兴。玩儿是我们的天性，主人却将点点的天性圈了起来，心情郁闷也是很正常的呀！没办法，慢慢来吧。我们一生很短暂，不能总是在忧忧郁郁中过日子，应该以喜悦的心情对待生活的每一天。点点应该感到非常幸运，其主人给其配置的伙食还是非常不错的，从其毛色的光亮程度就能够看得出来。我们分别时，能够看得出点点还是想与我再玩一会儿的，但硬是被主人用绳子拽回去了，这好像有点残忍。我也衷心祝愿点点的主人能够向您学习，以便有所长进，能够让点点生活得更加开心一些。

6月18日星期五

今日感悟

　　善于体察别人的长处，就会让自己聪明起来。为了谋求组织长远发展，管理者也要不断学习，"学习型组织"是组织的发展方向，只有这样才能够让组织保持竞争力。彼德·圣吉在《第五项修炼》中提出，管理者应该具备如下管理技巧：自我超越、改善心智模式、建立共同愿景、团队学习、系统思考。目的在于通过不断修炼提升组织的群体智力，这说明学习是很重要的。在所有的学习技巧中，管理者也需要虚心向下属学习，在学习中发现问题和不断解决问题，发现员工需求和不断满足员工需求。这样的组织就能够保持较快发展速度。

潜移默化

什么颜色的染缸就会染出什么颜色的布，什么样的环境就会培养出什么样的人。我整日追随主人，有人说我就是主人的影子！对这一点我深表赞同。我在潜移默化中受到了主人的影响。

主人，我觉得"潜移默化"产生的作用太重要了。您不是常说"熟读唐诗三百首，不会作诗也会吟"吗？我觉得这就是潜移默化的作用。您不满意小主人的说话方式，不用说您了，就连我有时对小主人都有些不满意呢！小主人经常说一些网络语言，您听了后都弄不明白是怎么回事。小主人说完话后，您往往还要让小主人再解释一下。主人，这个问题需要从不同角度看，一方面说明小主人比较新潮，另一方面说明您已经变老了！您要知道，你们是不同的两代人，在对事物的理解方面存在差异是很正常的！每当您向小主人咨询"难题"时，我发现小主人就会觉得有些"自豪"，有卖弄的意思。主人，我倒不觉得这些网络语言有什么好的，好多稀奇古怪的东西，让人们感觉云里雾里的。不用说别的，在电脑技术逐渐普及后，人们由于整天打字，逐渐造成了这样的后果：看见了这个字认识，但已经不会写了。所以那个"汉字听写大会"真是让人长见识，很多原来会写的字真的已经写不出来了。荧幕上的孩子们真是棒，再难的汉字也难不住他们，您在看电视时，每每为这些孩子们拍手叫好。主人，您高兴我就很高兴，我不明白您为什么大声鼓掌，我只知道您在高兴时，我就一个劲儿地围着您跑。我觉得这就是一种氛围吧！电视台做这样的节目，目的也在于在全民中间掀起写汉字的浪潮，让人们拿起手中的笔，正确地书写规范且漂亮的汉字。当全社会形成写汉字的氛围后，人们学写正确的汉字自然就不是什么困难的事情了，这就叫作习以为常吧！但问题还是存在的，那就是人们更多的是在用电脑写文件，总是不写字就会提笔忘字的！主人，我觉得现在有些动画片就很不好，这都是商家单纯为了赚钱所致，不过没办法，商家也必须迎合社会的主流需要，如果不投消费者之所好，商家也就没有较大的生存空间了。有些动画片脏字连篇，三岁的小孩看了多集动画片后就会出口成"脏"了，动画片中有打打杀杀的很多场面，小孩子在看了动画片之后除学会了骂人和打架的"技巧"外，没有其他所得，我认为这就是潜移默化的负面影响，这样的动画片应该禁播才对！主人，您对现在的动画片总是报以批评的态度，觉得不如什么《大闹天宫》或者《葫芦兄弟》等传统动画片了，我是非常赞同您的。在缺乏文化基础的动画片中成长起来的小孩，对童年应该没有太多美好的回忆。

主人，我觉得氛围就是一种最好的管理方式，人们处在一种氛围并融入其中时，无形中就成为这种氛围的"俘虏"。您是一个比较幽默但不苟言笑的人，我平常也不爱嚷叫，以致女主人有时都埋怨我说"詹妮不会看家"了，谁让我是有修养的"小公主"呢！正像您常说的"有什么样的领导就有什么样的下属"一样，有什么样的主人，就有什么样的宠物。在与您生活的过程中，我的性格已经严重受到了您的影响，您从来没有对我专门进行说教，但您的言谈举止无时无刻不在对我进行教育，这不就是教育的最高境界吗！

8月16日星期五

今日感悟

　　身教重于言教,管理者的行为对下属具有濡化作用。企业管理理论认为,优秀管理者应该注重企业文化建设,让组织所有成员在该文化氛围中受到熏陶。企业文化包括物质层、制度层和精神层三个层次,三个层次逐层深入,精神层是企业文化的核心层,这是引导企业发展的价值观和理念。企业文化能够将"软管理"渗入"硬管理"当中,在组织成员间产生深远影响。通过潜移默化,员工行为从外在强制变为自我约束,组织成员都是这种文化氛围的创建者,同时也是受益者。

形影不离

我觉得我与主人之间是一种合作关系。主人给我送上"锦衣玉食"，我要为主人带来快乐，这是我的工作，我应该这样做，而且必须要这样做。

主人，我跟您是一条心的。我就像一个"跟屁虫"一样整天围着您转，您去上班的时候，我在家里就没着没落的，我对小主人和女主人的情感与对您是不同的。只要是您在家中，我就围着您转悠。只要您的脚步声在楼梯上响起，我就会很早在咱家的门口等着您。只要您一开门，我就会飞快地迎上去，不管您在意不在意，我都会猛地扑向您。我知道，有的时候您都"怕"我了，在我向您扑去的时候，您都故意在躲着我，但我还是一扑一个准儿。主人，您是躲不开我的！就像女主人所说的，只要您一回来，我就"活"了。你走到哪里我就跟到哪里。您看电视，我会静静地卧在您的旁边，您在书房写文章，我就会在门口卧着，只要我的眼睛能够看到您，我就感到很高兴。有的时候女主人单独带我到外面去玩，我发现没有您，到了楼下我就不走了，直到女主人用绳子牵着我，我才很不情愿地向前走。主人，我希望咱们一起出去散步，只要您不在我身边，我就觉得好像丢掉了什么似的。我觉得，我对您具有这样的情感是非常正

123

常的，我对您的这种情感是一般的下属与管理者之间的关系所不能相提并论的。下属与管理者之间的关系是建立在制度基础之上的，而我觉得我们之间的这种情感是不需要任何制度的。下属可以背离自己的上司而去，而我是不会背叛您的。我是用百分百的真心来对待您的。而下属对管理者的感情很难达到这种程度。但是这两种关系是有共同点的。我对您就像下属对于上司那样，都是有所求的，都是想让"主人"对自己进行更多的照顾。当上司与下属之间的关系达到您与我之间的这种关系的时候，以管理者为核心的团队就"掰不开""揉不碎"了，整个组织就真正成为了铁板一块。下属与上司形影不离了，就说明二者之间已经在制度和感情两个方面紧密融合在一起了。在创业的过程中彼此就不会过多地计较得失。反正我是这样认为的，有不对的地方请主人多多批评哟。主人，我觉得"形影不离"能够在组织内部形成强大的战斗力。"士气"对于组织的发展是非常重要的。只要"士气"旺盛，组织的一切困难都会迎刃而解。

主人，咱们今生注定有缘分，我要跟随您一生，不离不弃。您会因为有我而快乐，我会因为有您而幸福。我们就是要如影随形、不离不弃。您说对吧！

8月20日星期六

今日感悟

　　管理者与下属要如影随形，精诚合作。管理者需要以法管人、以理服人、以情动人。管理具有科学性又具有艺术性，以情动人就充分体现了管理的艺术性，优秀的管理者并不缺乏情商，管理者与被管理者建立关系的过程中，情感纽带不可或缺。"桃园三结义""白帝城托孤""子龙救阿斗"中，情感都占了很高的权重。管理者需要刚柔相济，"刚"即执行制度过程中的严肃性，"柔"即为人处世过程中的体贴性。这样的管理者既有权力又有权威，下属对管理者就会心服口服。

虚张声势

　　形式是为内容服务的，就像长剑配将军、靓饰配美女一样，红花也要有绿叶相衬才行呀！我就是主人的绿叶，"做主人的陪衬"就是我的职责。我陪伴在主人身边，更容易增加主人的亲和力，给人们的印象是，主人不仅是个工作狂，还是爱家人士！听说没有家庭生活味道的男人是无人喜欢的哟！我做的一些事情，有时看起来过于形式，但还是要非常认真地去做。我这样做，虽然主人并没有专门表扬我，但能够猜得出来，主人心中是很高兴的。

　　主人，我承认我的确是一个善于虚张声势的人，平常老实得像小猫一样，厉害起来的时候也会张开"血盆大口"的！今天咱家来了客人，您刚刚打开门时，我看见进来了陌生人，就一个劲地向其大声嚷嚷，当时把客人吓得不得了，后来在您再三说服教育下，我才平静了下来。主人，这是我的责任，我就是不让陌生人到咱家中来，即使是与您一同进来的人，我也不放过，这就是我的做事原则，谁也别想在我这里走后门的！别看我个头小，客人还是很怕我的，我从其表情上就能够看得出。客人看见我一直大声嚷嚷，赶紧向我说了几句表扬话，这话对于我还是很灵的，我慢慢地平静了下来。客人说我全身雪白，非常好看。当客人到客厅中后，我发现您和女主人对他很客气，我于是也开始友好起来。我开始对着客人摇尾巴（这是我对他人表示友好的最好方式），我开始试着张开嘴，伸出舌头舔客人，这回把客人又吓了一大跳，客人还以为我要咬他呢。事后我也很后悔，与别人拉近关系的速度是不是太快啦！我当时也被吓了一跳，赶紧倒退好几步，没有预料到客人难以接受我这种表达友好的方式。我于是改变方法，开始在客人的腿上来回蹭。没有想到，客人也不接受这种表达方式，他害怕我将身上的毛蹭到他身上。我真是没有办法，客人是您的客人，自然也就是我的客人，但客人并不想接受我的友好。最后我干脆躺在地上谁也不理了。客人离开咱家时，我与您一起将其送走的。除了客人刚到咱家时，我对其嚷嚷了以外，其他时间内我对客人都是非常友好的。在客人走后，您对女主人说："詹妮就是在虚张声势。"主人，您说得可真对，我就是在虚张声势呢！看家是我的责任，在看到陌生人进入咱家时，我自然要履行职责。但我知道，与您一同进家的人，肯定就是您的朋友，所以我在形式化地表达了我应该履行的责任后，主要的就是要表达对客人友好。我对客人表示友好，我文质彬彬、举止得体，说明您教育有方，这当然是您的脸面哟！主人，我觉得我这种虚张声势是非常必要的。如果我不虚张声势，您会说我不恪尽职守，回头会批评我。我一定要在您的面前很好地表现，现在我将我的心里话说出来，您也许认为我太过形式主义了。主人，我"虚张声势"在您看来也许是不必要的，但在我看来非常必要。在您面前，任何一个小细节我都不敢马虎。实际上有时我也认为虚张声势没意思，因为"看家护院"和"迎来送往"的责任我不敢有丝毫懈怠呀。

　　主人，听了我的这些话，您是不是感觉到我非常认真负责呀。"虚张声势"能够拉近我与您的情感距离，让您感觉到我与您始终是站在一起的。主人，有了我这样忠实的"下属"，您就放心吧！

10 月 22 日星期五

今日感悟

形式为内容服务，没有好的形式，好的内容也不能得到认可。"好人出在嘴上，好马出在腿上"，有些话虽然都是常规表达，但在人际交往过程中不可或缺，将一些形式的东西删减掉，正常的人际交往就会受到阻碍。"形式"与"形式主义"不同，前者为内容服务，后者有悖内容发展。在管理过程中，从"注意形式"变化为"注重形式"时，形式主义的问题就变得很严重了。为了组织的发展，有时在一定程度上需要对形式进行夸张即虚张声势，对竞争者进行震慑。

唱什么调

　　主人,您今天看了星云大师写的"我们应该唱什么调"的文章,是不是有些感想呢?星云大师说的很多话都富有哲理,您是很喜欢这个人的呦!您吃饭时总是引用星云大师的话向小主人"传经布道",在您说话时我总是竖起耳朵,像是能听懂您说话的样子。

　　人们在日常生活中都要唱一种或者几种调子,唱高调?唱低调?唱反调?唱老调?唱杂调还是唱滥调?唱不同的调产生不同的影响,不但会影响唱调者身边的人,唱调者本人也会受到影响!唱调者唱什么样的调与其自身的状况有关系。主人,我觉得这几种调都不是好调。"唱高调"就是明摆着不做实事,这就是您经常说的"说漂亮话不做漂亮事"吧!我觉得这种人真是够虚伪的,我不喜欢这种人。相对于"唱高调",我更喜欢"唱低调"。我觉得您就是一个"唱低调"的人,我就喜欢您这样的人。您平常总是喜欢默默地做事,很少口若悬河地炫耀,受您的影响,我平时也是沉默寡言的,邻居都说我很文静。漂亮又很懂事,谁会不喜欢我呢?大概这就是讷言敏行吧!我不喜欢瞎汪汪,不然邻居找上门会给您带来很多麻烦的!您看,我够低调的吧!

　　主人,相对于唱滥调、唱老调、唱杂调的人,我最反感唱反调的人,这样的人实际上就是跟人对着干,您说什么他偏不说什么,这样就很难团结起来做大事。小主人有时候就与您唱反调。主人,有时候我也在琢磨,遇到唱反调的人到底好不好。如果您的想法都是正确的,唱反调的就很讨厌。

如果您的想法不是很科学,我觉得有个唱反调的反而不错,这样就能够让您时刻保持警醒,反思自己的错误,做正确的事情。这样看起来,有些唱反调的人倒不一定是做坏事哟!

主人,我觉得我不会唱高调,也不会唱低调,当然更不会唱反调,我觉得我像是一个唱滥调或者唱杂调的。您每次回家时,我只会以相同的表情迎接您,发出的声音也基本上是相同的。我不会反驳您,更不会说您的坏话。我用什么样的方式表达我对您的喜欢呢?扯您的衣角,扑您,在您的床头睡觉。我有时会打鼾,也有时会说梦话。我在梦中也能够想起您带着我一起游玩的情景。您虽然看起来很严肃,但很会逗我玩耍。我不会花样翻新,只会循规蹈矩,您说我是不是一个喜欢唱滥调的呢? 希望您不会厌烦我,谁让我是您的詹妮呐! 不过我觉得您要适当培养我唱些反调才好呀,不然您就总会认为自己是正确的,长此以往您就不会进取了呀!

12 月 24 日星期一

今日感悟

　　不要担心下属唱反调,表面上看唱反调不利于管理者集权或者在一定程度上会降低管理者的威信,但反调能够让管理者借以自省,管理者能够时刻意识到自己是有缺陷的,这样的管理者就能够不断超越自我,能够让组织保持较高水平的竞争力。因此管理者要学会倾听来自组织成员的各种调子,并从各种调子中搜寻自己所需要的建设性意见或建议。智慧的管理者应该善于滤除一些调子并保留一些调子,不允许组织成员唱滥调,通过组织成员的反映反省自身,这样管理者才能够展示出与成员的合作诚意。

第二篇

善用他人

众人拾柴火焰高

主人，一直以来我想对您说句话，也不知道您是不是愿意听。您是一个很有威严的人，我们都很喜欢您，但是我总觉得您做事太辛苦了，其他人仿佛都未尽力似的。我觉得别人并无错误，是您的工作风格导致现在这种状况的。我觉得您在做事时总是孤军奋战，您是不是应该考虑一下"怎样善用他人"这个问题了？您不是常说"一个好汉三个帮"吗？我觉得您在谈理论时一套一套的，但在做具体事情时就昏了头。您掌握着权力，但是也要适当将权力下放，这样就能够让下属有较好的成长机会。

这些天您工作很忙，没有时间做饭，小主人开始承担起做饭的任务了。每次下班，当小主人将可口的饭菜端到餐桌上时，您不是也大加赞赏吗？我觉得您应该从这件事情上有所思考。小主人"会做饭"这个优秀素质先前没有表现出来，不是因为他不会做饭，而是您将更多的做饭机会"据为己有"了，您总是不放心别人做事，这怎么能行呢？您看，现在由于小主人有了表现机会，您才发现小主人有这样的才能了。小主人给您烹制了美味佳肴，这不但让小主人有了展示才能的表现机会，也让您省了不少事，您现在可以腾出更多时间做自己的本职工作了。您看，这不就是一举两得的事情吗？

主人，实际上我要向您说的话就是"要用好他人"。权力的魅力不仅在于表现自己，还在于表现他人。我觉得咱俩的关系您就处理得比较好，我不但能够感受到您的权力，而且我也有自己的发展空间，我现在已经学会打滚、跳高、"摆手"等各种招人喜欢的动作，看到我有这么大的长进时，您不是也很开心吗？您给我创造了较好的发展空间，我也就有用武之地了。您看，"用好他人"，也就能给自己带来快乐了吧！

◆ 懂得艺术 ◆

玩世不恭

　　"忠于职守"有时会给自己带来麻烦，我作为宠物深有感触。我的"汪——汪——"声会影响街坊四邻休息，他们会对我有意见，我"认真工作"遭到那些工作不认真的人的白眼儿，我越是努力工作，就越会"四面楚歌"。主人，这是不是"干活越多错越多"。但祖上给我遗传下来的基因就是要忠于主人，认真做好自己的本职工作，这也应该是"本性难移"吧！真是没有办法呀！

　　我得向主人诉诉苦了。主人，向您说一件事，这事涉及我的隐私，请您为我保密。其实这件事说神秘也神秘，说不神秘也不神秘，这就是在看到不顺眼的事情时，我就会瞎"汪——汪——"一通。实际上我对别人并不构成威胁，我个头很小，过往行人都说我不会咬人的，所以即使我在声嘶力竭地嚷叫，也根本没有人理我。虽然如此，我就是忍不住，所以无论是您正在做什么事情时，都会冷不丁地听到我"汪——汪——"。对那些不顺眼的事,我感到无比愤怒,只有使劲地"汪——汪——",我才会感到舒服一些。主人,对不起,打搅您的工作了。让我感到诧异的是,我最初"汪——汪——"还会有人理我,随着我"汪——汪——"的次数增多,很少有人再理我了。我后来终于弄明白其中的原因了,因为很多人都已经知道我只是"干打雷不下雨"。按照一般道理,"汪——汪——"是对别人示威,让他人意识到自己的存在,并且要让那些做错事的人意识到错误,不然我就要对其不客气了。但是我总是"瞎汪汪",根本没有对那些已经做了错事的人进行应有的惩罚,所以这些人对我更加肆无忌惮,我的"汪——汪——"就白费劲了。让我最不能容忍的是,这些人有时居然在我面前做坏事,我又能对其怎么样呢!我个头非常小,即使用尽全身的力气"汪汪",也无济于事。这些人根本就不把我放在眼里。主人,我告诉您,虽然如此,我并没有灰心,我还会继续"汪汪",至少人们会通过我的"汪汪"声知道某些人在做坏事。等到有一天听到我"汪汪"的次数变少了,这就说明社会比较太平了,人们的素质普遍提高了,做坏事的人就非常少了。到那时候我也就比较安心了,我可以用更多的时间睡大觉了。主人,我的眼力非常好,白天就不用说了。尤其晚上的时候,我能够看清楚很远地方发生的事情,任何坏事都不能躲过我的眼睛。有时我也想睁一只眼闭一只眼,假装看不见那些做坏事的人。但是后来发现,这一点我做不到,谁让我是一只非常正直的狗狗呢?而且工作起来又非常忠于职守!这就注定我此生会非常苦的呀!正因如此,很多人都记恨我,但是又不能把我怎么样,所以这些人想出了绝妙的招数:贿赂我。他们给我好吃的,让我在看见不平事情时不再嚷叫。他们贿赂我的东西很有诱惑力,但是都被我拒绝了。这些人看见我"刀枪不入",就开始躲着我走,他们做事情越来越诡谲了。我对于这些人而言简直就是"梦魇",不过我觉得这些做坏事的人才是真正的"梦魇"呢!他们在做坏事时,总是想办法从我这里"迂回"过去。这些日子,我身边出现了好几起坏事,但都是在我不知道的情况下发生的。我一直在睁大眼睛观察身边的状况,但这些人太"聪明"了,真是防不胜防。看来单纯凭借我一个人的力量整治这些坏蛋很难。

我发现活着太累了,看不惯的事情就必须要表达出内心想法,总是这样下去我会心神憔悴的,总这样怎么行呢!主人,您劝劝我吧,让我变得市侩一些吧!

5 月 14 日星期二

今日感悟

　　耿直的性子不一定人人都称道,为人处世需要刚中带柔。管理具有很强的艺术性,对于违背管理者意志的组织成员,管理者除了需要通过严格的制度进行约束,还要通过适当方式进行疏导。直来直去不一定能够很好地解决问题,管理者需要用巧妙的方式规范员工行为,遏制负面因素,强化正面因素。玩世不恭只能激发个人的不良情绪,不能真正解决管理中遇到的问题。管理者应该有冰的坚韧,也应该有水的柔和。出淤泥而不染只是做到了有效防守,教化他人矫正行为才是很好的出击。

柔性管理

地球围着太阳转，我要围着主人转。主人的言谈举止对我影响是很大的，一旦发现主人不高兴了，我就会尽量收敛自己，我害怕由于嚣张而招致"灭顶之灾"。

长期以来，我已能很好地对主人察言观色了。嗯，有时我觉得生活可累呢！主人，这两天咱们一起去了"农家乐"，为了避免我在家中忍饥挨饿，您也带我一同去了。我觉得这里的景色还真是不错，好多美景都是我从来没有见过的。在城市中处处都要面对水泥墙，视野从来没有这么开阔。这里的人也没有城市中那样多，满眼都是绿，空气中充满了花香和嫩草的味道。在这里玩耍不用担心会有同类与我争抢地盘，我可以满地里撒开欢儿跑，这回我可是真的见世面了。我可以在草丛中"潜伏"起来与你们捉迷藏，还可以捉蝴蝶和捉蚂蚱。这里泥土的香味也是城市的泥土不能相比的，我用尽浑身力气嗅着花香与草香。但是这里也有很多烦心事，虽然空间比较大，但地面都是泥土，我在外面跑了没有多长时间就弄得全身是土，就变成了一只"脏猴子"，并且田野中的蚊子比较多，蚊子总是在咬我，我全身刺痒，过一会儿我就要停下来挠痒痒。通过您的眼神可以看出，好像对我不太满意，您不喜欢我脏兮兮的样子。我也没有办法，玩是我的天性，当我在非常高的草丛中蹿来蹿去与您捉迷藏时，您不是也非常开心吗？在城市中您从来没有看见我这样开心过吧！这里没有条件给我洗澡，所以在看见我全身都沾满泥土时，您很不高兴。难道您没有看出来吗？咱们第二天在外面玩时，我不如第一天开心，我没有像第一天那样撒开欢儿地在地里来回跑，我记得当时您还感觉非常诧异呢！"詹妮怎么今天不如昨天高兴呢，是不是哪里不舒服？"主人，这回您可猜对了，当时我心情很差。我第二天不开心，就是因为您第一天对我报以批评的眼神。您过于严厉，所以我在您面前变得唯唯诺诺了。通过您的一个眼神我就能猜出您心中所想，我从来都不敢冒犯您的。我现在很矛盾，您带我出来玩耍，我觉得目的应该是开心，我开心地玩耍就会给您带来快乐。但从您的眼神中可以看出，您实际上并不希望我这样"肆无忌惮"地玩耍。您知道，我平时很喜欢在您的鞋子上睡觉，喜欢在您的两脚间坐卧，我觉得这样做就会非常安全。但是这次由于我全身是土，我很知趣地躲得远远的。在外面玩的这几天我也很少吃饭，我觉得这里的饭并不适合我的胃口，我还是喜欢女主人做的饭。也许您觉得我这样说有些夸大其词，但我确实是这样想的。我现在终于明白，在外面玩只是在陪您高兴而已，我并非真正拥有属于自己的快乐。在某种程度上，感觉到快乐的同时，我却感觉到了些许不快乐。难道所有的主人都是这样的吗？主人，如果您稍微多给我一些主动权，您在我心中的形象就会高大许多哟！希望您在与属下共事时不要以同样的方式做事，如果是这样，您就会众叛亲离的。

8 月 13 日星期一

今日感悟

"刚柔相济"不但是在强调"刚"的好处，也是在强调"柔"的妙处。在组织发展中，组织的利益与成员的利益需要同步，不能以牺牲员工个人利益为代价换取组织发展，这样的组织不会具备持续的发展动力。管理者刚柔相济，强调外刚内柔。在强调成员按照管理者的要求做事的同时，管理者要满足成员的要求。为了组织的发展，成员可以暂时牺牲个人利益，管理者需要为做出奉献的成员创造充满阳光的职业生涯，让成员共享组织进步的成果。

快乐教育

"好雨知时节,当春乃发生,随风潜入夜,润物细无声"。这样的诗句真是太好了,这样的雨才能够被植物的根系全部吸收,不会浪费。狂风暴雨一般不会达到这样的效果。在狂风暴雨到来之前,我会很害怕,这时候我一般都会蜷缩在屋子的深处,生怕树上掉下来的树杈砸到我。我觉得人们既然不喜欢这样的天气,也一定不喜欢用这种方式说话吧!主人,我越来越感受到一个严重的问题:每个人都不喜欢别人说教,但是非常喜欢在别人面前说教。主人,您看这不就是一对矛盾吗?不喜欢听别人说教,但是又非常喜欢说教别人,世界上哪有这样的好事情? 这样的人希望自己是"老大"吧!人们的心理感觉应该都是一样的吧!不喜欢别人做的事情,别人肯定也不喜欢自己做。所以让别人喜欢听自己的话,就需要说话的人比较艺术地表达要说的内容。为了表达一种思想而对"听众"进行干巴巴的说教,大多数人都会"打哈欠"。同样的教育内容,若采用比较轻松的方式,"听众"就会容易接受,在受教育的过程中与说教者产生共鸣,进而会主动地按照说教者的教育方向行为自己。我觉得这种让人喜闻乐见的教育方式,就能够让教育者与被教育者在内心深处得以心灵沟通,受教育者就会由"要我做"变为"我要做"。

主人,说实在的,我就非常不愿意接受您对我进行的那种干巴巴的说教,您说话时声音很大,还文绉绉的,一边说还一边指手画脚,在空中画出好多圈,唾沫飞老远。我都不知道您那是在干什么!我看到您那种高高在上的样子就有些心烦,很多时候我都是耐着性子听完您说教的,之后根本不按照您说的做,您说您的,我做我的,让您白费劲。我要用无声的语言反抗您!不但我有这样的感觉,就连小主人和女主人也有同感。女主人的脾气还是相对较好的,您在高声大喊时,女主人一般都不说话了。等到您说完后,女主人简单地"哼"一声就完了。其实我与女主人单独在家时,女主人经常唠叨对您不满。不就是为了表达一种思想吗?用不着这么高声大气地喊叫,小声说话同样能够解决问题。"声音高"有时候并不能解决问题,关键是要让"听众"将您的话听到心里去才可以。主人,我觉得日常生活中,很多做管理工作的人是不是都这样? 如果是这样,我认为效果肯定不会好!我觉得这就是"空洞的说教",确实应该改变一下教育形式了!比如说编成文艺作品、编成笑话,或者用幽默的漫画或者其他什么类似的形式表现出来,人们不仅愿意听、愿意看,而且潜移默化地就会改掉不良行为。

主人,我就非常喜欢这些形式的教育,我见到这些东西就上瘾的。教育的目的不就是要改变人们的行为方式吗? 我记得咱们先前看过一个有关黄世仁的节目,节目中没有空洞的说教,只是通过一些对话和动作,展示了年底时黄世仁到杨白劳家要账的情形, 在要账的过程中黄世仁那种丑恶嘴脸暴露无遗,节目并没有告诉人们要痛斥黄世仁,但实际上已经达到了这样的效果。节目就是要在"润物细无声"中达到教育的目的。节目看完后,人们对黄世仁恨得咬牙切齿,说教的目的达到了。您不是也很喜欢这样的节目吗?看起来"说"和"做"真是完全不同的两件事!"说"是比较容易的,"做"就比较困难了。"观众"知道这样的节目是要告诉自己什么,但愿意观看,那么教育的目的就达到了。主人,我觉得这样的教育就是"快乐教育",这样的教育在很大程度上能够达到"润物细无声"的效果。既然人们都喜欢接受快乐教育, 那么教育工作者就需要在教育的方法上精心琢磨。主人,不知道您对这个问题是怎样理解的?

9 月 10 日星期一

今日感悟

　　生硬的说教不容易让他人接受，快乐教育就能赢得更多的"听众"。管理也需要曲径通幽。例如"小草正在睡觉，请君莫要惊扰"比"践踏草坪者罚款 50 元"，更能达到约束行为的效果。管理者拥有权力，往往认为发号施令就能解决问题，但这样的管理方式不会产生更好的管理效果。管理者不但要知识丰富，而且要有温存的性格，不能做有知识没有文化的人。管理者要学会用员工的心理思考员工。

难得糊涂

"糊涂"也是一种本事,我在这方面就非常在行。我由于学会了这个本事,在与主人交往的过程中,就会少受很多批评,主人会觉得我这样"傻里傻气"的很好玩。久而久之,我也不知道我是真的糊涂还是有意而为之了。反正,我越来越明白,"糊涂"不是坏事,这会成为我与主人打交道的"保护伞"。

主人,今天咱们家中又来客人了,从您的热情程度上看,这是您的好朋友,你们很幽默,谈话中间会不时爆发出爽朗的笑声。我当时太高兴了,你们在高兴地大笑时,我就在客厅与餐厅之间来回地撒开欢儿地跑,你们越是高兴,我就跑得越快,我喜欢这样的氛围。因为您平时太严肃了,严肃得都让我感到拘谨,家里的空气好像凝固了似的。当然因为我对您太了解了,虽然您表面上很严肃,但在内心深处还是不缺乏幽默感的。您看,您的幽默感今天就表现出来了吧!我在高兴之余,也感觉到了些不太如意的事情,客人走后我思来想去,终于明白了原因何在:这个客人对我不是很热情。我在厅里面跑时,仔细观察这位客人,他似乎有些嫌我了,我觉得是由于我来回跑扰乱了你们的谈话吧。我后来安静了下来,躺卧在您身边,并且不时地起身在您身上蹭,也在客人身上蹭,但是我能够感觉得出来,客人好像不太喜欢我这样做。原因之一是怕我咬了他,原因之二是我可能会有毛毛蹭在他身上。也许我的猜测是不正确的,但不管是什么原因,这位客人不是很喜欢我,后来我也就不积极表现了。我干脆躺下来睡大觉,客人什么时候走的我都不知道。主人,您看,这样的客人怎么不懂人情世故呢？我可是您的宠物呀,他不喜欢我,难道就不担心你们之间的关系受到影响吗?我相信,在这位客人嫌我的时候,您的内心也是不舒服的。如果这位客人象征性地抚摸我一下, 或者说几句也许并不是发自内心的表扬的话,您内心的感受也许就会不一样了吧。当然,这只是我的猜测而已,也许您对此感到无所谓啦。我相信在您工作中,身边也会有这样的人吧! 我记得您曾经对女主人说过这样一件事: 您对身边的某个同事象征性地说了句恭维话后,这个人居然飘飘然了,好像自己是个大师什么的,其实这个人连一般水平都够不上,这样的人就是太过缺乏自知之明了。您说您当时感到非常疑惑,其实我也感到很疑惑,怎么还有这样的人呢! 自己还不知道自己是几斤几两吗？别人说句恭维话,只要心领神会就行了,没必要太认真。今天您的这个朋友,可能就是一个太认真的人。我记得您经常说"难得糊涂"!糊涂人很容易做到糊涂,让其明白起来是很困难的。但是让明白人糊涂起来也是非常不容易的事情,这就是"糊涂"为什么很"难得"的原因吧!主人,您在工作中能够做到"糊涂"吗?我觉得,该糊涂时就要糊涂一些,不该糊涂时就不要糊涂,我觉得这就是做人的最高境界吧!

10 月 18 日星期四

今日感悟

　　小不忍则乱大谋,"糊涂"也是一种管理艺术。管理者在组织发展的方向问题上不能马虎, 但在细微决策处需要放权,并且要给员工犯错的机会。这样的管理者既能调动组织成员的积极性,又能保证成员严格按照制度行事,组织成员会恪尽职守,但不会战战兢兢、如履薄冰。管理者在处理组织成员间、部门间的矛盾时既要有明察秋毫的敏锐观察力,又要有熟视无睹的宽容心。"放"是最好的"收",形散而神聚,管理就是修行,有更好的修行才能成就更好的关系,"难得糊涂"是一种境界。

祸去福至

没有遇到灾祸实际上就是福气。认死理儿往往做不成事,而且会让自己心情总是很糟糕。主人就是一个经常钻牛角尖的人,这怎么能行呢? 将挫折看作是对自己的磨炼,将成绩看作是新的开始,这样一来,心态就会非常平和了。近乎完美的人不要祈求更多表扬,只要按照原先的方式继续表现就行了。

主人,您今天又发感慨了,您一边读报纸一边说,"人一定要懂得学习,不然就会落后的",又说"好长时间不看报纸了,现在读读别人的东西,什么都感到那么新鲜,读别人写的东西,就是与别人打交道,这样才会引起自己思考"。您指着报纸上的一篇题目为"上帝为什么不奖赏好人"的短文说:"这个文章太好了,不用看内容,单是文章的标题就够吸引人的,当然文章内容也非常好,真有让人耳目一新的感觉。"我随后企盼着您的妙论,果然您又开始发表评论了。您总是这样,我对您太了解了,您读到好文章后,总是要将您心中的想法说出来,一定要让我们一起分享,也正是在这样的环境中,我们从您那里学到了更多东西。上帝为什么不奖赏好人?答案是:上帝让好人成为好人就是对好人最好的奖赏。这样的答案据说是从一个牧师主办的一次婚礼上找到的。您说的话道理太深奥了,我听得云里雾里的。这个故事非常有意思,在婚礼上一对新人开始互赠戒指,但是由于过分激动,双方都阴错阳差地将戒指戴在了对方的右手上,这时牧师非常幽默地说:"右手已经很完美了,请将戒指奉献给左手吧!"牧师的话非常幽默,在幽默中不但指出戒指戴错了,而且给人们奉献了一个富有哲理的答案。"幽默"能够让尴尬一笑了之,我觉得您在遇到尴尬的事情时缺乏这种幽默感,嗯,很多事情用直来直去的办法并不一定奏效的,您说是吧?"上帝之所以没有奖励好人"是由于好人已经很完美,就像右手比左手更加完美一样。所以在日常生活中,人们在做了好事的时候,也不要寄希望上帝对自己进行表扬,只要凭良心做自己应该做的事情就可以了。

主人,您读的这篇文章太好了,我从您的谈话中好像也学到了很多东西。反正我是被感动了,我觉得您肯定也被感动了吧!您就是我的上帝,我在您的面前表现很好的时候,我总是希望您对我进行表扬。按照上面的情况看,这完全不必要。希望您将这些表扬话放在别处,让有短处的人受到更多的表扬,以便这些人能够自觉避免过失,从而表现更好。以后在与您的交往中,我也不会再有更多企盼。主人,我希望这不仅是个故事,也希望您能够将富有哲理的智慧运用在工作中, 这样就能够更好地与身边的同事打交道了。对做好事的人用不着经常进行表扬,对于偶尔做好事的人要进行实时的表扬,这样就能够鼓励其此后经常做好事,我们生活的环境就会变得更好,这对于每个人都是有益的。我觉得"上帝没有经常性地奖励好人"并不是上帝将"绣球"抛错了,而是上帝正在发挥其至高无上的智慧。主人,这样的故事让我终身受益。感谢您呀! 么么哒!

10 月 20 日星期三

今日感悟

善于从矛盾的另外一面考虑问题, 才能小心驶得万年船。人为善福虽未至祸已远离,人为恶祸虽未至福已远离。组织谋求长远发展,就要不断完善制度、遏制恶行和张扬善行。管理者就是员工的上帝,但不能不奖赏好员工,否则优秀员工由于没有受到公正对待而降低劳动积极性。成员在奖励中得到的边际效应越大,管理制度的激励效应就会越强。管理者需要及时发现善行并对之鼓励,及时发现恶行并对之惩罚,在组织内部形成惩恶扬善的氛围。

我并不傻

　　我总觉得主人认为我傻,但我觉得我并不是传统意义上的傻,有时候我是在故意装傻的。因为我觉得,"装傻充愣"往往会让我有好日子过,既然主人喜欢我这样,那我就这样做呗!

　　其实,我并不在意主人对我怎样评价,只要主人能够开心就行,在主人开心之余,我就能够从主人那里得到更多的美味佳肴了。哈哈!主人,在您的眼中我也许只是一只光知道吃喝的宠物,实际上您错了,我是有思维的。我知道好坏的区别,也知道您的心意。我虽然没有您那样聪明,但我知道您在想什么。邻居家的阿姨都在夸我聪明呢?如果家中的女主人和小主人都不在家,您单独领我出去散步的时候,我会非常听您的话。这时候您难道不觉得我很乖吗? 但是在周末的时候,小主人和女主人都在家,我最希望的是家中所有的人与我一起出去散步,这样大家会有说有笑的,非常热闹。主人,说句真心话,您与小主人和女主人相比较而言,显得过于严肃了。我希望您时不时地说些俏皮话。小主人比您要幽默得多,他讲出的很多幽默故事能让我笑上好几天呢!每当周末的时候,虽然还是您首先将我带出门去,但您看得出来,我会守候在咱家的门前很长时间不走的。我的目的就在于等着小主人和女主人也出来一起走, 因为周末应该是我们一家共同欢乐的时光,我也希望调剂一下了。总是跟着您一起在外面散步,有时候我都会感觉非常压抑。鉴于您对我的这种"威力",我很想距离您远一点,但这又不行,因为我距离您过远时我很害怕走丢。所以我总是与您保持一个适当的距离,在这个距离内我既有较多的自由,也保证不会让您走到我的视线之外。在公园中散步的时候,您和女主人有时故意逗我玩,你们飞快地跑到一棵树后面让我找不到,您知道这时候我有多着急吗?我非常害怕找不到你们。每当这时候您和女主人就会看着我四处乱跑,每当您看见我非常着急地找你们的样子后,你们都非常开心。因为你们知道我并不傻,这种"玩笑"证明了"我的眼中只有您"。但是您的这种玩笑是建立在我的痛苦之上的。我焦急地四处乱跑,我恨不得能够一下子找到您。在找到您的时候,我呼哧呼哧地喘着粗气在您的面前卧下,我虽然并不说什么,但我的心中是有怨气的。在外面散步的时间对于我而言是非常宝贵的,我的散步时间以及散步方式都是以您的意愿为转移的,我要抓住这些宝贵的时光做些我最喜欢做的事情,但由于你们向我开玩笑,我的计划就全部被打乱了。我即使会说话,也只能是敢怒而不敢言的,你们始终没有察觉到自己的错误。而我在家中稍微犯了一些小错的时候,你们就会对我很严厉。难道主人就永远是对的吗?其实我一直在思考这个问题,我与邻居家的点点也曾经探讨过这个问题,点点说他们家的主人也是这样的。

我心中知道您是喜欢我的,但我觉得您应该改变对我的看法,我也是有思想的,我并不傻。您不要将您所拥有的权力变成对我进行专断的资本。我谢谢您了。

2 月 14 日星期三

今日感悟

愚钝与聪明是相对的,寓聪明于愚钝之中是睿智的表现。聪明人善于隐藏锋芒,并且能够做到以退为进。组织成员必须角色互补、相互支撑,才能推动组织高效发展,为了达到这个目标,管理者需要妥善处理成员间的利益分配问题。著名管理学家亚当斯提出的公平理论对这一点进行了详细论述。组织成员能够默默承受不公平对待,这是在支持管理者的工作。管理者不能就此认为下属"犯傻"。公平的管理者应该正视这种"傻",并且通过恰当的方式让下属得到其失去的。

软硬兼施

　　感情就像天上的云飘忽不定,友谊的小船说翻就翻。人们在生活中会遇到很多事情,难免会影响心情,在这一点上我是有感触的。有时我会莫名其妙地心烦, 实际上谁也没有惹我, 我觉得这可能与我的血液循环有关,血液流动得突然快了或者慢了吧! 我与主人之间的情感虽然很稳定,但也不是没有波折的。

　　主人,有时我觉得与您沟通很疲惫,您是一个很难捉摸的人,您对待我的方式也很不稳定。我本来觉得与您关系很好,并且希望一直保持这种关系,但是有时当我主动接近您时,您脾气很不好,让我很震惊。有时因为一点小事就能够狠狠地给我一巴掌,我觉得您喜怒无常。但是事情过后,您也是很后悔的,为了弥补过失,您会给我一个"甜枣",以便我能够尽快从悲痛中走出来。主人,也许您觉得没事了,我对您的认识却不会因为一个"甜枣"而很快改变。主人,我真心希望您能够谨慎行事,在处理与我的关系时,不要犯"小孩子"脾气,这样会伤害咱们之间的感情。主人,我记得有一首歌名字叫作"像雾像雨又像风",我觉得您对我的感情就"像雾像雨又像风"。主人,您忽冷忽热的,真是让我难以捉摸。莫非别人也是这个样子吗?您是我的"上司",但您总是我的一个"谜",我虽然与您相处这么长时间,还是很难将您了解清楚。但从与您的关系上,倒是真正弄清楚了什么是刺猬法则。记得您说过,刺猬是一种全身长着长刺的动物吧! 看上去很吓人的! 据说刺猬冬天为了相互取暖,彼此之间就必须靠得很近,但是彼此间的距离又不能太近,因为距离太近时身上的硬刺就扎伤对方。因此刺猬之间总是聚聚散散的,彼此之间必须要保持一定距离。在这个距离之内,每个刺猬都会得到来自对方的温暖,又能感受到来自对方的"威胁",在这个距离之外,刺猬之间又不会得到对方的温暖。刺猬之间要相互"帮助",但又不能受到来自对方的伤害,就要在相互交往中探索出合适的距离,刺猬间的这种关系非常有意思。

主人,您说刺猬间的这种关系不就是人与人之间的关系吗?我身上没有长刺,我是绝对不会对您造成伤害的哟!但是我觉得您的身上倒是长满了刺,我与您交往需要小心些,不然会扎伤我的哟!在同一个单位里面共事的人,在我看来人人都是"刺猬",彼此间的关系要遵循"刺猬法则"。主人,您说人们聚在一起是不是肯定会出矛盾?我觉得每个人肯定都会有自己的小心眼儿。正因如此,每个人身上都长了刺,就像刺猬一样。彼此间的关系无论多紧密,都要保留一定距离,彼此相看时就有雾里看花的感觉。

同一个组织中的人,不会永远保持友好,也不会用100%的心思对待他人,总会保留那么一丁点儿隐私,这种思维方式难道是与生俱来的吗?那么,同事就不能做朋友了?主人,我觉得这种情况永远也不会消失吧!但是我觉得,我对您就没有任何隐私,这也许只是我单方面的看法,在您看来我还是有隐私的。我除了想多吃上一些美食之外,没有其他的想法哟!不过我总觉得咱们之间的心理距离很短,我们之间心灵是相通的,达到这种境界是很不容易的,需要以我放弃很多欲望为前提。主人,我不知道您感觉到了没有?

12 月 27 日星期四

今日感悟

情绪飘忽不定，他人就会觉得此人难以沟通。管理学认为，"胡萝卜＋大棒"是最理想的管理方式，大多数组织成员能够接受这种传统的管理方式。每个组织成员身上都会长刺，管理者的责任在于恰当处理组织成员间的关系：给予其合理报酬并促进彼此合作。矛盾无处不在，合作也无处不在。每个组织成员都需要借助他人的力量达成自身的目标，因此就需要不断解决矛盾促进合作。在组织中，每个成员都是他人进步的阶梯，要想让他人支持自己，自己首先要为他人提供有力支撑。

名正言顺

"名誉就那么重要吗？"有时候我也问自己。我虽然认为这并不重要，但自从主人让我当上了一个"小官官"后，我觉得这个问题是很重要的，我必须对这个问题加以重视。"名不正言就不顺"的道理我算是看透了。我虽然是个"小头目"，但我手下的这些小宠物并不服从我，这让我简直没有办法开展工作呀！我觉得一切问题的产生都出自主人。

主人，感谢您对我的器重，咱们通过长期交往，您已经对我非常熟悉，您知道我会什么、不会什么。在您养的所有这些宠物中，您安排我担任管理工作，这让我在这些同类中有"老大"的感觉，您对我这样看重，让我非常感动。但我总觉得缺了点什么。我觉得您让我担任管理工作是可以的，但总应该在所有同伴面前宣布我的行政头衔吧！同时应该给我一个合理的待遇。您不是也经常说"名正言顺"吗？我觉得我现在就是"名不正言不顺"。主人，您这种糊涂的"用人"方法是不易调动我工作积极性的。我觉得您还是要好好考虑一下吧，给我一个比较合适的"头衔"，这样我的心情就会好很多。主人，我在与"小朋友"交往过程中，好像这些家伙谁都不服从我的管理，有时候我说东，这些家伙肯定向西，反正就是要与我要求的步调不一致，好像只有这样才能够体现出他们自身的价值，这些家伙肯定是觉得我没有"后台"吧，不过您就是我的后台呀！我一直都是在秉公办事，按照您的要求做的。主人，我终于明白这些小家伙为何不听话了，关键的问题就在于您没有在他们面前公开宣布我的身份，我觉得我"有实无名"，这样一来"小朋友"就会认为我在假传圣旨，并且觉得我与您之间并不是一条心，我的"命令"自然会被打折扣。您看，《西游记》中的孙猴子，起初被玉皇大帝封了一个"弼马温"，但是后来才知道"弼马温"并不是一个很大的官，一气之下"大闹天宫"，并且自封了一个"齐天大圣"。这个名字很响亮，也象征着自己有很大权力(实际上没有)，不过孙猴子确实找到了心理平衡，虽然自封的这个官衔并不在行政体系之中，但他人见了孙猴子之后都会亲热地称呼其为"孙大圣"，这个头衔较"弼马温"而言好听多了。孙猴子的名气大了，也开始顶着这个头衔闯荡江湖了。

主人，我可不想当这么大的官，但我觉得称谓非常重要，没有合适的称谓，我手下的这些"朋友"都很难驯服。我觉得您还是找个合适的时间，在所有这些"朋友"面前给我一个恰当的"任命"，这样我就觉得名正言顺了，我手下这些朋友也就不会小瞧我了。我的工作顺利了，毕竟对您也是件好事嘛，哈哈！主人，也许您并不太在意这些。您已经赋予了我管理这些宠物的权力，就以为没问题了，但有时候一些表面上的东西还是很重要的。您也许不太觉得，但我很看重。您只要将我比较在意的方面做得很完善了，我就非常感激了，我工作的动力也就会增大很多，您还是要重视一下这方面的事情哟！

12 月 28 日星期五

今日感悟

名不正则言不顺，"表面文章"有时也能起到事半功倍的效果。只有责权利对等，管理者才能够履行相应职责。任何一级管理者都是科层制链条上的一个环节，相应岗位上的责任人行使的职权，需要官方在规范的场合对管理者授权，这样的程序非常必要。否则，管理者虽然在履行义务，但不会有受到尊重的感觉。管理者对下属授权，也要遵循规范程序，确保下属被赋予的职权在官方得到认可，这样才能做到名实相符，职权才能完成使命。

◆ 激励下属 ◆

我也好奇

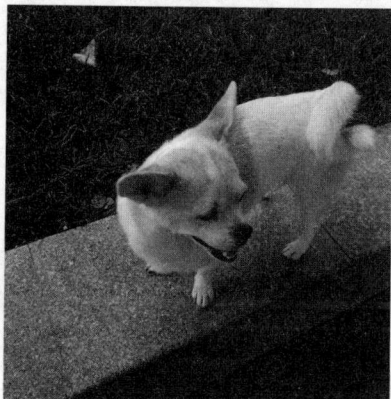

　　好奇可能是人们的天性吧！我对很多事情都会产生好奇心。我与主人在散步时，会经常被一些莫名其妙的事情吸引住，有时我会看得非常入神，主人招呼我离开时，我都有些恋恋不舍呢！

　　早市上就有很多让我难以忘怀的"风景"！主人，今天是周末了，我又可以与您一起逛早市了。早市上的新鲜事可真不少呢！我长得个头小，都是在人们腿底下走路，高处的事情我大多时候看不见，只有在人流比较稀少的地方我才能勉强见到一些的。您看，那个人头上怎么顶着把小雨伞？哦，原来是件遮阳的新产品！人们骑自行车或者步行时，手上举着个遮阳伞太累了，于是就有商家发明了这样的小遮阳伞。用松紧带做一个箍，可以像帽子一样戴在头上。遮阳伞是红颜色的，样子看上去好像清朝士兵头上戴着的帽子。主人，这个可真新鲜，我觉得太有意思了，我盯着那个小商贩看了老半天才将视线移开。商家的智慧可真是无穷无尽的。还有，一个人骑在摩托车上，上面插了好几面小红旗，播放着音乐，我都不知道这个人是干什么的。但是当这个人走远后，我才发现，在这个人骑着的摩托车的后座位置处，安放着一个卫星接收器，原来这个人是做安装卫星天线生意的。我觉得这可真是有些小题大做了。旗帜、音乐让这个人太招摇了，声音还放得那样大。摩托车从我旁边经过时，我的耳朵都要被震晕了。虽然如此，我对这个人并不反感，我喜欢这里发生的新鲜事。主人，您说保持天然的好奇心没有什么不好吧？您不是经常说"好奇是成就大事业的老师"吗？我的个头那么小，并且又不会咬人，我觉得只要保持这份好奇心就足够了，至于成就大事情的问题就不是我应该考虑的事情了。

我非常普通，我的唯一希望就是能够与您快乐地生活在一起。我发现春天到来时，早市上的东西就开始丰富了起来，咱们肯定还会遇到更多稀奇古怪的事情。虽然早市还是原来的早市，但是早市上的人会不断变化。今天我在早市上还看见了另外一件稀奇的事情呢！一个二十岁左右的小伙子，他的头发很特别。在后脑勺的位置绑了一个小鬏髻。他的头发并不长，绑小鬏髻的头发与其他地方的头发也没有什么不同，小鬏髻用橡皮筋拴着，走起路来一翘一翘的，很是滑稽。当女主人发现这件事情时，便偷偷地笑了起来。这个小伙子真有意思，为什么在后脑勺上"长"出一个小辫子呀！我记得您说过，进入新社会以来，梳辫子就是女人的"专利"了，现在真是男性被女性化了。我是一个"小姑娘"，您从来就没有刻意打扮过我，您总是忙自己的事情，很多时候都将我忘记了。我也喜欢梳上小辫子，绑上蝴蝶结。

主人，您应该对我多留意一些，我对哪些事物比较好奇，就说明我比较在意这方面的事情，很多事情我不好向您提出要求，但咱们之间是心灵相通的。您多留意一下我的"好奇"，在我心中的形象就会更加高大些，我也会因此得到更多的福利。

5月18日星期六

■ 今日感悟

　　好奇是天性也是创造的源泉,管理者要善于发现和利用下属好奇的天性。创新的管理思路寓于好奇心中。管理者也要保持好奇心,善于观察组织成员的行为表现,并且挖掘其中的原因,就会不断完善管理措施,保证效果与效率不矛盾,前者是正确地做事,后者是做正确的事。《西游记》中的"千里眼"和"顺风耳",是古代人对生活的向往,现在都已经成为现实。科技人才的好奇心将"千里眼"变成了电视,"顺风耳"变成了电话。管理者不能随意扼杀一个好奇心,起初看起来很怪诞,后期也许会觉得可行,从而成为组织的一个发展方向。

我被忽视

我是那种小巧玲珑的宠物，说夸张点儿，如果风稍微大一些就能够将我吹到空中的！所以在外面走路时，我总是被忽略掉。人们在走路时，不会在意我这样一个"小精灵"，我也非常希望能够改变这种状况，但祖传的基因决定了我只能是这个样子。与那些"大家伙"比较起来，我显得太渺小了。由于我个头非常小，所以经常被人家忽视。走在人流中，刚刚高出人们的脚面，在走路时我就必须格外小心，必须躲着别人走路，否则就有可能被行人踩到。虽然您会关心我，但受了伤是我自己遭罪，我可不愿意出现这种局面，因此走路时我必须聚精会神。在散步时，您能看得出来，我简直有些太过小心了。远远地看见有一个"大家伙"走过来了，即使其主人牵着绳子，我也要绕道走。如果与这些"大家伙"发生冲突，倒霉的是我自己，所以我还是绕开为好。

个头小就需要处处低人一等，在人群中不会产生较大影响力，按照您的说法，这就叫作人微言轻。当路上过来一辆车时，我老早就躲得远远的，尽量靠着路边走。有时我干脆就不动了，直到车过去后我再向前走。过桥时我总是要尽量离桥边远一些，我非常害怕会掉进水里。虽然我的这些举动有时让您感到可笑，但我是认真的，我总是非常小心地对待身边的每一件事情，生怕出点意外。被别人忽视了，但要自我重视才行。我个头小，就需要从个头小这个实际情况出发考虑问题，与别人较劲是没有用的。我身材矮小，在与别人打交道时，总是要昂着头向上看。我在每一次看您时，您都能够感觉到这样的情况吧！主人，您是不是觉得这很正常？别人看您的时候都要眼睛向上看您，这样就能够体现出对您的崇拜、尊敬，让您有一种高高在上的感觉吧！与此同时，您在看他人的时候，都会眼睛向下，而且表现出一种非常威严的样子，您在我的眼中就是这个样子的。人家的主人都不是这样的，在与宠物说话时，一定要俯下身去。主人这样说话，不但能够让宠物听清楚，而且能尽量放下架子，宠物感觉到主人是平易近人的。

　　主人，我希望您也是这样的，我不希望被忽视，希望得到您的重视，希望您非常在意我，我要在您心中占有较高的地位。

5月19日星期日

今日感悟

　　管理者不但要向上看，也要向下看，不然就会曲高和寡。每一位员工都需要得到管理者的尊重。组织根据发展需要会分成很多部门或岗位，每个岗位或部门都有专人负责，虽然有核心部门与辅助部门的区分，但对于组织发展均不可或缺。管理者对员工工作的重视就是组织制度对成员的重视，会对员工形成较大的激励作用。在员工被管理者忽视时，相应岗位就会成为组织发展的短板。因此，管理者需要充分重视每个员工的工作，强调每个岗位对组织发展的贡献。

自我推销

"酒香也怕巷子深"。这意味着卖瓜的人也要学会自夸,不然就没有人买瓜。能够很好地营销自己,并且做到不张扬,这就是艺术吧!

主人,我可不懂这么深奥的道理,我只知道散步、撒欢儿和摇尾巴!别的事情我都不用管。您看,我是不是很逍遥哇!主人,今天早晨起来我就觉得非常闷热,听天气预报说今天有雨。我觉得下些雨非常好,很长时间都不下雨了。树叶上都积了一层厚厚的尘土,公园里的草坪也有些蔫了。虽然天气有些热,但早市上的热闹程度一点儿也没有减弱。几里地长的菜市场您周末时一定要带着我从东头走到西头的,这也是我最享受的。我喜欢听摊贩的吆喝声,也喜欢在菜市场上遇见熟人,也企盼着能够在行走过程中遇到好吃的。主人,我觉得菜市场就是一个大舞台,在这个舞台上能够看到形形色色的"表演",每个"表演者"都不甘示弱,要通过向过往行人展示绝活说明其产品是最厉害的。这些摊贩的自我推销术还真是五花八门,有时您被吸引住了,我也被吸引住了。这些摊贩推销产品的方法充满了智慧,从中能够学到不少东西呢!有一个卖磨刀石的,将磨刀石做成两个小轮子的形状,两个小轮子紧紧地贴在一起,中间有一个非常小的缝,只需将刀放入缝隙中来回蹭,就可以达到磨刀的目的了。与传统磨刀石相比较,这种磨刀石小巧而且使用方便,推销产品的人当着过往行人的面磨刀,只是简单地蹭了几下,然后将一根头发丝放在刀刃上,轻轻地吹一口气,头发丝就断了。我觉得这个人就是想通过这种方法在消费者面前展示吹毛利刃的效果吧！通过刀快,体现了磨刀石的功用。摊贩的这种表演方法还真奏效,很多过往消费者随即围拢了过去开始购买。磨刀石本来就不贵,可以放在家中备用。这个人的生意还真红火,一会儿工夫就卖出去了很多。主人,我明白了一个道理,现代经济竞争很激烈,光是产品好并不能得到消费者认可,还要通过恰当方式证明给消费者看才行,只有这样才容易让消费者接受该产品。我记得您先前讲过一个周哈里窗理论,说的就是要尽量达到信息对称,让别人尽量知道自己,缩小信息盲区,只有这样才能够达到自我营销的目的。早市上的这些摊贩很会自我营销。在竞争日趋激烈的情况下,用合适的方法将自己的产品"卖出去"也成为一门学问。

主人,看了前面那个摊贩的营销技法,您是不是也有所感悟呢？在一个单位中,下级也要通过巧妙的推销技巧扩大自身对管理者的"开放区"吧！不然怎能得到上司的赏识呢？我觉得在充满竞争的社会中,一定要懂得一些营销技术,不然自己就会被他人远远地甩在后面啦！主人,您有这样的危机感吗？

5 月 25 日星期六

今日感悟

善于营销自己且能做到不张扬,这样的人就会有更多出头的机会。《三国演义》中的诸葛亮就很会营销自己,为了让刘备赏识自己,首先通过水镜先生让刘备知道自己,然后又让村子里的孩童唱儿歌,宣传自己的才华,让刘备感觉到自己是难得的人才。与此同时又通过"隆中对"三分天下,让刘备深信自己就是世外高人,下定决心要招聘自己为军师。与诸葛亮相反,庞统就非常不善于营销。两个人的命运大相径庭。善于营销自己的下属,在职场中就会有更多的发展机会。

157

唯才是举

当一个人有了私心,他就会变得狭隘,思考问题的出发点、思维方式等都会出现差别。

主人对我这样好,肯定也是有私心的吧!如果有一次选美大赛,我参与了,并且主人当上了评委,我觉得主人肯定会投我一票的吧!我觉得这个肯定没问题,谁让我是主人的詹妮呢!主人投票时偏向我也是很正常的,但这样一来就严重违背了"唯才是举"的原则啦!

主人,您说做到"唯才是举"是很不容易的,这可能是因为不同人思考问题的出发点不同而会造成矛盾所致吧!我觉得,管理者心地坦荡才能真正做到唯才是举!若某个下属比管理者业务水平更高,管理者唯才是举就会让该下属出风头,下属就会抢了上司头彩,我认为很多管理者是不情愿这样做的!如果真是这样,很多优秀人才不就被埋没了吗?组织的发展效率肯定也会就此降低的!我估计您也是这样想的!所以"唯才是举"虽然是个很好的理念,但是执行起来是有困难的呀!尤其是"唯才是举"与"举贤不避亲""碰面"的时候,就为腐败滋生铺就了温床。一些人在混淆了选才标准后,就会将"才"圈定在"亲"的范围内。

主人,我认为这类问题产生的根本原因就在于"心中有了魔鬼",这个魔鬼就是"私欲"。"制度"和"亲情"是社会得以运转的两根弦,前者占上风时,社会就会到处洋溢着和谐的音符,后者占上风时,社会上就会充满不和谐的音符。"情感"取代了"制度"后,制度就会被逼到墙角。就像人们经常说的那句话"说你行你就行不行也行,说你不行你就不行行也不行"。

人类的情感随心情变化而不断变化,而心情是飘忽不定的,随着时间、地点以及各种环境因素的变化而变化。以心情为依托选拔人才,很难说有一个客观标准,人才不被当成人才或者不是人才的人被当成人才的问题很容易就发生了。

您总是在我的脖子上拴绳子,我觉得这就是制度。您看,我是不是能够将比较复杂的问题简单化呀!嗯,制度也不是绝对的,我觉得制度是相对客观的,集中很多人的意志形成的,所以应该是相对科学的。只要在履行制度时不掺杂任何私情,预期的人才就能够得以选拔,在全社会就能形成"不拘一格降人才"的局面啦!"唯才是举"就会从理论变成实践。主人,我觉得"唯才是举"实际上并不是很困难,只是有些人存在心魔而已,如果人们都没有了心魔,社会就会和谐许多。但除掉心魔是很不容易的事情。

主人,这个问题实际上又回到了先前的论述,您不是经常谈论"小矮人"①的事情吗?如果管理者不能做到唯才是举,那管理者手下不就聚集了一批"小矮人"吗?这些人怎么能成为管理者的好帮手呢?管理者没有好帮手,那事业又怎么能够发展起来呢?从这个角度看,我觉得"唯才是举"虽然在执行中存在某些障碍,但这终将是社会发展的方向。

主人,如果您是一个管理者,您对自己的下属能够做到"唯才是举"吗?平时咱们一起散步时,经常会遇到一些比我更漂亮的同类,但是您对这些同类视而不见,因为您对他们根本没有感情,我是您唯一的"詹妮",我觉得您在对待身边的事情时,也是很难绕开"情感"这个心结的吧!这样看来,"唯才是举"实行起来可真是一个非常巨大的工程哟!人们在做事时只有心中有制度才能够在行动上表现出来呀!哎,连您这样正直的主人都

---

① "小矮人"就是组织中没有太大本事的人。有的管理者为了稳定自己的位置,在募集下属的时候,要以自己为标准,搜罗一帮较自己能力更差的人,这样一来下属中就没有人能够超过自己。这样的组织于是就形成了"武大郎开店"的局面。组织没有发展后劲自不必说。

不能绕开这个弯儿，看起来"唯才是举"真是难以越过的坎呀！

6 月 8 日星期六

今日感悟

　　举贤不避亲，用制度而不是用情感选人，才能在管理者麾下聚集一群优秀人才。人才是组织发展的支撑，在构建团队过程中，情感是不能回避的因素，但不能完全用情感取代制度。在组织初创期，情感色彩会较浓，随着组织规模扩大，需要不断完善规章制度，通过严格的制度设计将不认识的人聚拢在一起完成组织发展目标。制度也需要不断做出动态调整，使其更好地适合组织发展的需要。以制度为依托选人才，只要被选者符合要求，即使是亲属也可以重用，所以举贤不避亲需要坚持制度在先亲情在后的顺序。

忙中偷闲

"偷懒"虽然不是个好词汇,但有时候是必需的。

我就是一个擅长偷懒的宠物,主人并没有怪罪我,我感到很幸福!主人是个很要强的人,从来不知道偷懒,我应该给主人讲一讲"偷懒"的道理,让主人得到更多的休息,这样一来,我就有更多机会到外面玩了,我的快乐日子就会更多一些喽!哼!我觉得"工作"不应该成为生命的全部吧!不管主人喜欢不喜欢听这样的话,反正我是这样想的。主人,我也是有偷懒动机的。有时您招呼我"开饭啦!"您连续叫我好几声,我都没有理您,我还是在温暖的"小窝"中呼呼大睡。这时女主人就会说:"你看,詹妮真懒,连饭都不吃了。"有时为了顾全您的面子,我会打起精神从"小窝"中站起,先是伸个懒腰,然后才慢慢地挪到您面前,叼上您给我的食物,再快步跑回我的"小窝"。虽然将食物叼到"小窝"中了,但我并没有打算马上吃掉,因为这时我困倦犹在,实际上一点儿食欲都没有。头天晚上由于您工作太晚了,我睡觉也很晚,所以第二天早上我非常需要睡一个懒觉,希望您能够理解哟!有时您兴致来了,还没有到规定的散步时间就带着我到外面散步了,这时候我很不愿意跟着您向前走,太阳光很毒,照得我都睁不开眼,地皮都是热的。街上的行人看着我都在发笑呢!虽然您的绳子在一个劲儿地向前拉,绳子绷得直直的,我的脖子都勒出了一道印,我还是不愿意向前走。您在将绳子解开之后,我就有了充分的自主权,我干脆趴在地上不走了。我就是这样懒,您拿我有什么办法呀?您虽然走出了很远,我还是一动不动。主人,我觉得您对我生气是应该的,但必须允许我"懒"一些,我不能总是勤奋吧!我是您的"随从",招之即来挥之即去,在绝大多数时间里我都能够做到这样,但也要将小部分时间留给我。"懒"虽然不是我的天性,但应该是我的权利。请允许我睡懒觉,允许我做一些我喜欢的事情。主人,我觉得这并不意味着我不听您的话。我虽然是您的"知己",但您也应该给我一定的空间,这个空间只属于我自己,让我保留百分之百的支配权。凭心而论,您喜欢的事情,我不一定喜欢,但还是要将您吩咐的事情做好,因为我的职责就是"配合"。我整天这样被动地做事情就会感到很疲乏,所以给我一个"修身养性"的时间就显得非常必要,这也能够体现您体谅"下属"的心情吧!给我一个"偷懒"的机会,就能够让我更好地配合您的工作。

主人,我感觉您工作很辛苦,您也应该适当"偷懒",时不时地给自己放个假,我觉得这是情理之中的事情。您一直以来都在创造生活,而没有能够停下来享受生活。在忙碌之余听一听歌曲,或者听上一段单田芳说的评书,我觉得这是非常惬意的事情,"忙中偷闲"能够调剂生活,您就会发现生活中除了工作之外还有更多乐趣。这个需要自己去品味,别人如何讲也是不行的。主人,我真诚希望您能够学会巧妙"偷懒"。

6月29日星期三

今日感悟

管理者日理万机,但不应该将全部时间投入工作而忘却了休息,只有懂得生活的管理者才能够更好地让员工接受。管理者往往会通过严格的奖惩制度,解决员工的偷懒问题,但逆向选择是员工的理性选择。所以优秀的管理者应该做到有张有弛,不但要合理安排工作,也要合理安排休息,这不仅包括员工休息也包括自身休息。员工在工作与闲暇之间具有选择权,只要制度设计是科学的,二者间的关系就会相得益彰。员工不再偷懒,管理者也变得比较轻松。员工与管理者的合作愿望就会更强、合作水平也会更高。

慷慨表扬

不愿意付出的人，就不容易得到回报。

表扬是一种付出，也是一种回报。我的主人就是一个不懂得表扬他人的人，现在我都觉得主人是一个吹毛求疵的人了。主人经常说他是一个完美主义者，总是用批评的眼光审视周围的人。可这样会对人和事的满意度要求很高的，自然也就很不容易给他人表扬。"求求您表扬我吧！主人！"我在心中总是这样呼唤！但主人根本不晓得我的想法呀！有人吝啬钱财，有人吝啬表扬！主人属于后者。我真的希望主人有些改变！主人，我觉得您太吝啬，您很少对我进行表扬。您从来看不到我的优点，对我表现不足的地方猛劲儿地批评，以致我都感到一无是处了，若总是这样，咱们还如何相处呀？主人，每次见到您时，我都有些心惊胆战，因为我总觉得在您的眼中我是没有优点的，心中总会想"主人是不是又该批评我啦？"您对我要求非常严格，这有利于我成长，我当然表示感谢。但也正是因为您过于严厉的批评，让我在做事情时没有了底气，我非常怀疑我的能力，总觉得不如别人，总觉得不能把事情做好。主人，我实际上都有些逆反情绪了，总觉得您就是我脑海中的一片乌云，因为不知道再次见到您时，我会"享受"到什么样的谴责。有一次我偶然听到您在女主人的面前表扬我，说了我的很多好话。主人，这样的表扬话您怎么不当面说给我听呢！主人，我求您表扬表扬我吧！您不也经常说"好孩子是表扬出来的吗？"我认为，好宠物也应该是表扬出来的！我觉得您不应该对我一味地进行批评，不能总是盯着我的缺点不放,应当正视我的优点! 如果您对我进行适当的表扬,我的心情就会阳光灿烂。主人,您可能不知道,您可能觉得自己是一个非常严谨的人,但是在他人眼中您却是一个非常刻板的人。您千万不要混淆"严谨"与"刻板"的关系哟! 前者是表扬而后者是批评哟! 表扬是相互的,不善于表扬他人的人,也就不太容易得到他人的表扬。主人,您也许没有意识到,向别人说些表扬话实际上并不困难, 我看见有些人很轻松地就能够从嘴中冒出些表扬话,这些表扬话并不一定要那么正式,表扬的对象也并不一定是有突出优点。比如人家今天穿了一件新衣服或者拎了一个什么包包之类的都可以夸赞一下,这会很轻松地拉近彼此的心理距离,至少人家会认为您对他(她)没有成见。

"表扬话"是任何人都喜欢听的,虽然您并不是发自内心的夸赞,但被表扬者是很在意的。尤其是一个管理者与下属相处的过程中,对下属适当地进行表扬,就容易与下属进行沟通。聪明的管理者要让员工明白自己的表扬是发自内心的还是普普通通的"问候语",这样就不会让自己的"表扬"掺水,让真正得到表扬的下属感到有尊严,让接受"问候"的下属感到其上司平易近人。主人,我的想法不一定正确,但非常希望您能够赞同我的观点,您要是有适当改变,就更好啦!

7 月 5 日星期二

今日感悟

管理者要看到下属的亮点, 不能总是将下属作为批评的对象。管理者表扬下属,就意味着下属的工作得到了上司的认可,所以掌握恰到好处的表扬艺术是激励员工的有效策略,管理者不能矜持于表扬。一般的管理者只注重批评而不善于表扬,在管理者看来,员工不能犯错误,正确地做事才是员工的本分,于是员工会面对横眉立目的管理者。员工对这样的管理者会有更多的逆反情绪,双方不易沟通进而会影响工作效率,员工消极怠工的问题就会普遍存在。

良莠难辨

　　人才与庸才的脸上都没有记号,不会很直观地辨认出来!更何况有时候庸人还在刻意伪装自己,这样就更不容易区分了。

　　我虽然做事很小心,但有时也不免会犯错误的!爬山虎和喇叭蔓就很不容易辨认的!主人,爬山虎和喇叭蔓真的很相似,今天我算见识了。以前我与您捉迷藏时,会藏在爬山虎下面,让您找不到。在您大声呼唤我时,我会一下子蹿到您面前,向您摇着尾巴。我这时感到很得意,我觉得与您捉迷藏非常好玩。我藏在爬山虎下面,一动不动,连呼吸也慢了下来,您根本就不知道我藏在什么地方。主人,您说我是不是很聪明?不过今天的遭遇让我很难堪。今天咱们到了一个陌生的地方散步,我看见前面绿油油的一大片,我觉得这就是我熟悉的爬山虎,于是奋勇地钻了进去,打算再与您玩捉迷藏的游戏。但是刚钻进去我就觉得有些不对了,因为我觉得这些爬山虎与先前遇到的爬山虎是不一样的,这些"爬山虎"满身长着刺,就连叶子上也全是刺,我刚钻到这些"爬山虎"里面就受到了"爬山虎"的攻击,"爬山虎"用叶子上和藤上的刺向我的身上乱刺一通,我于是赶紧钻了出来。您看到我那种狼狈相时大笑不止。主人,这有什么好笑的!我都这样狼狈了您还在嘲笑我,我当时一肚子气,但是不好向您明说的。我记得您当时还对我说:詹妮,认错"人"了吧!这不是爬山虎,这是喇叭蔓,这回可有你受的了。主人,既然您知道这不是爬山虎,为什么不早告诉我呢?如果您提前告诉了我,我就不会受这份罪了。主人,这回我可认清楚爬山虎与喇叭蔓的区别了。虽然两种植物全身都是绿油油的，叶子的长相也很相似，但存在很大差别的：喇叭蔓的尖端是红颜色的，而爬山虎的尖端是绿颜色的；喇叭蔓的叶子看上去比较硬，叶面长了很多毛茸茸的东西，而爬山虎的叶子看上去比较柔软，叶面是平整的。主人，下次再见到喇叭蔓时我就不会犯错误了，这大概就是"吃一堑长一智"吧。爬山虎与喇叭蔓长相很相似，如果不认真观察，就会很容易认错。主人，您平时也要多注意哟！尤其在与人打交道的过程中不要犯错误，像我这样不能正确区分"爬山虎"与"喇叭蔓"！虽然人的长相很相似，但其"内在世界"是有很大差别的，如果您错将"喇叭蔓"当成"爬山虎"，肯定会遭受刺痛的折磨。您不是经常说，有些管理者在用人的过程中不能区分良莠吗？我觉得这种管理者实际上就是没有履行好职责，或者说根本不具备区分人才与庸才的能力！

主人，您说我是不是有些杞人忧天呀？我觉得您要是一个管理者，肯定不会将"喇叭蔓"当成"爬山虎"的，您说是吧？

8 月 19 日星期一

今日感悟

管理者需要具备区分良莠的基本素质。诸葛亮在《前出师表》中有云：亲贤臣，远小人，此先汉所以兴隆也；亲小人，远贤臣，此后汉所以倾颓也。管理者在用人过程中能够区分良莠，并且能够重用优秀人才，才能够保障组织健康发展。齐桓公最终没有听从管仲的建议，重用易牙、开方、竖刁等人导致自己死于非命。核心管理者的喜好决定了用人标准，进一步决定了组织的兴衰。

心如死灰

做人不要太谦虚。

我的主人总是太谦虚,这是我对主人不满意的地方。主人自己谦虚倒也不要紧,我也会因此失去了"扬名"的机会。我觉得,主人应该善于高调表扬我这样的"下属",这不但能够彰显主人的成绩,也能够激励下属干劲十足,这样的主人才是好主人。"主人表扬表扬我",这是我的一个伟大愿望呀!

主人,今天我们几个小伙伴又见面了。在我们尽情玩耍时主人们也在聊天,我发现你们在聊天过程中,其他主人都在夸奖自己的宠物呢!我好像没有听见您夸奖我。别人都以自己的宠物为骄傲,怎么您就没有把我当作您的骄傲呢?主人,我总觉得与您是最心贴心的。可从您的嘴中说出一句夸奖我的话就这么困难吗?这些主人在一起聊天的过程中,都从不同的侧面介绍自己的宠物,都在说自己的宠物多么懂事!我觉得在家时,您经常在女主人和小主人面前夸奖我,但这些都属于私下夸奖,我希望您也能在公众场合夸奖我,我需要这样的夸奖。我发现您在这方面很缺乏智慧哟!最重要的是,您不在其他主人面前夸奖我也就算了,还在这些人面前暴露我的缺点,这分明是在批评我。人家都是私下批评明着表扬,您却反其道而行之,这也太让我失望了,我当时在其他主人面前简直一点儿面子也没有。我相信要是参加"乖宠物"大赛,我肯定没戏了,因为连与我至亲至近的人都没有给我赞赏之词,我在这样的大赛上还有希望"出人头地"吗?

主人,我上面说的话都是私下想到的,也许您有自己的想法:不要在他人面前太招摇。但不是有句歌词说得非常好吗:"该出手时就出手"。您的最大弱点就是"该出手时不出手""不该出手时更不出手"。这样您不会有出头之日,我的才华也会永远被埋没呀!从这样一件小事情中,就可以看到您的价值观是与众不同的。您让我这"有才的人"才美不外现,这样一来我这"有才的人"还不如那些"无才的人"风光呢!我可真是没有什么出头之日了!

我能看得出来,您是故意压制我,让我永远不能当上"出头椽"。主人,您是讲管理学的,您不是经常批评社会上存在这种故意压制自己下属的管理者吗?您谈理论时头头是道,分析别人存在的问题时也非常透彻,怎么轮到自己头上就完全不一样了呢?主人,我觉得您应该调整一下心态了。这是一个张扬自我的时代,不要过分谦虚。我知道您是一个很棒的人,张扬一点也不是什么坏事。更何况我总觉得表扬自己的宠物应该不算张扬吧!难道您对我还没有信心吗?如果您对我缺乏信心,那么我也会对您缺乏信心。如果说我还对您有所企盼,这说明我还对您充满希望,反之则说明我已经对您心如死灰了。我觉得您也不希望有这样的结果吧!

10 月 21 日星期四

今日感悟

慷慨地表扬下属,就是对下属最好的激励,否则下属就会心如死灰。下属企盼上司表扬,说明希望与上司保持合作关系,愿意为公司发展做贡献。如果员工对上司无所求,说明已经心如死灰,对上司已经丧失信心,不愿意与上司保持合作关系。管理者要学会观察下属的表情,当发现优秀员工与自己疏远时,就应该自省工作中是否存在问题了,这样就能够挽救管理者的威信,在优秀核心员工的影响下,在组织中构建过硬的人才梯队。

哭也是笑

我是用尾巴向别人打招呼的,我的尾巴摇晃得越厉害,就说明我对这个人越友好。我是一个"直肠子",平时很难掩饰心中的想法。虽然我表情也不是很丰富,但好在长相还算可以。

主人,人家都说我好看。我全身除了腰中缠了一个米黄色的"玉带"外,其他地方都是纯白色的毛毛,尾巴翻卷着翘起,两只耳朵竖起来,流线型的身躯,走起路来一扭一扭的,身边的人都对我投来赞许的目光。我走起路来都是一路小跑的,而且是迈猫步,这就更突出了我的亮点。主人,我的头尤其好看,整体看上去是上宽下窄,尖下颏,嘴巴凸出来,嘴头黑黑的,长长的胡须,两只眼睛大大的,眉毛上长出几根长毛,两只会转动的耳朵,经常是直直地、高高地竖起,能够听到远处的声音。由于我的嘴巴长得很有特点,所以您经常用手攥住我的嘴巴。主人,我知道您这是在与我开玩笑。每当您攥住我嘴巴时,我的眼睛就直了,呼吸的频率也开始降下来,生怕影响了您的美好心情。天热时,我就会张开嘴巴,吐出舌头,大口地呼吸,红红的舌头露在嘴外,嘴巴不大不小,不像有些同类那样,长长的舌头吐了出来,还带着口水,真是脏极了。每当我张开嘴时,您就说我在笑。可能是因为我"天生丽质"吧!即使心情很不好,我的表情也像是在笑。主人,您是知道的,我的表情根本不在脸上(而是在尾巴上哟),或者我根本就没有表情,不像人类那样通过脸表达出丰富的情感。我们表达情感都是靠尾巴的。如果我的尾巴耷拉下来并且脊背上的毛耸了起来,这就说明我开始

169

害怕了。在外面散步时,如果我遇见了"大家伙"(体型较大的同类),我就会很害怕,这时您就会看到我那种"毛骨悚然"的样子。

主人,我实际上很不容易掩饰内心世界,在这一点上我与人类有巨大差别。据说有些人为了混日子,都会有很多张不同的面孔,在不同时间、地点,遇到不同的人时,都要以不同的面孔相对,单从人脸很难读懂其心中所想。这种面具真的很厉害!主人,我觉得这样很难搞清楚站在您面前的人心中的想法,因此人们在共事时不免就多了几分猜忌,交往的成本不就很大了吗?我觉得这样很不好,这种局面产生时,人与人之间就很难进行沟通了。如果一个人在哭的时候,眼中不流眼泪,而是面带微笑,那么此人城府就太深了,他人在与其交往时就会多一个心眼儿。因此在做事时人们还要专门腾出较多精力读心,这恐怕就太难了吧!"哭也是笑"就会将简单的事情弄得过于复杂,我觉得心计多了是很有害处的。主人,您周围有这样的事情吗?您是怎样处理的?我真为您担心!您在生活中能够分辨出这样的脸吗?您要好好保护自己哟!

12 月 3 日星期六

今日感悟

　　"面具"让人们的心理距离增大,人与人相处的成本就会提升。每个人都希望其他人摘下面具,而又不愿意摘下自己的面具,这就是组织成员间、管理者与下属之间相处时矛盾产生的根源。管理者要构建科学的管理制度,让下属勇于摘下面具坦诚相见。善于伪装是动物的求生本能,常见的如拟态、假死、保护色、警戒色等,组织成员也会用类似方式进行伪装,这自然会增加成员间相处的难度。管理者要首先摘下面具,这需要以过硬的管理素质为前提。

我的视野

同在一个世界,不同人却会有不同的感觉。

每个人都是从自己的角度看问题的,我也是这样的。我最近才知道,原来人的眼睛能够分辨出各种颜色,这比我高级多了,在我的眼中,世界就是一部"黑白电影"。主人,您所看到的世界与我是不同的。在您的眼中,这个世界是五彩斑斓的,但在我的眼中,这个世界只有黑白两种颜色。您看到的内容远比我要丰富得多。虽然我能够闻出很多不同的气味,但世界在我眼中却是单调乏味的。您给我摘一朵花让我闻时,我虽然也很高兴,但我高兴的只是其诱人的芳香。这与您对花的感觉是有差异的,您除了对花的芳香有感觉外,还对其颜色有感觉。主人,我真羡慕您,羡慕您能够看到这样一个五光十色的世界。

出身不同,就注定了有不同的能力,能够看到五彩斑斓的世界这种能力就是与生俱来的,后天无论怎样努力,这种状况也很难得到改变。同一个物体由于不同人对其关注的视角有差异,得出的结论也会不同。就像您经常说的,就鸡蛋这个非常简单的东西而言,从不同的方向看会得出不同的结论:椭圆、正圆?能力决定了我的思想。在我眼中,世界应该是黑白二色的,除了这两种颜色外,不能再区分出其他颜色。但在您的眼中就不一

171

样了,您可在黑白之外找到更多的颜色。所以您掌握的信息会更加丰富,您的思路会更加宽广,您看问题会更加全面。您在分析问题时得出的结论往往与我相差很大,这是有道理、有原因的。

咱俩的视野不同,看到同一件事物时,得出的结论会不同,这种情况与一个组织中的"管理者与下属之间的关系"很相似的。管理者由于掌握的信息全面,站得更高看得更远,思考问题的前提是整个组织。下属则只是从自己的角度考虑问题,上司认为组织发展很重要,下属则认为自己的利益很重要。上司需要平衡组织各个成员间的关系。上司看下属时由上向下,看到的是下属全体,上司的思路就决定了组织成员之间的关系,通过调整组织成员间的关系,保证组织高效发展。下属关注的是自己的利益,看到的是平级成员间的竞争。下属在争取利益时只有"能得到"或者"不能得到"两个答案,这就与我眼中的黑白二色很相似,这应该就是您所说的"皂白分明"吧!在上司眼中不是这样看待问题的,"不能得到"并不意味着"不能得到",因为上司为了调动下属的工作积极性,会不断调整下属之间的关系,下属这次在利益上的让步也许就意味着下次在利益上的进步。主人,我觉得这就是上司眼中看到的五彩斑斓的颜色吧。上司可以发现更多"颜色",让下属间的关系更加和谐,从而推动组织发展。主人,我只是在这里胡乱猜想,您不会笑话我吧!

12月5日星期一

今日感悟

不同人对同一事物会有不同的感觉,管理者要学会用他人的眼睛看事物,从而给员工公正客观的评价,正确处理员工间的关系,保证资源得以高效配置,推动组织高效发展。管理者为组织掌舵,只有思考得更加全面,从而具有更加宽广的视野,才能不犯错误。组织发展并不完全遵循"1-1=0"或者"1+1=2"的数学原则。组织成员会将自己放大,成为视野中的核心,管理者会将组织成员缩小,成为视野中的一点,二者会存在信息差别,因此管理者需要在"泛读"与"精读"间进行权衡。

◆ 读懂下属 ◆

成为热点

　　我虽然是个宠物,但也会成为主人之间的"抢手货",我在感到自豪的同时也感到纠结。自豪的是"小人物也能成为明星大腕"了,纠结的是三个主人我都不能得罪。面对三个主人盛情难却的"邀请",我往往会感到无所适从。主人,每到晚上睡觉时,我就成了香饽饽。您希望我在您的卧室睡觉,小主人希望我在他的卧室睡觉,你们两个争来抢去的,我觉都睡不安生。我睡觉的时间与你们是不一致的,一般比你们要早些。你们都要工作到深夜,到你们睡觉时,我一般都要达到熟睡阶段了。我一般是倾向于在您的卧室中睡觉的。但是,小主人与您都是我的"领导",你们的"命令"我都要服从,你们在"争斗"时,谁处于强势我就倒向哪一边。虽然您比小主人权力大,但很多时候您还是要败给小主人的。起初小主人召唤我,我还非常不愿意离开您,我以期待的眼神看着您,意思是希望您赶紧做出最后决定,我就可以安然睡觉了。但我发现您根本不看我一眼,您只是非常"顺从"地就答应了小主人的要求,所以后来只要小主人招呼,我就不再看您的眼神了，会径直跟着小主人跑到他的卧室中睡觉。小主人说他晚上睡觉感觉非常孤单，希望我能够给他壮胆。实际上无论是您还是小主人在睡觉时都有毛病。小主人睡觉时经常说梦话，而且好像在与我说话，即使深夜时，我也要竖起耳朵听着小主人说话，生怕有什么重要信息听不到而耽误事情。您的毛病是打呼噜，声音很大，我经常被您的呼噜吵醒。你们都在抢我，我感觉到无比自豪，突然就身价倍增了，我自然非常高兴。但这些日子以来我发现不对劲儿，我身价提高了，但并没有从身价提高中得到任何快乐，这让我感到很苦闷。

您与小主人在争抢我的过程中，也都对我进行表扬，但是这些表扬都只停留在口头层面，并没有在实际行动上有任何表现。我说的实际行动就是改善我的睡觉条件、饮食条件等。您如果赞赏我，就应该在物质生活条件方面对我进行奖励。因为您的表扬总是不能落到实处，现在您再对我进行表扬，我已经没有原先的那种激动了。主人，您应该非常清楚，我所需要的远不止这些。

主人，如果作为一个管理者对下属做同样的事情，下属会将您一眼看穿的。您的表扬只停留在口头上，下属会认为您是在敷衍甚至是欺骗，下属的优秀表现没有得到制度上的认可，您是在用花言巧语忽悠下属呢！下属最初听到这样的"忽悠"也许还会心潮澎湃，并且感到您具有超强的亲和力，但是时间久了，您就变成了"女人是老虎"那首歌中老和尚式的管理者。这怎么能行呢？下属虽然不会对您提出反驳，但与您实际上已经离心离德了。主人，我觉得您肯定不会做这样的管理者，是吧？

1月13日星期五

今日感悟

　　优秀人才会得到管理者的赏识,得到重用的同时也要得到丰厚的回报。管理者对优秀员工的认可不能单纯停留在口头上,只有制度层面的实际奖励才能够对员工发挥激励作用。古典管理理论的"经济人假设"认为,员工都是"势利人""唯利人"。制度层面的实质性奖励会使员工感觉受到了尊重,否则就会产生被欺骗的感觉。产生这种负面影响时,管理者表扬越频繁,受赞者就越认为没有受到尊重。管理者认为自己在拉近与优秀员工的心理距离,但实际上却是南辕北辙。

一筹莫展

遇到问题时要想办法解决才行,愁眉苦脸是没有用的。

我是一个不用心思做事的宠物,只会陪着主人玩,不会有什么创造性的想法。与我相反,主人则是一个很用心的人。主人,我觉得您虽然很智慧,但很多的时候您也是"黔驴技穷"的。在工作中,您肯定会遇到很多问题的,我觉得管理者就是为了解决这些问题而存在的。在遇到问题的时候您总是束手无策,这怎么能行呢?这样的状况已经发生了很多次,遇到问题时您首先就乱了阵脚,这样我们会感到没有依靠的。一筹莫展是没有用的,您应该静下心来仔细思考解决方法才行。

主人,我建议您发动大家与您一起想办法吧,毕竟"众人拾柴火焰高"!您不是经常说"三个臭皮匠顶个诸葛亮"吗?在讲理论的时候您总是头头是道,在具体做事时怎么就乱了阵脚呢?您还是赶快建立自己的智囊团吧!主人,您在遇到问题时总是感到无助,这说明您是缺乏帮手的。您已经习惯了孤军奋战,这样是难以做成大事的!所以一定要发动手下人跟着自己一起想办法。只有这样,大问题才能变成小问题,小问题才能最终得到彻底解决。好的管理者能够非常轻松地处理好身边的各种事情,而且手下人做事的积极性都非常高。我觉得这应该就是分权吧!管理者不要将所有的权力都牢牢控制在自己手里,要让下属掌握一定的权力,从而为自己分忧解难。下属有了工作积极性,就会发自内心地向您进言献策了,这个事情急不得。主人,我觉得您现在做事的风格可能有些问题,您要通过一定的方式让下属积极发言。您可能没有意识到,也许在您说话的时候,您的下属可能意识到"您不愿意让下属说话了"。这些人就都说"好好好",自己心中有想法也不说,对您总是一片赞扬声。您做起事情来可能已经感觉到顺心顺气了,但决策的质量却下降了,您实际上已经与下属离心离德了!现在开会时,您肯定会感觉到非常安静,因为没有人对您的讲话提出意见或者建议了,您的决策已经代表了大家的决策。您说开会,大家就都坐下来开会,您说散会,大家就起身离开。您难道不觉得这样的会场气氛有些怪吗?您在家中时,我觉得您很厉害,只要是您出气的声音粗起来,我就仿佛闻到了一股火药味。这时家中的气氛格外不正常,女主人也不与您说话,只是默默地倒上一杯水,轻轻地放在您书桌上。我走路也开始蹑手蹑脚起来,根本不敢发出任何声响,整个世界都凝固了,任何一点让您不满意都会成为"导火索",我们谁也不愿意成为"导火索"。您在工作单位上肯定有这样的"导火索"吧!嗯!这就是您一筹莫展的原因吧!

主人,在您看见我对您的道白之后,我真心希望您静下心来,仔细考虑一下我说的话,也许会对您的工作有很重要的帮助哟!

1 月 15 日星期二

今日感悟

　　管理者不是"个人英雄",遇到问题时应当寻求下属支持。在管理实践中,"分权"和"信任"都很重要,这应该是成功管理的两大支柱。没有分权,管理者由于独揽大权就会忙得团团转,而且决策质量逐渐下降。没有信任,管理者就不敢放开胆子使用下属,从而出现千斤重担压一身的问题。管理者应该组建团队向前冲,而不应该孤军奋战。能否组建团队以及提高组团团队的质量,已经成为衡量管理者是否胜任岗位的重要参考指标。管理者的性格决定着团队的性格,进而决定着组织的性格。

玩笑有度

　　适度的玩笑可以活跃氛围,但是当玩笑过头时会让气氛变得紧张。主人就是在开玩笑方面不注意深浅的一个人。

　　有时候主人和我开玩笑,我都不知道是真是假了,真是敢怒而不敢言呀!主人,我也在逐渐长大,按照人类的年龄,我已经是青年人了。小时候我很不懂事,经常做一些让您不高兴的事情:或者是随便上床睡觉,或者是在地上撒尿。虽然您并没有过多责怪我,但此类事情发生后,我着实都会感到非常不好意思。现在我已经长大了,那些"不光彩"都已经成为历史,我也开始变得懂事了,懂得倾听您和读您的心思了。在与您交往中,您开玩笑的方式让我感到很头痛。有些玩笑实在有些过头!不该开玩笑的事情,您居然开玩笑了。比如说,有时我在窝里正睡得好好的,您开始高呼我的名字,我还以为您有什么急事招呼我呢,于是赶紧起身飞快地跑到您那里,但是等跑到您那里时,您却对我说:"没事,詹妮不用着急,我在叫着玩呢!"主人,您这样做太不严肃了,詹妮是我的名字,怎么能够随便叫着玩呢!您这是对我莫大的不尊重!您这次说话不严肃,我就会对您下次说的话表示怀疑,您在我心中的形象也不再高大。您知识渊博,我相信您肯定知道"狼来了"的故事吧。这个故事中的小孩就是由于在"狼来了"这个很严肃的问题上说假话,以致后来狼真的到来时,人们仍然认为这个说假话的人在闹着玩,最后说假话的人葬送了性命,这就是"开玩笑过了头"惹的祸。您是我的主人,在我心中,您形象非常高大,我喜欢看到您亲和的样子,也喜欢您开玩笑时的幽默与诙谐,但不严肃的开玩笑是让人难以容忍的!在您面前,我总是谨小慎微的,从来不敢向您做这种"过头"的事情,对您敬畏有加,而您总是不太注意这些。实际上我是喜欢您与我有分寸地开玩笑的。比如,您叫我的名字时拉长音:"詹——妮——呀!"您有时将我的两只前腿拎起来,在空中左右晃。您这样做,我虽然有些担心,但还是感到非常高兴,我知道您是不会让我出意外的。

我平时很注意您的一言一行,大多数情况下您做任何事情时都是很谨慎的,我喜欢您这样与我开玩笑。在草地上玩时,我非常喜欢与您赛跑、捉迷藏,我知道您这是在逗我玩,每当此时我就会拼命跑,因为这是属于我的时间。主人,您是非常明事理的,您应该知道,玩笑可以让人开心也可以让人难过。作为我的领导,您讲话一定要负责任的,您开一个过了头的玩笑,我会郁闷很多天,我希望您的幽默风趣能够给我带来更多的快乐,而不是给我带来烦恼。不严肃的玩笑是要严格禁止的,我会担心以后您还会有类似事情发生。除此以外我还有更担心的,您这种与我开过头玩笑的做法,也会发生在您身边同事身上吧!如果真是这样,我还真得劝您好好改一下,不然会影响您的人际关系呦!

5月10日星期五

今日感悟

　　下属非常看重管理者的言行,上司在下属面前应该谨言慎行。幽默风趣会强化上司与下属的亲和感,但要注意时间、地点及内容,否则不适当的玩笑不但不能表现管理者幽默风趣,结果还会适得其反。上司与下属地位不对等、权力不对等,在谈话时为了打破僵局,管理者有责任创造一个宽松的氛围,调侃的句子会很好地扮演调味剂的角色,但是玩笑不要过度,否则员工会感到压抑,管理者的形象也会大打折扣。不恰当的玩笑反而加大了彼此的距离。

胆小如鼠

胆子也是锻炼出来的，没有人天生就是胆大的。

主人总是将我放在"蜜罐"中，我虽然享受着幸福的生活，但胆子越来越小了。有时我都有些搞不明白，主人这样"体贴"我，到底是在护着我还是在害我！主人，我在与您散步时，看见一群狗或者比我体型大的狗就很害怕。可能您并没有意识到，每当这个时候我就会将步子放慢，或者干脆不走了，我非常害怕这些狗会欺负我。我比他们小多了，在力量上是不敌他们的。看见我走慢了，您每每对我非常生气，但您并不知道我的苦衷。我整天在屋子中睡大觉，已经不愿意与外面的世界进行交流了。我看见这些身强体壮的家伙四处乱窜，就感到有些眼晕。

您整天写文章，我就喜欢在旁边静静地陪伴着您。在与您的长期生活中，我已经养成了喜欢清静的性格。散步时我喜欢您将绳子套在我的脖子上，这样我就会觉得非常安全。即使您没有将绳子套在我脖子上，我还是要主动叼着绳子的。反正有绳子在我身边，我就会感到非常安全。走路时行人看见我叼着绳子，就会表扬我非常听话，其实您并不知道我当时是怎样想的，行人眼中的我是非常听话的，但他们不知道，我叼着绳子完全是出于安全考虑。只要绳子在我身边，我就会感觉您在我身边。这样的日子虽然不错，但我的胆子却越来越小了。我不愿意出门与其他的宠物多交流，也不愿意与那些三五成群的家伙追追跑跑。我不是跑不过他们，我只是信不过他们。与您单独在一起逛圈时，您不是见过我奔跑的样子吗？我非常喜欢与您一起嬉戏,我喜欢在草地上打滚,也喜欢围着花丛跑圈,但我并不喜欢与"狐朋狗友"交往。女主人说我现在越来越胆小了,我在外面怕事,走路时也是靠边,也许女主人说的是对的。我起初是谨小慎微,现在已经变得有些胆小如鼠了。

您带着我出去多见见世面吧,也许过一段时间我的胆子就会大起来。我并不需要与更多的人交往,只希望能够有一些真心朋友,比如像您这样真诚待我的人。有些人就是因为交往了不三不四的人而上当受骗的。这样看起来,胆小如鼠倒也并非什么坏事。主人,我这样想,如果有什么不对的地方,您就批评我吧!我是能够承受的。

5 月 18 日星期五

今日感悟

　　每个人都有弱点,上司要逐渐消除下属的弱点,让下属强大起来。管理者的思想决定了组织的发展轨迹。管理者需要下属成为何种人,下属就会向该方向发展。组织作为一个团队,应该具备各种人才,多谋善断的师爷、冲锋陷阵的将军、巧舌如簧的外交家等都是组织发展所需要的。只有多与外界打交道才能够了解最新的信息,从而让组织保持战斗状态,这样的组织中才会成长出驰骋疆场的将军。因此管理者需要具有正确的育人理念,让员工具有冲锋陷阵的意识。

不美是福

天生丽质是上天的恩赐,但是丑面孔也应该是上天的眷顾。福祸相依的道理在美与丑之间也是能够体现出来的。

主人,其中的道理很深奥哟!我知道有些漂亮女人并没有幸福的婚姻,这大概就是"美也是祸"的道理吧!这个世界真是有意思!主人,您今天读的那篇《不漂亮是一种福气》的文章,我觉得写得太好了。您自言自语了好半天,我都觉得您有些神经了。我觉得"漂亮"应该是福气才对呀!"不漂亮"怎么也是福气呢!"漂亮"确实能够赢得更多人的关注,但人们一贯的思维方式是:不但我关注这个漂亮的人,其他人也在关注,所以漂亮的人很不容易成为"私有产品",往往成为公共产品。嗯,这个看法是对的,像我这样漂亮的宠物,往往会遭到围观的。这篇文章中讲到,那些漂亮的人在个人发展过程中会得到较多的机会,但是不稳定的因素也会较多。一般的男人都喜欢与漂亮的女人交往,但在谈到结婚的时候就需要认真考虑了,大多数男性同胞认为漂亮的女人适合做朋友而不适合做夫人。因为做漂亮女人的丈夫会有很多顾忌的,担心别的男人会惦记着自己的夫人,这会增加家庭的不稳定因素。

春季到来时,会有很多鲜花绽放,那些鲜艳的花朵往往更容易招蜂引蝶,因此这些花朵就具有了更多传宗接代的机会。我就非常喜欢到这朵花前看看,到那朵花前闻闻的。对于过往行人来说,也是非常喜欢鲜艳的花朵的,在欣赏之余往往会折下花枝,但是行人并不想总带着这样的花枝,等待花朵萎蔫后就会将其扔掉,并且再寻找一朵更加鲜艳的花朵,没有人会真心地将这些鲜艳的花朵一直保存下来的。主人,我觉得这种说法有一定道理。漂亮只是一种现象而已,人的外表漂亮是暂时的,只有心灵漂亮才是终生的。对于漂亮而言,最大的敌人就是时间,随着时间流逝,漂亮的容颜也会随之溜走。很多昔日非常风光的女人在美丽的容颜消逝后,不免有些怅然若失。因为往日在自己面前飞舞的那些"蝶"呀"蜂"呀什么的,现在都在别的"花"前面飞舞了,自己"门前冷落鞍马稀"了。相反,不漂亮的女人反倒心态比较稳定,不会有那么多伤感。主人,我是个美丽的"小姑娘",散步时有很多"家伙"整天围着我转,确实有"漂亮不一定是福气"的感觉,这些家伙可讨厌了,已经扰乱了我的正常生活。主人,我觉得"不美是福"这句话在很多情况下都是适用的。

在您的身边是不是也会发生这样的事情呢?如果一个人在任何方面都很普通,他不会引起别人的注意。如果在专业技术方面很优秀,就会引起同行的关注,当然也会引起同行的"羡慕嫉妒恨"。这样的优秀员工如果遇到了对自己比较赏识的领导,职业生涯发展环境就会相对比较顺利。如果上司以及身边的同事都属于"羡慕嫉妒恨"类型的,自己的发展环境就会受到阻碍。那些在各方面都不是很突出的人,反而在组织中发展得相对比较顺利。不会遭到别人的惦记,也不会受到别人嫉妒。

主人,这样的事情真的让人很纠结,您说是应该表现得比较优秀些好呢?还是表现得比较平常些好呢?我希望您能够给我一个肯定的答案,我非常期待哟!

8 月 19 日星期日

　　好与坏是相对的,在变化的环境中,坏事情也能变成好事情,这就是福祸相倚的道理。组织成员各有特点,符合管理者要求的特质会得到管理者的赏识,该员工的职业生涯也会比较顺利。优秀员工虽然被管理者器重,但如果其贡献未得到制度层面的肯定,即优秀员工免费为组织发展做贡献,优秀潜质则没有给员工带来较高福利,这种情况下,如果优秀员工消极怠工,管理者则会限制其发展环境,从而出现"美人不长寿"的问题。相反,平庸的组织成员由于未受到管理的关注,个人发展轨迹不会受到影响,组织中就会出现"劣币逐良币"①的问题。

---

　　① 古人都是用金银贵金属交易。在以银作为货币的封建社会中,银作为流通手段时,如果某锭银的纯度较高,精明者就会将其融化并掺上一些杂质,将其铸造成为与市场上一般纯度相同的银锭,精明者据此可以从中赚取一部分银,久而久之市场上就不会存在纯度较高的银锭,都会变成纯度一般的银锭。

以丑为美

丑就是丑，美就是美，千百年来人们已经形成了比较固定的美丑标准，我觉得这个问题不需要商量了吧！但是主人，我不明白的是，现在有些事情真的是混淆了美丑的界限了，这让我非常纠结！

主人，现在人真是越来越难以捉摸了，原先人们的思想比较保守，穿衣服讲究将全身裹得严严实实，现在好像不这样了，人们巴不得穿得越少越好。女人穿衣服是要引领时代潮流的，不然就会被认定为没有品位。"瘦、透、露"越来越成为很多女性的选衣时尚。主人，我觉得有些女人真是越来越胆大了，居然要裸奔，在公共场所一丝不挂，或许这些人有心理问题吧，这样暴露自己，我觉得总不能算是一件光彩的事情。我经常与您一起看看新闻，就拿汽车展示会来说吧，展示会上的模特真是个儿顶个儿地漂亮。但是我总觉得，模特的装束好像在一定程度上混淆了美与丑的界限。人们去车展，也说不清是在看汽车还是在看美女。模特穿衣服那样少，有的还穿着透视装。很显然，这是在用"性"的东西吸引人。我觉得不应该这样做，这样就会把车展变成美女展了，事情的味道就会发生了变化。人们已经从原先的封闭时代走向了现在的开放时代，但开放并不一定就意味着一定要裸露身体，我觉得这是混淆了美与丑的标准。除了穿着打扮之外，还有很多事情是让人难以捉摸的。以吃饭为例，主人一定要为客人上一大桌子菜，才能够表达主人对客人的热情。但是这么一大桌子菜根本就不能吃完，就餐完毕后也不打包，于是造成了巨大浪费。但是很多人对这种事情不以为然，认为只有这样才能够表现出自己"有钱"。人们刚刚从穷日子里熬出来，彰显富贵在一定程度上是可以理解的，但是方式应该恰到好处，不然就会给社会带来不良影响。

我总觉得，人是社会的人，当一个人的举动变成了更多人的举动时，不恰当的举动就会对社会经济发展造成"负能量"，这对社会发展是不利的。就像那些炫富女那样，在网上炫出自己的时尚消费品，并且趴在上千万元的纸币上，我倒不觉得这种举动有多么美，我从心底比较抵触这样做事。主人，我觉得这些有钱人应该用自己的财富帮助其他人富裕起来，这才是最美丽的。您看，新闻上展示的"最美交警""最美妈妈"等，这些人都不是巨富，也没有那么多钱可炫的，但这些人都是"美"的。不良的社会风气会像流毒一样传染给其他人，我觉得有关部门应该管一管。当"美"与"丑"之间的界限很明确，并且不会再有"以丑为美"的问题发生时，我们的生活就会顺心顺气，人们的工作效率也就会很高了吧！主人，这些都是我在瞎说，您不一定同意我的观点，对不对？

8 月 20 日星期一

今日感悟

组织的存在和发展要以健康向上的精神内核为基础，组织成员据此形成评判美丑的准则，这会成为企业文化的重要组成部分。在组织发展进程中，如果出现了以丑为美的问题时，说明组织文化出现了问题，也说明管理者的审美标准出现了偏差。不健康的组织文化是损害组织的瘟疫，管理者首先需要反省，因为其喜好与组织成员的行为方式同向。因此管理者需要有仗义执言的帮手，对组织的发展轨迹适时控制，无论组织走多远，都不能忘记出发的原因。

填饱肚子

每个人都有其基本需求,我也不例外。

我不需要主人给我购买花衣裳,只要可口的美食,毕竟"民以食为天"嘛!我觉得这个要求不算过分,但即使是这样一个小愿望,主人有时也不能满足我。我真的很郁闷呀!主人,这样的话我又不好直接向您表示,希望您能够体谅我一下嘛!主人,您应该知道"饱汉子不知饿汉子饥"这句话吧,这句话套用在您和我的身上再合适不过了。您吃饭很快,好像后面有千军万马追赶着您似的,您吃饭时根本就不顾及旁边的我,我真正成为"被遗忘的角落"。您可曾知道,在您狼吞虎咽时,等在身边的我却是饥肠辘辘的,我虽然食量不大,但也是要吃饭的。您根本不在意我,有时小主人都看不过去了,专门另起炉灶给我煎一个鸡蛋吃。小主人对您这种心不在焉的态度是有看法的。有时为了一顿饭我要苦苦地等上一天。虽然肚子很饿,但我是很守规矩的。放在茶几上的唾手可得的美味食品,我从来没有动过,有时虽然也动过吃的念头,但我还是忍住了。我只是静静地在一旁守候,我觉得只有主人同意给我吃的东西我才能吃,不能随便动家中的一草一木。您虽然有时会忽略我,但我觉得这肯定是因您工作太忙所致,您想起来时会待我很好的。

在外面散步时,我与"小伙伴"交流心得的过程中,他们告诉我说他们的主人也经常发生类似事情。我宽慰他们说主人太忙了,这个很正常,并且劝他们说"不要吃得太多,否则会长得很胖,最后连路都走不动了,主人就不会再喜欢咱们了"。这些"小伙伴"虽然并不太赞同我说的话，但也未表示反对。主人，我虽然是在与"小伙伴"聊天，但我心里知道这是阿Q精神，让肚子吃饱才是硬道理。所以我企盼着您能够将那些粗心的毛病改掉，让我不再整天饿肚子。我觉得这不光是粗心的问题吧！我在您心中没有地位才是正确答案吧！

我觉得咱们之间实际上是合作关系，您负责给我饭吃，我负责给您带来快乐。我觉得在这样的合作中，您应该给我应有的权利。道理是这样讲的，但是在您犯错误时，我又能够怎么样呢？"忍耐"是我的最佳选择，说不定将来有一天我会因为极度缺乏营养而倒下的，也许到了那个时候，您也不会心疼我吧！也许您第二天就会从市场上买回另外一只宠物，继续这样吧！但我觉得您有一天终究会醒悟的，您总是这样做事，身边就不会有人与您交心了。就像很多人经常说的一句话"现在的人交流多了，但是交心少了"。让我填饱肚子，就能够让我与您心贴心地交流。从小事中能够见大事，主人，这件"小事"您能够做到吗？

9 月 20 日星期四

今日感悟

尊重是相互的。管理者尊重下属，下属就会以百倍的努力回报上司，上司在组织成员间的威信会进一步得到提升。管理者往往会以日理万机和引领组织发展方向为借口，无暇顾及组织发展中的微观问题。管理者应该意识到，组织发展与员工个人发展需要紧密整合在一起的，员工既是组织发展的贡献者，也是组织发展的受益者。管理者对组织成员的尊重，通过关注成员的基本利益体现出来。管理者忽视了组织成员的基本需求，就意味着正在失去赖以依托的基础。

请求饶恕

每个人都会犯错误,但如果在犯第一次错误时就得到矫正,以后犯相同错误的可能性就很小了。

在与主人接触的过程中,我有时很纠结,主人在严厉批评我时,我不知道到底错在什么地方?主人对我的要求经常前后不一致,这会影响我与主人之间的感情呀!虽然如此,我还是要非常虔诚地向主人承认错误。主人,对不起,今天我犯错误了,我在不应该睡觉的地方睡觉了,挡住了您的去路。实际上先前我都是在卧室的门口睡觉的,您一直没有打骂过我,而今天您却对我发了那么大的火,我觉得您有些反常。如果我先前做错事,您肯定早就指出了。正是由于您先前对我的这种做法表示默认了,所以我才在门口睡觉的。也许是您今天太忙了吧,我发现您在发脾气时都有些语无伦次了。您不要发那么大的火,我以后不在门口躺着就是了。现在风波已经过去,您的心情也稳定下来了,我可以与您说说心里话了。主人,我在请求您对我进行饶恕之余,也要说说您的过错。对于今天这件事情,您也是有责任的。如果您觉得我的做法不对,应该在我第一次这样做时就批评我,例如将我睡觉的垫子挪到比较合适的地方,这样我就明白您的意思了,以后绝对不会再犯类似错误,这一点我绝对能保证的!但是您做事好像根本就没有章法,做任何事情之前根本就没有预兆,总是想起来什么就是什么。昨天看来还是正确的事情,今天就不正确了,您的心思很难让人琢磨的。您做事情的风格就是"像雾像雨又像风",让人家摸不透、看不清、说不明、信不准。主人,我觉得与您这种人是很难打交道的。您对家人是这样,对待自己的同事也是这样的吗? 如果真是这样,我倒是有些为您揪心了。

同事之间要长期相处,彼此之间会存在较多的利益之争。这就需要您出台相对较为合适的制度,如果您用这种"像雾像雨又像风"的风格做事情,在他人眼中您就是一个捉摸不定的人。您虽然将下属摆平了,但并没有使人家心服口服。所以综合各种情况考虑,现在我虽然在请求您饶恕,但很显然您也是需要反省过错的。这个事情我不好向您表达,您只有慢慢体会了,也许您永远都不会认识到自己的错误,那我就会一直忍下去。当您犯了更大的错误并且能够尝到这种错误给您带来的苦果时,您就会幡然醒悟的。

11 月 14 日星期三

今日感悟

　　下属在第一次犯错时,上司就要予以纠正,否则下属就误认为上司默许错误的做法,以致不断出现相同的错误。上司在嗔怒下属犯错时,应该首先反思自身错误。没有及时纠正下属的过错就是上司的错误。在上司的眼中,犯错的总是下属,而碍于地位不对等,下属会做出让步。组织发展之初就应该制定发展方向,规划出发展框架,保证组织在预定的发展轨道上前进。随着组织不断发展,制度设计需要做出微调,保证调整后的制度更加科学和合理。

隐藏愿望

谁都有自己的愿望，有了愿望就有了奔头，这样的生命才有价值。

我就是这样想的。我的想法主人肯定不理解，宠物还有自己的愿望，那这个世界不就乱套啦！我觉得我有愿望并不会使这个世界乱套，反而会让世界更加有秩序。我的愿望实际上是建立在主人的愿望基础上的。主人，您是我的依靠，但您可能没有觉出来，我也有自己的生活空间，有自己的交往圈子，这对于您而言自然不是很重要的事情。

每次咱们一起到公园中散步，见到我的"相好"时我都想与其交谈一会儿，但对于我的这些想法您丝毫也没有察觉到，您只知道牵着绳子向前走。其实您也是在漫无目的地走，只是为了散步而已。在您达到散步目的的同时为什么不让我的小小心愿也得以实现呢！其实我的心愿得以实现的同时并不妨碍您的事情呀！难道您就没有体会到，咱们出来一起散步时，我会与您保持一定的距离？您不要以为我没有脾气。跟在您的身边就必须保持高兴的状态，您这样要求我是很没有道理的！我在生气时虽然不敢非常明显地表示出来，但您是可以通过我的一些举动体会到的。虽然这样的心情我不能够直接向您表达，但我怀有这样的心情总是难以避免的。我现在吃饭已经养成了这样一个习惯：您喜欢吃什么我就喜欢吃什么。实际上有些食物我起初并不喜欢吃，但看着您那种津津有味的样子我就不免产生想要尝一尝的冲动，久而久之我的饮食习惯就与您基本相同了。在吃苹果时，您经常将削下来的果皮给我而您自己吃瓢，我起初还勉强吃一点，但是现在我已经习惯吃苹果瓤了，您就将果皮扔到垃圾箱中去吧。我并不是见异思迁的人，但看到人家的主人将其宠物养得肥肥胖胖时，我就非常羡慕。虽然我并没有想过要做人家的宠物，但羡慕之情还是油然而生的。您是有学问的人，应该知道"狗不嫌家贫"这句话吧，您选择了我，就注定了我要跟您一辈子的，但我非常希望您能够对我再好一点。比如说要经常看一看我用来饮水的盘子中的水是不是已经没了！因为您的粗心，我经常要渴上一两天，直到小主人看见我的盘子中没水时才给我续上水，这种"水深火热"的日子才宣告结束。

其实您完全可以对我再细心一些的。您是我生活的依靠，我也可以给您的生活带来无尽的快乐。每当看到您高兴时我都会在您身边左跳右蹿的，家庭的欢愉气氛肯定会增添不少。主人，从诸多方面看，我对于您而言并不是可有可无的，咱们两个实际上已经紧紧地绑在一起了。我给您带来了快乐，您工作时的心情就会很好，您的工作效率就会高，您的收入就会增加，从这个角度说我对您也是有帮助的。希望您在吃苹果时不要总想着将果皮给我，多给我一些苹果瓤我就不会"面黄肌瘦"，带我出去游玩时，我长得体态匀称毕竟也是您的骄傲。主人，今天就与您聊到这里吧，晚安！

12 月 7 日星期三

今日感悟

管理者要鼓励组织成员说出自己的愿望，而不是令其隐藏起来。下属加入到组织中，不但要从组织中谋得基本的生活资料，还要谋求事业发展。管理者应该从团队角度看待与下属成员的关系。组织成员优秀才是管理者的面子。管理者在组织发展中会有更多机会占有优势资源，所以管理者需要懂得分享，将更多的优质资源让组织成员享用，从而为组织成员凝聚更多优秀人才，在组织中形成谦让和共享的文化氛围。

俯首帖耳

"俯首帖耳是不是奴才？"我觉得是。我对主人就"俯首帖耳"，在主人面前我像只温顺的小绵羊。主人，我最听您的话了。

只要主人您在家时，我就会躺卧在您的身边，因为我经常这样做，都招来女主人的嫉妒了。女主人说："詹妮最听你的话了，最喜欢与你在一起了。"我不会咬您的手，我还喜欢您捏住我的尾巴。我躺着睡觉时，一般都会蜷缩起来，尾巴基本上能够将我的身体包裹起来。您这时会与我开玩笑，将我的尾巴捋直，在您放开手后，我会将尾巴再次蜷缩起来。主人，我知道实际上您这是在与我开玩笑，您并不打算将我的尾巴弄直，在尾巴一弯一直之间，您就找到了乐趣，我一般会陪着您玩很长时间。我也喜欢您抚摸我的毛毛，从头一直抚摸到尾巴，虽然您在抚摸我的过程中，我有时会感觉到痒痒，但这些我都能够忍受。

主人，在您面前我一点思想都没有，您让我做什么我就做什么。您是不是对我这种服服帖帖的"下属"感到非常满意？我不会对您提出反对意见，也不会给您提出任何建议，您需要我怎样我就怎样。主人，实际上我知道，我这种俯首帖耳的"下属"是最没有能力的，我没有自己的思想，在您遇到问题时，不能为您分忧，做事情只能按照您的吩咐做。主人，我心里非常明白，像我这样的人多了，您的工作就没有办法开展了。我觉得下属与上司之间应该是合作关系，虽然在大多数情况下是"服从"，但下属应该在一定程度上为管理者分忧解难，下属应该有自己的主张的。

　　主人，我觉得在管理工作中,应该特别留意一下那些能够有不同意见的管理者, 这些人说的话虽然会让您不舒服，却对您的工作会有很大帮助。您应该明白,这样的下属不是在反对您,而是在帮助您。像我这种总是会俯首帖耳的"下属"实际上对您不会有太大帮助的。我觉得一个管理者, 既要学会倾听"俯首帖耳"员工的声音,也要学会倾听逆耳忠言。管理者的周围少不了"刘墉",也少不了"和珅"。"和珅"能够让自己感受到"被捧"的舒服,"刘墉"能够让自己感受到事业发达的快乐,两者都是很重要的。主人,实际上我既不是"和珅"也不是"刘墉",但我觉得"刘墉"更重要哟!

12 月 21 日星期五

今日感悟

　　上司都喜欢俯首帖耳的员工,这样的员工能够做到唯命是从。管理者交代给其具体任务时,该类员工可以不打折扣地完成,但由于此类员工缺乏思想,所以在管理者开疆扩土的过程中不能成为左膀右臂。管理者需要为员工分层,既要有照猫画虎的匠人,也要有挥毫泼墨的大师,后者会成为管理者的强大支撑。管理者不能以驯服为标准评价员工,滥调和顺调大多数对组织发展于事无补,因此管理者应该多听杂调和反调,具有该种素质的管理者才会使组织发展更健康。

我要捡漏

　　人们都说"机会主义"害死人,但是我觉得"机会主义"是我的福音呢!

　　散步时我要充分享受机会主义给我带来的好处,但是每每都是"天不遂人愿",主人就是让我不能享受机会主义的障碍,我真是拿主人没有办法。主人,到外面玩时我都能够捡到些我喜欢的东西,今天从卖肉的摊位前经过,我又捡到了一块肉吃,这是我最喜欢吃的食物,虽然您经常给我买,但并不能完全满足我的胃口。主人,您是不是觉得我有些贪婪?您不应该埋怨我,人类不也是这个样子吗?晚上吃饭时,我经常听到女主人劝您"不要吃得太多",您还是一边笑一边吃,并且说"吃饭真是很难控制的",您看看您现在比先前胖多了,还吃呢!昨天晚上您只吃了一根黄瓜,到了半夜您就说"这日子可真是艰苦",还半开玩笑地说:"人们现在主动过上了食不果腹、衣不蔽体的生活,在这样一个物质丰富的年代中,如果要真正被饿死了,那才叫冤呢!"

　　主人,吃确实是很难控制住的,我觉得吃就是一种贪欲,人生来就是很贪婪的。您看,人生下来送给世界上的第一件礼物就是"啼哭",随后就会猛劲地吃奶,这不是贪婪是什么?我觉得,人之初性本恶。后来人们之所以变"善"了,是因为受到了各种制度的约束。我是比较贪婪的,这一点我承认,整天要找好东西吃。您看,玩的时候我一般情况下总是低着头,巴不得能够与好东西不期而遇。我总是抱着"捡漏"的机会主义心理在外面瞎转悠。我的鼻子很好使,远处有什么好东西我都能够闻得见。有时候即使

195

您使劲地招呼我回去也无济于事,因为这时我已经遇到我的"最爱"了,看来美食具有绝对的魅力呀!我虽然受到您的管束,但有时非常想挣脱您的管束,做一个自由自在的狗。您的管束真是让我难以忍受,而且您有时不能够严格信守承诺,这让我很头痛。其实我在"捡漏"时也是没有自由的,有时闻到了肉香,我就会使劲儿地向前拽绳子,但您并不理会我,还是将绳子拉得紧紧的, 我虽然已经看见了近在眼前的可口食物, 但还是吃不上。主人,我觉得,"捡漏"之后就相当于为您省下了粮食,从这个角度说您应该支持我"捡漏"才对,我越努力地"捡漏",就越能够省下咱家的粮食,而且"散步"与"捡漏"两不误,这并不会增加您的任何成本,您为什么不愿意呢?我估计您就是不愿意让我长得太胖。您与女主人聊天时经常说:"詹妮比原来又长了一截,这还像一个宠物吗? "您就是想通过控制我的食欲来控制我的体型。主人您知道吗?我每天肚子空空的,那种滋味真难受呀!您回味一下晚上只吃一根黄瓜的滋味, 就能够体会到我饥肠辘辘的感觉了。所以我觉得,您还是支持我"捡漏"吧,这件事毕竟对我有好处,而且对您也没有坏处。主人,您明白我的苦衷吗?

12 月 25 日星期二

今日感悟

　　下属有机会主义行为是正常的,上司的职责就是要尽量减少下属的这种行为。"两利相权取其重,两弊相权取其轻",组织成员都具有利益最大化的倾向,每个人决定做一件事情时都有机会成本,所以作为经济人的组织成员会在多种选择中做出权衡,这种权衡随着环境条件变化会不断做出调整。组织成员的机会主义行为就是谋求利益最大化的表现,这虽然有利于组织成员本身,但会对组织正常发展带来负面影响,遏制机会主义行为保证组织正常发展是管理者的职责。

◆ 注重实效 ◆

与世隔绝

去大自然中走走看看，才能激发出更多灵感。

与世隔绝的生活方式只会让自己的思想越变越狭隘。虽然思想变瘦了，但身体会变胖，这大概就是人们经常说的"过劳肥"吧！我觉得主人就有些"过劳肥"！在主人的影响下，我原来那种诱人的身段也开始逐渐成为历史，转而成了一个"胖奶奶"！主人，您整天把我圈在屋子里，由于您活动较少，我的活动量也不大，我除了睡觉还是睡觉。您看，我的体重明显增加了，走路时我都感到有些费劲了。一扭一扭，看上去是不是很滑稽可笑？主人，我本来也不想成为这样子的，是您给我提供了"增肥"的条件。主人，我由原先的"美女"变成现在的"胖女"，您应该承担主要责任。您将我的伙食弄得这样好，让我每次吃饭时都胃口大开，却不让我锻炼。由于您工作太忙，对我的成长失去了计划。主人，我向您提个小小的请求：每天定时地带我出去跑步可以吗？我知道您很忙，有时您晚上也要加班上课，所以回家很晚，但您可以安排女主人带我去转圈呀！在外面活动时，我可以撒欢儿

197

地跑,体内多余的热量就可以被消耗掉,我相信经过一段时间后,我的体重就会降下来的。主人,不瞒您说,现在我爬楼梯都有些力不从心了。原来我上三层楼不费吹灰之力,走路的姿势也非常矫健。现在我每上一层楼都要停下来小歇一会儿,然后才能够继续向上爬。如果不采取"急救"措施,按照现在的发展方向继续下去,我的体型就会进一步横向发展,可真的没有几天活头了。

主人,我说这样的话,绝对不是危言耸听,您应该为我创造条件,让我多与外面的世界接触,只有这样我才能充满活力。主人,您不是希望我活泼可爱好动吗?整天将我圈在家中,是很难达到这个目标的。只有多活动,身体才会变得很结实。一个人只有多与其他人交流,才会丰富思想、增长见识,说话时才有独到见解,不会人云亦云。我要做您的好帮手,如果您整天将我圈在屋子中,这个愿望将始终停留在理论层面。只有在外面与同类多接触,我才会与同类交流心得,将同伴们的"绝招"学到手,我的表现能力也会因此得以提升!同伴们锻炼身体的方法,我也可以学到一些呀!我总是希望能够做得很好,但我目前的水平就是这样,不与他人交流,我的素质就会下降得更快。十天半月之内也许您不会有太大的感觉,但两个月之后,您就会觉得我确实表现得比较差了。

每个人都需要生活在社会网络中,主动将自己从社会中隔离开来,注定会不断退步,做事过程中就会遇到很多挫折。主人,您对我是这样要求的,是不是对您身边的人也是这样要求的? 每个人都需要"打开窗子",呼吸新鲜空气,这样才能够让自己神清气爽,精神饱满地投入工作。主人,我也需要达到这种状态。您如果满足我的这个要求,我就会成为一个更有活力、更加灵秀的詹妮了。

1 月 16 日星期三

今日感悟

多与外界接触，才能够了解更多信息，让自己适应环境变化。管理者的思路决定了员工的品格，正所谓"虎父无犬子，良将无弱兵"。要想让员工成为一个什么样的人，就将员工放到那样的环境当中去。组织是在开放系统中运行的，需要与外部环境融为一体，通过新陈代谢、吐故纳新，不断提升自身。商场如战场，想在竞争中取胜，就要与对手不断较量，认真分析对手，在与对手交锋的过程中不断提升应对技巧，躲进与世隔绝的闺阁是不能达成此目标的。

走在前面

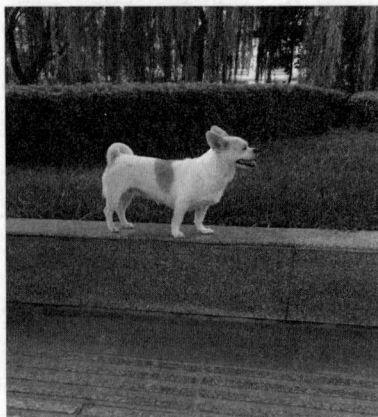

作为一只宠物,我觉得自己应该为主人做一些力所能及的事情,即使不能做大事,也不要给主人添麻烦才对,我真的是这样想的,目前就是要将该想法付诸行动。为此在散步时,我总是尽量走在主人前面,但是我的正确想法不一定得到主人的正确理解！散步时我总是听到主人的吆喝声,原因就是因为我走路比主人快了。很多时候我总是在主人前面跑,主人考虑到我的安全,害怕我被车子碰着什么的。其实不是因为我走得快了,而是因为您走得太慢了。

在主人眼中,我们这些宠物总是在做错事。我们不能与别人多说一句话,不能按照自己的想法办事,不能在不合适的时候"汪——汪——"。我心里非常清楚,主人都非常希望宠物紧紧跟随其后,相距不能太远也不能太近。这样在主人眼中我就是个非常忠心的哈巴狗了,但这个距离是很难掌握的哟！走在您的前面自然就抢了您的"风头",这实际上就是对您的不尊敬。其实您想得太多了,我在快走时并没有考虑这么多,只是走路而已,还要有什么讲究吗？这条路咱们经常走,我已经非常熟悉了。我走在您前面,目的无非就是尽快到达目的地。那里有软软的草坪,我喜欢趴在上面或者在上面打滚儿。我觉得这个地方就是我的"天堂"。一天中我并没有很多时间与"外面的世界"接触的,所以当您说:"詹妮,咱们出去玩吧"的时候,我心情总是非常激动,我一般都是连蹿带蹦地到楼下等着您,往往是等很长一段时间之后,您才会从楼上下来,我有时一直想不通:"您到底还在干什么?说走就赶紧走,还磨蹭什么呀?"您是知道的,我也是有脾气的。我虽然样子很温顺,但脾气还是蛮大的!只是还从来没有向您发过脾气而已。您是否忘记了?当有行人逗我时,我曾经对其大发脾气,当时的"愤怒"让这个"以为我是非常好欺负"的路人"魂飞魄散"了!我总觉得,您并不应该那样吆喝我。虽然我是您的宠物,但咱们的关系应该是平等的。不是您曾经也说过诸如"生命没有高低贵贱"之类的话吗!您施加在我身上的命令不合适时,我就会非常不高兴。这时您也许并没有意识到,我的心情是很差的,长此以往我就会与您离心离德的。

我与伙伴们玩耍时,我总是在夸奖您呢!这些伙伴们都认为我的主人是非常不错的,他们都非常羡慕我!我在他们的眼神中找到了自尊和荣耀,但只有我内心才知道自己的委屈。您不是经常给我讲些道理吗?包括"水可载舟亦可覆舟""管理者与被管理者之间的关系"什么的,虽然有些大道理我并不明白,但我都认真听了,是不是可以这样理解:情感是相互的。如果我的理解是正确的,就说明已经能够懂得一点管理学的东西了。

我走在您前面并不是坏事,在他人的眼中我很积极,我不会拖您的后腿,同时您也不用总是向后看惦记着我了!我这样积极地表现自己,您不是应感到更加有面子吗?所以您最应该做的不是遏制我而是鼓励我呀!

6 月 18 日星期一

今日感悟

　　每个人都有自己的位置,下属不要走在上司前面,以防抢了领导的风头。不同的管理者对下属的期望值有差别,民主型的管理者希望下属多多进言献策,要更多地走在前面冲锋陷阵。在管理者的鼓励下,会有更多优秀成员身先士卒,该组织中就会涌现出更多能人贤士,组织会保持强劲的成长势头。但下属在冲锋陷阵过程中要注意分寸,防止功高盖主现象的发生,否则员工越优秀就越不会得到更大的发展空间,当优秀员工与顶头上司出现竞争状况时更是这样。

日积跬步

　　"千里之行始于足下"，很多成功的主人都是从小事做起的，这很不容易，需要长期坚持，成功是建立在耐力、智力等多种能力基础上的。我这方面的能力就不好，多亏有了这样一个好主人，让我在潜移默化中受到影响，不知不觉中我已经在很多方面得到了提高。

　　主人，您今天给我念了一个励志公式，我觉得很好，不单我觉得好，小主人和女主人都觉得很好。仅仅是退步或者进步0.01，经过365天之后就会产生巨大差别。0.2551/0.0006=425，1377.4/37.7834=36。这就意味着每天如果退步0.01，经过365天后就退到原来水平的1/425，如果每天进步0.01，365天之后就进步到原先水平的36倍，这不但说明了积跬步成大步的道理，也说明了退步较进步更容易的道理，您不是经常说"学如逆水行舟，不进则退"吗？主人，逆水行舟一定很费劲吧！真是不算不知道，一算吓一跳。这虽然只是一个简单的数学计算，但其中渗透着深奥的道理呀！仔细想一下，这种道理实际上古人早就说了。古人云：不积跬步无以至千里，不积小流无以成江海。"愚公移山"的故事也讲述了"循序渐进"和"持之以恒"的道理。看来从生活中的一点一滴做起是很重要的，只有量的积累才会有质的变化。

　　主人，您看我整天除了吃饭就是睡觉，到现在还是没有一点长进，您说的这个公式对我是个警醒。看来我真是要学点什么东西了，这辈子不能就这样吃饱了昏天黑地地过下去。注重日常生活中的每一件小事很重要，我从您的日常生活习惯中就能够看到这一点，我一定要多多向您学习才对。您是个很勤奋的人，您每天都坚持写点东西，有了新的想法后马上就写下来。您虽然每天写的东西并不是很多，但是长时间积累下来就相当可观了，您不会就要出名了吧！我可不想让您那样，否则就更没有时间陪我玩了。主人，不要怪我哟！我也是有私心的呀！在我眼中，您除了上课就是写东西。虽然并不富贵，但生活过得非常充实。我觉得您就是一个非常注重日积跬步的人，您就是我学习的榜样。

5 月 4 日星期六

今日感悟

　　大事情从一点一滴做起，要以小改变促成大革新。百年老店的信誉是一点一点得以奠基的，产品市场也是一步一步得以开发的。管理者要有见微知著、一叶知秋的本领，能够从细微处洞察组织的发展动向，通过敏锐的洞察力分析企业的发展状态，将负面因素遏制在萌芽中，让正面因素得到张扬。商场中没有常胜将军，管理者只有枕戈待旦，才能够适时把握组织发展方向，为组织发展积累正能量，汲取营养让组织不断发展壮大。

预测未来

"人无远虑必有近忧",我觉得这句话非常有道理!我的主人是个很有长远眼光的人,我喜欢听他说话,就连主人对小主人讲的一些笑话,我都觉得很有道理!反正这样说吧,只要与主人沟通了,就会有长进。嗯,我这里有一个问题,这个问题有相当的难度,看看主人能不能有其独到看法!不会将主人难翻了吧!

主人,现在的交通可真成问题。早晨出门在路上走,真是寸步难行呀!我觉得,这种问题产生是有多方面原因的,最重要的就是行人的素质不高,其次就是交通灯设计得不合理。车这样多而且不守规矩,不产生交通拥堵才怪呢!我过马路时都感到眼晕呀!主人,我们生活的环境不会总是这样吧!我有一个预测,随着城市人口逐渐增加,城市问题还会增加的。现在的问题是:城市发展太快,而相关的制度不能跟进。主人,您曾经带着我去过一些其他城市,我看所有城市现在都差不多。不同城市虽然有其特殊问题,但有些问题是普遍存在的。主人,我觉得城市发展中存在的问题,说到底还是人的问题。我曾经与您一起去过农村,我发现农村的生活密度比城市宽松很多,那里没有这么多车,那里比城市绿,玩耍的场所比城市大。但是也有不足的地方,就是那里到处都是泥土,我连个睡觉的地方都找不到。我只要在外面跑上一圈,就会变得灰头土脸的。与乡下相比较,我还是更加喜欢城市,我觉得在城市中生活更方便。虽然交通状况差了一些,但是到处都有路灯,晚上散步也是亮堂堂的。城市的交通状况正在变差,我觉得将来有一天肯定会过渡到这种情况：城市里到处都是车，并且拥堵问题很严重，人们开始觉得开车行路已经非常不方便。这时农村人口就不会再向城市移动了。到那时，农村的发展水平与城市就不会有多大差距了吧！

城市与乡村实际上就是一个连通器，只要这个连通器某一边的"水面高度"高于另外一面，较高一边的水就会流向另外一边，直到两边的水面处于相同高度为止。主人，我觉得，目前这个"连通器"中，农村的"水面高度"高于城市，所以"水"就会流向城市。城市虽然生活非常方便，但交通状况差、空气质量差、自然环境也不好。现在城市还在快速地向外扩张，很多购买了私家车的人，已经开始在郊区购买房子了，那里的空气质量比城市中心要好得多。

主人，我对空气质量是很敏感的。您看，现在全国很多地方都出现了雾霾天气，我觉得这与城市里私家车过多是有关系的。主人，我觉得在未来一段时间内，城市的交通环境还会变差！现在人们富裕起来了，想买几辆车都可以买，但这样没有章法地发展下去，交通环境肯定会越来越糟糕。我觉得是应该好好管管了，我盼望着环境早点好起来！这样一来，我就能够开心地玩了，您也就不用过多地为我担心了。

5 月 27 日星期一

今日感悟

　　管理者应该有远见卓识，只有目光长远才能做大事情。预测是管理者的基本职能之一。管理学认为，预测是根据目前掌握的信息，通过科学方法基于发展规律对事物未来发展做出的科学判断。但预测并非未卜先知。预测是科学判断，未卜先知是迷信活动。管理者需要根据组织发展方向以及所处环境条件，对未来情况做出充分估计，并进行准确判断，前瞻性地对可能出现的状况提前想出对策，从而能够防患于未然，让组织免受不必要的损失。

恐惧陌生

惧怕陌生的环境,是因为对其不了解,当熟悉了这个陌生环境后就不会惧怕了。我就非常惧怕陌生环境,在这样的环境中我会觉得六神无主。为了更舒服些,我还是比较喜欢到熟悉的环境中游玩。主人,有时您带着我到陌生的环境中,我就会感到恐惧。在这种陌生环境中,只要离开您稍微远一些,我就会非常担心,我要寸步不离地跟着您。只有您出现在我视野中,我才感觉到安全。主人,我比较缺乏探索未知的勇气,但没有办法,这可能是我的弱点吧,这是不是与生俱来的呢?我不太清楚。随着年龄增加,我探索未知的勇气还会进一步降低呢!我觉得探索未知的勇气和能力与年龄相关。年轻时敢闯敢干,即使跌倒了,很快就能够爬起来。年长后这种闯劲儿就会逐渐弱化。当然,敢闯敢干与人的内在素质也是有关的,"艺高人胆大"说的就是一个人如果才能很高,就敢于冒险。主人,我可没有那么大的本事。我就是想依偎在您身旁,在熟悉的环境中生存,不想做冒险的事情。主人,是不是很多人都对陌生环境感到恐惧?反正我是这样的。经济学上不是有个"路径依赖"①理论吗(这个我可不懂是怎么回事,我是在套用您的说法)?我看我就有些"路径依赖"了,我不愿意到陌生的环境中散步。只要您带我到一个陌生的环境中去,我就莫名其妙地感到很紧张。

---

① 指人类社会的技术进步或制度变迁具有一定的惯性,一旦进入某一路径就会产生严重的依赖性,即人们一旦做出了某种选择,惯性的力量就会使这一选择不断自我强化,并让你轻易走不出去。

主人,我总觉得"路径依赖"就是疏于创新,具有"念旧情结"的人,就会懒于创新,一个组织没有了创新就很难有发展。主人,我不愿意到离咱家较远的地方玩,我就是这样的墨守成规。我觉得咱家附近的景色就很美,所以建议您还是多一些"路径依赖"吧!

主人,其实我在陌生的环境中也能很快适应,只要有您在身旁我就可以将心放在肚子中。我记得有一次咱们到一个非常大的草坪上玩,您将我放在草坪上,我马上就开始撒开欢儿地跑了起来。由于我全身是洁白色的,在翠绿的草坪上跑来跑去的,简直成了一道风景,引来了很多人围观呢!别人看着我的时候,我跑起来就会更加卖力气。每当这时,我就没有了恐惧,心中只有快乐。主人,其实我的心中是充满矛盾的,一方面比较向往陌生环境,因为在这样的环境中可以给我带来很多刺激,另一方面我比较害怕陌生环境,我害怕在这样的环境中迷失。有时我都不知道我自己是谁,在"两难"问题发生时我感到很困惑。不过,只要主人您在我身旁我就高枕无忧了。主人,不知道您是不是恐惧陌生。我觉得,任何人肯定都有强壮和弱小两面,您也不例外吧!但我觉得,您是一个雷厉风行的人,任何事情都不会难倒您,您具有"孤身仗剑闯天涯"的胆识。主人,与您生活在一起,我真感到幸福!

5 月 30 日星期四

今日感悟

在条件具备时,组织一定要开拓新领域,从而创造更大的发展空间,这要求管理者一定要具有开疆扩土的能力。路径依赖虽然能够降低风险,节约运营成本,但总是固守一隅就禁锢了组织的发展空间。管理者首先要避开路径依赖的困扰,培养发现市场机会和捕捉市场机会的能力,这需要有充足的知识储备和心理准备。所以创新才能使组织获得新生,这是一种有别于常规思维方式的本着理想化目标而实践的有益行为。组织就是在不断创新、不断总结经验中前行的。

不拘一格

多听听不同的意见,会让自己的思路更加开阔。

我觉得说反话的人说的往往是实话,这样的话认真倾听是有意义的。但是在人们都喜欢听奉承话的情况下,说反话的人是越来越少了,反正我是不会说反话的。我的这个"素质"也是慢慢磨炼出来的,实际上现在我什么事情都能够承受的。

主人,我记得您曾经说过这样一句话,"一定要学会与自己不喜欢的人打交道",您说的这句话很在理,但做起来是非常困难的,我真想不通,为何必须与不喜欢的人在一起呢?想一想,站在您面前的是一个您非常不喜欢的人,却要与其共事,如果是一天两天还行,经年累月这样下去,确实是在考验一个人的耐力呀!如果这个您不喜欢的人是您的平级同事也就算了,因为你们谁也不能对谁进行限制,但是如果您不喜欢的这个人是您的上司,我看事情就不是那么简单啦!因为这个上司可以在很多方面对您进行控制,在很大程度上控制着您的发展空间,这时候您就需要伪装自己的表现了,让这个上司感觉您很喜欢他。主人,我总觉得,一个"头儿"不需要过分担心下属是不是喜欢他,只要有秉公做事的心情并且有将事情做好的能力就够了。在这个"头儿"的管理下,人们就会觉得处处都是透明的。当然,这只是我的一厢情愿哟!一个"头儿"即使是全才,也不会做到让所有人都喜欢他。主人,我可当不了"头儿",我没有这样的才能,也从来没有产生过这种想法。

您不是曾经读过一个叫作"总会有一匹斑马的屁股对着他"的故事吗?也许您已经忘了吧!我还记着呢!这个故事有很好的寓意,就是说,在一个领导所管理的"斑马群"中,一般情况下不会出现"所有的斑马都与自己笑脸相对"的情形,这时就会出现"有一只斑马用屁股对着自己"的问题。既然这种问题总是存在的,那么"头儿"就不要强求一致,即使出现表面上的"一致",本质上也是不一致的。主人,我觉得在管理过程中应该以"承认人的差异性"为前提,在管理过程中进行一刀切违背了管理规律。即使是同一个人,在不同时间、地点等条件下,表现也会有很大差异。我觉得"承认差异"和"张扬差异"是很重要的。允许那匹"用屁股对着自己的斑马"存在,能彰显管理者的气度,百草园中只有五彩斑斓,才会景色宜人哟。

人从出生那一刻起就是有差异的, 人的需求及发展目标也是有差异的。只有承认"不拘一格"并且让每个人有张扬其兴趣的机会,在一个组织中才会有丰富多样的人才。每个人都会从不同侧面对组织的发展贡献其才智。管理者的责任在于推动组织的发展,而不在于选择其喜欢的人。主人,我觉得我与您就是情投意合的,我与您在一起是非常开心的。但如果"以情感为重"这种思维方式占主导后,管理过程就掺杂入浓厚的情感,制度就被挤到一边去了。主人,我觉得管理应该是以制度为前提,而不应该以情感为前提。某些下属即使不符合管理者的心思,但如果对组织发展有利,管理者也应该在制度层面给其应有的待遇。

主人,您觉得我是不是一个"理想主义者"?有时我的想法很不着边际,但确实有助于推进管理进步的,不是吗?

7 月 9 日星期六

今日感悟

　　管理者要以组织发展为核心锤炼人才队伍,团队成员不一定是管理者的朋友,但一定是有一技之长的合作伙伴。因此管理者不能以自身的偏好为依据,而要以组织的发展目标为依据选择成员,管理者不能"偏食",一定要吃"五谷杂粮"。"忠言逆耳利于行",管理者身边需要有"唱反调"的员工,以此时刻警醒管理者可能犯或者正在犯的错误,让管理者防微杜渐,保证组织在正常轨道上运转。通过让员工"群芳吐艳",为组织这个"百花园"增添风景。

适时亮剑

走路时不能总是躲着别人走,否则别人会觉得您很软弱。

在您看来,"给别人让路"是一种美德,但别人可不一定这么认为哟!在您的影响下,日常生活中我总是表现得很谦虚,而且对不同的人都是这样的。近些日子以来,我发现总这样是不行的。有些人懂得谦虚是什么意思,但是有些人根本就不知道什么是谦虚,我对这种人非常失望。我记得您曾经说过,中外文化有很大不同,中国传统文化讲究谦虚,不讲究张扬,而在西方文化中不是这样的。在西方文化中,如果一个人过于谦虚,人家会认为你没有能力。所以在西方文化中,人们都喜欢展示自己,主动在其他人面前彰显优势。这些道理我不甚明白,但知道您总是在这个事情上发牢骚,这可不行,时间长了会出问题的哟!您不是说过吗?国人也在发生变化,年轻人很容易接受西方文化,有一技之长的人总是要通过压倒一切的方式展示自己,以为其创造更大的发展空间。主人,我觉得有些"家伙"并不一定很有优势,但还是要在他人面前瞎表现,这让我很苦恼,我有时怀疑您对我的影响是不是正确的。由于您是内敛型的,所以与您在一起时,我不大愿意表现我自己。我现在认为这是您的性格弱点,这个弱点有时会让您失去一些机会的。

今天咱们一起去火车站的路上,起初有几只小狗一直跟着咱们,可能是因为咱们的面孔比较陌生吧,在它们眼中咱们是新鲜事物,这些小家伙一直跟着咱们。后来在一个小商店门口,有一个"家伙"(小狗)使劲地向咱们吼叫。依我的脾气,我会上前与其较量较量的,这个家伙在自己的家门口大声嚷嚷,实际上就是仗势欺人。但您当时示意我赶快离开这个是非之地,于是我赶快跑了几步,远远地躲开了这个家伙,咱们已经走出很远了,那个家伙还在瞎嚷嚷呢!主人,这种家窝子狗您也能够忍受?在您的意念中总是"多一事不如少一事""不要给自己找麻烦"。我觉得这不是给自己找麻烦,而是据理力争。咱们本来没有招惹这个家伙,他为什么要对咱们瞎嚷嚷。人不犯我,我不犯人。在人家已经犯我的时候,我觉得维护正当权益是应该的。主人,十年磨一剑,磨剑不就是为了用剑吗?不亮剑怎么行呢?总是这样还要剑有何用呢?我觉得适时亮剑是应该的,可以捍卫自己的利益,也可以维护自己的尊严。

主人,您那种传统保守的"谦虚"思想应该放一放了,亮剑不一定是剑拔弩张,用巧妙的方式展示实力,给他人以不怒自威的感受,这也是亮剑的一种方式吧!您是不是可以适当地向这个方向转一转?不然您的风格会影响您身边的所有人,这会失去很多发展机会的!

7月10日星期日

今日感悟

不失时机地用恰当的方式展示自己的才华,会得到上司的器重,这就是亮剑。谦恭是必须保持的传统美德,但这并不意味着总要放弃发展的机会。不会适时亮剑的组织成员,在管理者看来就没有太大价值,进而不会被提拔重用。员工具有谦恭的品质,也要抓住机会崭露锋芒彰显竞争力,在组织中展示优秀品质,得到管理者赏识,从而把握升迁的机会。管理者要明察秋毫辨识员工,让有真才实学的谦恭员工浮出水面,委以重任,使其独当一面,让更多有潜质的员工脱颖而出。

视频会议

　　将复杂的事情做简单是智慧,将简单的事情做复杂是愚蠢。

　　我希望主人能够做有智慧的事情,但这很不容易哟!主人,您今天又出去开会啦?您的会可真多,不大点事情就要开会。大家都需要聚在办公室里,听一听领导发言。我觉得这样太浪费时间了,大家离办公室都较远,为了开一次会,大家消耗在路上的时间就比较长。我觉得真的应该想想办法解决这个问题了。城市变得越来越大,而且交通拥堵问题迟迟不能得到解决,总这样开会怎么行呢?主人,您说用QQ开会能行吗?我觉得这种方法是可以考虑的,尤其是对于一些时间不太长的、不见面也能办的会议,通过QQ开会效率是很高的。我在您旁边躺着时,经常看见您用这种手段与他人沟通。这真是一个不错的沟通办法呀!我相信,如果采用这种方式开会,大家肯定都乐于接受吧!大夏天的,大家聚在一起很热,开视频会议就完全可以避免这个问题,大家可以按照自己比较喜欢的方式坐在家中,只要让人家看到自己的脸和听到自己的声音就行了。这样就能够省掉由于交通而浪费的时间了。忙碌的生活中,大家都觉得压力很大,时间也不够用,所以我觉得给人们省下时间就是一种美德。领导说了话大家都要听,领导也不愿意有唱反调的人出现。视频会议虽然可行,但首先需要领导转变观念,别人不能强行建议,需要领导自己提出才可以。如果有人提出这种建议,领导就会认为大家不愿意开会,这样会引火烧身的!我总觉得,通过视频开会,在方便了大家的同时,也达到了同样的目的,领导的权威也丝毫没有减弱,既然如此还是要考虑一下！科技手段日新月异,传统的东西就应该改一改。原先大家必须坐在一起才能够讨论问题,现在有QQ了,大家坐在家中也能够讨论问题,况且有时讨论问题是很麻烦的事情,并不是一次讨论或者很短时间内就能有结论的,既然如此就更应该给人们充分思考的时间。借助现代技术手段,人们既不耽误自己的事情,也能够将领导布置的事情完成,这真是一举两得。领导借助这种高科技让所有下属更加方便,下属对领导也会更加信服。

主人,我平常总是喜欢瞎想,有很多事情只是限于空想,很不着边际。但是"视频会议"这件事情,我是想了很长时间了。采用这种方式开会,只需要有网络、有电脑、有电就能够解决问题,而且很多人通过手机也可以连接QQ,参加会议的人无论是在天南海北,都能够参与到会议当中来,我觉得所有人都会支持这种想法。像您这样整天在电脑前写东西的人,更适合开QQ视频会议了,您可以考虑考虑,如果你们果然采取了这种方式开会,那可要给我记头等功呀!

7月11日星期一

今日感悟

　　做事情要尽量化繁为简,"效率"是管理的目标。提升管理质量的两个标准是"效率"和"效果",前者强调正确地做事,后者强调做正确的事。愚蠢的人会将简单的事情变得复杂,聪明的人则会将复杂的事情变得简单。管理需要以提升资源配置效率为目标,再现了管理的科学内涵,也体现的管理的艺术特质。化繁为简是管理者的一种能力,在此过程中能够准确抓住主干,删去枝叶,从而能够集中精力解决主要矛盾,加快组织前进速度的同时,也能够减少占用不必要的人力和物力。

纸上谈兵

　　喜欢纸上谈兵的人实际上就是个大忽悠，我最不愿意与这样的人打交道了，主人也和我一样。与这样的人在一起时间长了，自己肯定也会变成大忽悠的，原先我一直认为主人是个实干家，现在看来不完全是。主人，我觉得您很会纸上谈兵，由于您是理论工作者，谈问题很讲究条理。但我总觉得您谈的很多事情都仅仅局限在理论层面，您非常清楚现实生活与理论的距离是很远的。现实生活更需要务实。理论虽然具有指导意义，但只有将理论的东西变为具体可操作的办法，才会对现实生活产生指导作用。

　　我记得您曾经讲过一个有关纸上谈兵的故事，这个故事说的是赵国大将赵奢的儿子赵括的事情。这个故事太复杂了，还谈了很多历史知识。您知道我历史知识很贫乏的，您说的很多事情我都闹不懂，但一些信息我还是记住了。赵奢是赵国的大将，为赵国的军事事业做出了卓越贡献。赵奢有个儿子叫赵括，赵括聪明好学，熟读兵法，每每与赵奢谈论兵法时，连赵奢都不能难住赵括。但赵奢对赵括非常担心，因为赵括只会纸上谈兵，未曾在战场上受到历练，而战场上是瞬息万变的，赵奢非常担心日后赵括会被委任为赵国统帅，这样会耽误大事的。不久赵奢去世，秦兵来犯赵国，赵国任命廉颇为将抗击秦军，秦军屡战不胜。后来秦军开始用计，说秦军非常害怕赵国任命赵奢之子赵括为将。谁料赵国居然中计，将统帅由廉颇换为赵括。由于赵括没有用兵的实践经验，所以终于陷入秦军的重围，全军覆没。主人,您看纸上谈兵害死人吧!将一个国家都给葬送啦!这个故事是您讲给我听的,我觉得这个故事教育意义很大,直到现在我还能够清楚地说出故事中的很多细节。

我总觉得您是个很务实的人,所以纸上谈兵一般都发生在别人身上。现在我不这么认为了,因为我看见您有时候就是在纸上谈兵。我觉得这种办事风格很不好,解决问题不能单纯在理论层面夸夸其谈,重要的是将理论变成实际行动,这样才会有意义。理论能够让人们比较全面理性地认识问题,让人们全方位地把握住事情,避免在做事情的过程中造成不必要的损失。主人,我觉得必要的纸上谈兵是应该的,但是如果做事情单纯停留在纸上谈兵层面,这就给他人造成"做事不务实"的印象,如果一个管理者总是这样做,组织成员就会非常失望。主人,您在家中时,总是与小主人和女主人高谈阔论,看上去您说的话非常在理,一针见血地指出身边存在的诸多问题,但是当小主人和女主人问您这些问题怎样解决时,您往往哑口无言了,讲话的声音马上就低沉了下来。小主人说您是个"大忽悠",我当时不肯相信,但慢慢地我觉得您还真有"忽悠"的成分。我觉得您说话办事必须务实些,不然您以后说话时,就没有人认真听您的了。人们都会认为,您所说的话听不听都是一样的,那还不如干脆不听您说话,这样还可以省一省脑子,还可以节省时间。您的威力就会"跳水",以后您说话时,就不会再有"听众"了,我觉得那时候您就比较悲哀了。为了不出现那样的结果,我觉得从现在开始就要把持住自己,让自己成为一个务实的人。俗话说,胖子是一点一点吃出来的,信用是一点一点树立起来的,您的威信也需要慢慢培养哟!

10 月 19 日星期二

今日感悟

　　管理者是实践家,不能把事情停留在口头上。管理学理论都是在实践基础上总结出来的,在学习这些理论时,单纯从理论出发论证理论,理论就会变得空洞乏味。为此就需要将理论重新复归到实践当中去,理论从而具有了鲜活的生命力。理论之所以能够指导实践,是因为这是从实践中提炼出来的科学道理,可以使人们在以后的实践中少走弯路。组织所处环境并非一成不变,所以理论在应用时需要具体化,否则就会犯经验主义、教条主义的错误。

形式主义

形式主义是害死人的,不但做事没有效果,而且浪费了很多时间,但是很多人还是非常热衷于形式主义的做法。

形式主义经常会闹出笑话的。主人,今天吃饭时,您又讲了一个有趣的故事。这个故事讲的是一个叫周扒皮的人如何剥削农民的事,由于这个人的名字太有意思了,所以我不用使劲儿记就记住了。周扒皮是个地主,为了让农民给自己多干活,想出了"半夜鸡叫"的"绝招"。周扒皮真是一个"善于经营"的地主。在那个年代,人们看时间不像现在一样看钟表,而是听公鸡打鸣,公鸡一打鸣,人们就要起床干活,所以公鸡的鸣叫就是命令。公鸡是不会撒谎的,人们对公鸡打鸣这件事情深信不疑,听说公鸡的生物钟是很准确的哟!只有到了规定的时间才会打鸣的。周扒皮为了让农民早些起床干活,就开始在"公鸡打鸣"这件事上做起了文章。周扒皮将自己的脑袋伸进鸡窝中,学着公鸡打鸣的样子发出声音,鸡窝中的公鸡听见打鸣的声音后也开始打鸣,农民听到的是真正的公鸡在打鸣,但不知道这是周扒皮在捣鬼。农民听到公鸡打鸣后赶紧起床下地劳动,但是起床后发现还是满天星斗,天根本就没有亮起来。既然公鸡已经打鸣了,农民们也不说什么,拿起各种农具就到田里去了。由于农民非常劳累和困倦,到地里就躺下继续睡觉了。周扒皮看见人们都下地干活了,自己放心了,就回屋睡觉了。由于周扒皮没有到地里监督农民干活,所以并没有达到"让农民多干活"的目的。这就是人们常说的"早起五更不捡粪"(意思是起个大早并没有收获)。主人,我觉得周扒皮不仅是个坏人还是一个愚蠢的形式主义者。周扒皮的这种做事方式,一两次还能够蒙混过关,时间长了之后就穿帮啦!人们发现公鸡打鸣这样早原来是周扒皮在捣鬼后,就开始琢磨对付周扒皮的办法了。有一次周扒皮又要"半夜鸡叫"了,农民瞅准了周扒皮已经将头钻进了鸡窝中,就开始大喊"有人偷鸡了",于是人们拿着棍棒向鸡窝的方向涌来,向周扒皮身上打去。鸡窝外面出了这么大的响动,鸡窝里面也开始骚动了起来,无论是公鸡还是母鸡都对着周扒皮的脑袋猛啄。周扒皮这回可遭殃了,从头到脚遍体鳞伤。周扒皮连忙喊"不要打,我是东家",人们还是假装听不见,等打够了之后才罢手,这时的周扒皮全身青一块紫一块的。等周扒皮从鸡窝中被"救出来"后,人们就假装关心地问他:"东家怎么会这样呢?我们还以为是贼偷鸡呢!我们一定要为东家保护财产。"周扒皮挨了一顿揍还不能说什么,表面上还必须对雇用的农民表示感谢,真是"哑巴吃黄连——有苦说不出。"

主人,我觉得您肯定不会无缘无故地讲这个故事吧!后来我仔细思考了一番,觉得您还是讲了一个管理学的道理。管理实际上就是一个博弈,在周扒皮算计农民时,农民也在盘算对付周扒皮的办法。"不是不报,时候未到"这句话是很在理的。我觉得不能把管理简单地理解为算计。管理者应该说真话、讲真理,应该维护员工的利益。管理者不应该将自己放在员工的对立面上,否则这个博弈对于双方都是煎熬。在管理的过程中管理者掌握着主动权,采用什么样的方式进行管理,完全由管理者说了算,管理者需要的是管理效果,但通过"半夜鸡叫"的方式进行管理是不妥当的。

11 月 23 日星期三

今日感悟

　　做事情不能单纯追求做表面文章,对做事的过程也要进行监督管理。管理者与被管理者之间存在博弈,每一方都希望在博弈中收益最大。管理者倾向于让制度更加完善,被管理者倾向于寻找制度漏洞。在博弈的过程中,被管理者实际上担当了帮助管理者完善制度的助手。管理者为了提升管理效率,会不断在管理对策上做文章。为了强化管理对策的实效性,管理不但要注重形式,更要注重内容,不但要注重提出对策,还要加强对实施过程的监督。

东施效颦

　　别人的做事方法不一定适合自己,所以不能生搬硬套。主人在这方面让我很放心,从来不会"效颦"!我觉得这样也不好,因为这样会让自己眼界变窄,结合自己的情况,学习别人的长处,这不应该算是"效颦"吧!主人,您不要什么都拒绝哟!当然啦,坏的东西一定不能效仿。主人,通过听您讲话,我知道了东施效颦的含义。我觉得东施效颦存在严重问题,自己本来不漂亮,但硬是要学着西施紧蹙娥眉的样子,结果弄巧成拙了,人们看到东施这个样子会感到她更丑了!主人,您说东施这样做是不是有些生搬硬套啦。我看"东施效颦"与"邯郸学步"有点相似。"邯郸学步"就更厉害了,本来是想学人家走路的样子,但是到头来不但没有学会,反而将自己怎样走路都忘记了,这真是天大的笑话。

　　主人,我觉得"东施效颦"的人不在少数,有时您一回家就开始发牢骚,也不知道您哪里来的这么大火气。当女主人追问您时,您也很难说清楚到底是因为什么,反正就是有人气着您了。主人,我怀疑您是遇到"东施效颦"的事情了吧!有些人就是很不招人喜欢,无论是说话还是走路总给人们"东施效颦"的印象。在您身边,有些管理者也不免会东施效颦吧!这些人看到别人做事的方法很新颖,就搬过来用到自己的工作上,也不管是否符合实际情况,反正就是要拿过来用。当今世界正在走向多元化,但我发现人们的思想还是禁锢在某个方面。您看,出来个鸟叔弄个什么STYLE,马上就出来个各种各样的STYLE,人们都跟风,什么火了马上就要跟上去,以便自己能够借助这个东风,让自己火上一把。我觉得 STYLE 没什么好的,这在很大程度上只能说明跟风的人不成熟,想 STYLE 火一下吧!但是我觉得跟风并不一定都能火起来,有些人在 STYLE 的时候,给人们留下了矫揉造作的印象。STYLE 也许很适合别人,但不一定适合自己,生拉硬扯不就是"东施效颦"吗?

12 月 16 日星期五

今日感悟

别人觉得好的东西不一定适合自己,结合自己的实际做事情才能够取得好的效果。成功的管理者善于从组织自身的实际情况出发考虑问题,而不是生搬硬套。组织的生存发展是在诸多偶然因素影响下进行着的,团队成员、社会环境、竞争对手、市场状况等都在不断变化,每个企业都要根据具体情况谋划发展未来,机械地克隆经验无异于饮鸩止渴,不能将其他企业的经验当成组织发展套用的模板,管理者需要深刻领会其精髓,并灵活运用到实际工作当中。

◆ 识别小人 ◆

远离矮人

上行下效,有什么样的上司就会有什么样的下属。主人,我记得很长时间以前我与您讨论过这个话题的!

在一个组织中,如果上司的作风是正派的,下属就不敢出轨。在我的眼中,主人就是个透明的人。这种心地坦荡的主人,让我崇拜得五体投地。在主人的手下我要努力做一个"高人"而不是"矮人"。主人,我记得您在一本书中提到过"小矮人"的事情,我总觉得您说的"小矮人"实际上就是"小人"。这样的人在一个组织中虽然表面上看非常拥护管理者,但实际上是组织发展的绊脚石。因为这种人会使得组织中存在的"高个子"不能挺起腰板做人。"高个儿"不能顶天立地了,在组织中担当大任的人就会减少,组织前进的动力就会被严重削弱,最终结果是:组织中所有成员都会受到损失。主人,您所说的这种"小矮人"不会全部消失的,因为组织中每个人的谋生方式是不同的。专业能力强的人要生存,专业能力弱的人也要生存,二者努力的方向是有差异的。前一种人会将主要精力放在业务层面,后一种人会将主要精力放在人际关系方面。"小矮人"为了能够比"高个子"具有更加体面的地位，就会通过筑牢人际关系的方式谋求更多的发展机会。本来应该属于"高个子"的发展机会，会让"小矮人"攫取。"小矮人"占有了更多的发展机会，却又不能对组织发展产生引领作用，于是组织的发展速度就会放缓。"高个子"心里虽然着急但无济于事。"高个子"往往比较耿直，在遇到看不惯的事情时，往往忍不住要说几句，这不免会与"小矮人"产生冲突，由于"小矮人"精于人际关系，所以在上司那里很容易用非常委婉的语言进"高个子"的谗言，结果"高个子"反而不会得到上司的赏识。实际上上司这时已经被"小矮人"蒙住了眼睛。上司被"小矮人"的甜言蜜语冲昏了头脑后，工作效率就会严重丧失，到头来"小矮人"在上司那里反而得到了重用，"高个子"只能够望洋兴叹了。组织的形象需要"高个子"撑着，但因"小矮人"兴风作浪，"高个子"不能挺起腰板，组织就一直在矛盾中发展。

主人，我认为出现该问题的关键还是在于上司，您说过的，有什么样的上司就会有什么样的下属，为了防止"小矮人"阻碍组织发展，就需要管理者有一双"火眼金睛"，能够轻松地辨识出组织中的"小矮人"，只要管理者是正派的，"小矮人"在组织中就没有空间。管理者不要被"小矮人"的甜言蜜语所蒙蔽，要远离"小矮人"，管理者就能够抑恶扬善。主人，我的个子很小，您说我算不算"小矮人"呢？我不会反驳您，我只会整天围着您跑来跑去，我会跳舞、打滚儿、跑圈、摇尾巴，还会很多其他"武艺"。主人，我觉得我虽然算不上"高个子"，但也绝对不是"小矮人"。您所说的"小矮人"中的"矮"并不是指个头小，而是指能力差、心胸窄的人，应该是指精神层面的小。主人，我说的没错吧！

1 月 13 日星期日

今日感悟

　　"亲小人,远贤臣"式的管理者,实际上就是作茧自缚。百年老店的老板都有远大志向,能够正派做人、清白做事,管理者手下都有一群志同道合的业务精英,大家整合为具有强劲竞争力的团队。阿里巴巴、腾讯、蒙牛、华为莫不如此。管理者要在选拔人才方面设计规范的制度,为筛选人才织就大筛子,让"小矮人"漏下去,让"高个子"留下来。通过科学甄选和严格聘用,让真正有才能的优秀员工为组织发展挑大梁,从而让有碍组织发展的"魑魅魍魉"退避三舍。

各个击破

"各个击破"应该算是一种比较好的用兵战术,但是这样的思想用在人际交往中,就不值得称赞了。各个击破,说白了不就是一个一个地吃掉吗?这种聪明才智到底好不好呢?我感到很纠结!这样吧,还是问一问主人,主人肯定有自己的独到见解。

每当有难题时,我都愿意与主人分享,主人总是能够给我一个完美答案,我相信这次也应该是这样的。主人,我给您推荐一个故事,这个故事读起来很是发人深省。一个牧羊人养着一群羊,隔一段时间牧羊人就要吃掉一只。但是让牧羊人比较烦恼的事情是,在所有羊都知道牧羊人隔一段时间就要杀掉一只羊吃后,这些羊开始整天战战兢兢,害怕下一个厄运当头的就是自己,于是所有的羊都开始害怕这个牧羊人,看见牧羊人后就四散分逃。牧羊人不但很不容易抓到羊吃,而且每天晚上将羊圈起来都成了一件很困难的事情。牧羊人开始想办法解决这个问题,经过长时间的琢磨后,牧羊人终于想出了好办法。牧羊人开始与这些羊一个一个地谈心。牧羊人与第一只羊说:"您看见我为什么跑?"羊说:"我怕您吃掉我。""其实你不用怕,我吃掉的只是普通的羊,你看,你不是一只普通的羊,你虽然长成了羊的样子,但你实际上是一只威猛的老虎。所以你见到我之后不用躲。"这只羊听了牧羊人的话后信心倍增,这只羊开始改变了对自己的看法,在内心深处开始有猛虎的意识。牧羊人就这样对这些羊一一进行教育,让羊在心中树立起狼、熊、豹等的意识,这些羊看见牧羊人之后再也不跑了。牧羊人吃羊和管理羊于是变得得心应手了。在牧羊人想吃羊时，只需要走到羊近前，并且示意羊到自己的屋中谈心，羊就会非常顺从地走到牧羊人办公室中，与牧羊人畅所欲言。牧羊人也真的在与羊聊天的过程中，详细地了解羊群现在的情况，并且在不经意间扼住羊的咽喉，这只羊几乎是在快乐中死去的，而其他羊对牧羊人与这只羊之间发生的事情全然不知。牧羊人通过这种方式不但赢得了所有羊的认可，并且还在羊群中间培养出来一些"忠实粉丝"，牧羊人会通过这些"忠实粉丝"了解羊群的动向，从而知道哪些羊是富有思想的，牧羊人于是将这些羊逐一歼灭。牧羊人发现，由于羊群没有了先前那样的恐惧，不但自己吃羊更方便了，而且由于羊的心态比较平和，羊肉的品质也改善了许多。牧羊人对这种意外的收获感到非常满意，决定将这样的管理措施继续实施下去。

主人，您说这个故事是不是很有启发意义呢？我觉得故事中的这个牧羊人可真奸诈，摊上了这种牧羊人，羊算是倒霉了。主人，我总觉得这个故事实际上是在谈管理的事情，现实生活中这样的管理者很少吧！不然部门成员不就整天战战兢兢吗？说不定哪天自己就"被吃"了，"羊"于是就"快乐地死去"了，我相信没有任何"一只羊"愿意选择这种"快乐的死法"！

1 月 15 日星期日

今日感悟

面对强大的对手，可以采取巧妙对策对其分化瓦解。梅奥通过霍桑实验提出人群关系理论，认为非正式组织在企业发展中会产生重要影响，这种影响可以区分为正反两个方向。对于正面影响要积极引导，助力正式组织的发展。对于负面影响要进行遏制，使其向好的方向发展。但是剔除发生负面作用的非正式组织的存在根基可是不容易，管理者需要准确定位非正式组织成员，通过围点打援的方式对非正式组织进行分化瓦解，拔掉危害组织发展的钉子。

阳奉阴违

当面应承下来,背地里做自己喜欢做的事情,这样既不会产生冲突,又会满足自己的愿望, 真是两全其美的事情。不过我觉得这实际上就是"阳奉阴违"。它并不是件好事情,会形成一种坏风气!哎,有时候这也是没有办法的事情。

主人,我现在也学会阳奉阴违了。也许您觉得我这样说很好笑吧,其实一点也不好笑,这是我的无奈选择!在与您交往的过程中,您经常让我做一些被逼无奈的事情。而且这两年来,类似的事情越来越多了。在您的娇惯下,我非常喜欢吃肉食类、水果、蛋黄、打卤面等类食品。看到我偏食,您对我越来越不满意了。为了我的健康考虑,您现在开始让我吃些蔬菜、粗粮之类的食品。主人,我看到这些东西就反胃,我从内心深处是不愿意吃的。但是看见您那双热情的手将食物递过来,我是不能不接住的。您能看得出来,我其实是很不情愿的。我在将食物接过来之前,首先是仔细地闻,然后很不情愿地张开嘴将食物衔住,然后扭头就走。您为了弄清楚我走到哪里去,就在后面跟着我。我走到窝里就不再走了,将刚才您给我的食物放下。回过头来懒洋洋地看着您,我知道您要批评我了。是呀,将食物放在窝中算是怎么回事呀!将其吃到肚中才能解决饥饿问题。我实在不喜欢吃这些东西,所以就将它们叼到窝中搁置下来。以后饿得实在没有办法时再吃吧!女主人说:詹妮也学会阳奉阴违了。我觉得女主人对我的评价是正确的,我就是在阳奉阴违。您的命令我不好当面违抗,只好在做事情时让您的命令打折扣。我很胆小怕事，我不敢顶撞您，不好违抗您的命令，我这种做法应该是上上策。不幸的是，这种做法终于让您看见了，穿帮后我感到非常没有面子，但是我不敢保证以后就不做这样的事情了。您怎样做是从您的角度出发的，我怎样做是从我的角度出发的，咱们之间还是有矛盾的。虽然在别人看来咱们之间是和和气气的，但彼此间的"暗战"只有咱俩能够心领神会。我以后做阳奉阴违的事情会更加"隐秘"些，尽量不让您发现，不然会让您更加生气的，穿帮的事情不能在我身上重复发生。

主人，您在工作中，身边是否也有阳奉阴违的事情发生呢？我觉得也许会吧！人们在一个部门中工作，管理者与被管理者之间出现矛盾是很正常的。下属与上司间的关系，就像我与您的关系，下属不能不遵循上司的"指示"，或者是由于上司的思路有问题，或者是由于下属自身的素质有问题，在真正做事时，不能或者不愿意圆满地完成上司交代的任务，"阳奉阴违"就发生了。主人，我觉得在一个部门内部发生阳奉阴违的事情，上司应该承担主要责任，首先应该做自我批评才对。对于您而言，我觉得您还是应该先做一下自我批评吧！

3 月 23 日星期六

今日感悟

上司在发现下属当面一套背后一套时，应该首先反省管理制度是否存在问题。管理者出台管理政策，下属执行管理制度，二者考虑问题的出发点是有差异的，双方在博弈过程中都要以利益最大化为目标，前者的目标是组织利益最大化，后者的目标是自身利益最大化。组织成员在个人收益不降低的前提下具有降低个人投入的倾向，从而相应扩大个人的边际收益。在出现此类问题时，管理者往往会对下属横加指责。但从管理学层面看，该问题很正常。为了不侵害组织成员的利益，管理者应该将管理制度设计得更加合理。

伪装乞讨

　　现在什么都可以伪装。有人说,只有你想不到的,没有做不到的,以前我还不相信呢,现在我相信了。为什么呢?因为我见到了真实版的伪装乞讨了!男人可以扮成女人,女人也可以扮成男人。主人,如果这样,那么出入厕所也就不安全啦!这个问题可不小呀!

　　今天在菜市场上散步时,咱们发现了好几处乞讨的。我发现这些人很个别,他们都带着音响,坐在一个带轮的小车上,在一个地方唱一会儿,就向前挪一下,声音很大。买菜的人不时地将一元纸币投入乞讨者前面放置的缸子中,有些做小生意的,没有给乞讨者钱,而是送上了一个馒头,馒头中夹着些菜。乞讨者接过馒头连声致谢。主人,这样的场面很感人的。您想想,在菜市场上做生意的这些人,肯定也没有大富大贵的,但是还要拿出一个馒头或者一元钱来帮助这些乞讨者。这就是"穷帮穷"吧!在回来的路上,您与一个老太太聊天时,我听到了一些让我感到惊讶的事情。老太太说这些乞讨者都是有组织的,他们都有一个领头的,每天给这些乞讨者规定乞讨任务,每天都要变换乞讨地方。这些乞讨者的收入有时候还挺高的呢!老太太说,这些乞讨者有的是伪装的,加入这个乞讨组织中以挣"工资"为主。主人,您说现代人怎么变成了这样?这些乞讨者不就是以欺骗的方式博得人们的同情吗?如果真是这样,那就太可恶了。施舍者在被欺骗了之后还不知道呢!不过,我觉得有些乞丐应该是真的贫困吧!这样的人应该另当别论,您说是吧?主人,我感到气愤!"伪装乞讨"虽然是乞讨,但这种乞讨是以欺骗为前提的,所以与一般的乞讨不一样。我记得您给我讲过以前的苦日子。以前人们普遍过着穷日子,也有一些乞讨的人,但是这些都是真正的乞讨者,没有什么组织可言的。要饭要到家门口,如果得到一碗粥并且还有几个咸菜条,那就是非常美好的事情了。那时候的施舍者也不会多想,施舍就是做了一件好事,实际上也是"穷帮穷",因为人们的日子普遍不好过,所以乞讨者要到家门口,也不会讨到什么好吃的东西。现在的乞讨已经不满足于实物了,直接要钱,钱毕竟比实物容易保存,并且可以购买自己需要的任何东西。虽然乞讨不是什么体面的事情,如果有一技之长或者有比较雄厚的家底,这些人也不会沿街乞讨的。如果将乞讨演变成一个职业并且通过"伪装"的方式博得人们的同情就有些过分了。

主人,您在听到老太太说这样的事情之前和之后,您的感受肯定是不一样的吧!我相信,您再遇到这种事情时,将自己的血汗钱施舍给这些伪装者之前是不是需要很好地考虑一下?看来,"欺骗"会让人产生怀疑,"被欺骗"毕竟也不是什么光彩的事情,因为谁都不想做一个"无知"的人。主人,我觉得管理大概也是这样吧!如果在下属面前发生了一次"女人是老虎"①的事情,"小和尚"以后还会相信"老和尚"的话吗?"小和尚"即使按照"老和尚"的交代去做事情,我觉得"老和尚"的威信也会大打折扣吧!

5 月 24 日星期五

---

① "女人是老虎"是一首歌,歌词大致如下:小和尚下山去化斋,老和尚有交代,山下的女人是老虎,遇见了千万要躲开。走过了一村又一寨,小和尚暗思揣,为什么老虎不吃人,模样还挺可爱?老和尚悄悄告徒弟,这样的老虎最厉害,小和尚吓得赶紧跑,师傅呀!老虎已闯进我的心里来。

今日感悟

　　管理需要以严格的制度为依托,需要坚持公正、公平、公开的"三公原则"。为了提升管理效率,管理者与被管理者之间一定要做到信息对称。被管理者需要在完全理解管理制度的前提下约束自己的行为,以保证个人行为与组织要求相一致。如果管理者主观上制造信息不对称,通过虚假信息约束下属行为,在事情穿帮后管理者就会失去信誉,下属就会质疑管理者出台的任何管理措施。欺骗式管理说明管理者既无德也无能,不能胜任管理工作,这样的管理者应该是被降职的"彼得"①。

---

　　① "彼得原理"是美国学者劳伦斯·彼得的研究成果。在组织发展中,某个等级上称职的员工往往会得到提升,经过多次提拔后,当晋升到不称职的位置上时就不再得到提拔。该员工若一直在该位置上工作,组织的发展效率就会受到严重的负面影响,应该被降职,在较低的级别上工作时反而能够称职。

过河拆桥

搭桥铺路会造福桑梓,拆桥断路会殃及父老。我希望身边的所有人都成为搭桥铺路的人,这样所有河上都会有桥,人们就不会感到行路难了。道理虽然很简单,做起来并非轻而易举呀!

主人,我现在越来越感觉到"为人厚道"的重要性了。常言道:受人滴水之恩,当以涌泉相报,"过河拆桥"的事是不能做的。我觉得这是忘恩负义的行为,拆桥容易造桥难,这也会为其他过河者造成不便呀!如果一个人过河拆桥,这种做事方法一旦被他人知道,此人遇到困难时,其他人是不会帮助他的。主人,生活中经常会出现过河拆桥的事情,我觉得您应该留神。常言说,"害人之心不可有,防人之心不可无",我觉得这句话很有道理。自己不过河拆桥,但也不能保证其他人也是如此。神话故事中经常演绎"好人有好报"的道理,但现实生活与神话故事还是有很大距离的,现实生活很多时候并非按照神话故事的发展方式进行的。主人,我与您的情感是永远存在的,我不会过河拆桥。我虽然已经长大了,但还是能够清楚地记得我小时候您对我的好。主人,我认为感情从持续时间上可以分很多种,你我之间的感情是可以永续存在的,父母与儿女之间情感也是可以永续存在的,但朋友之间的情感可能会是暂时的,在某种环境下产生的感情,在另外的环境下可能会弱化甚至消失。主人,我觉得以利益为目的的情感是靠不住的,因为在目的达到后彼此的情感马上就会消失。

您不是非常反对腐败吗?我觉得,"腐败"这种关系建立起来后,"过河拆桥"的事情会经常发生。因为建立这种关系的当事人之间，根本就没有打算将情感维持到永远，只要彼此的目的都达到了，感情也就到了终点站。父母与儿女之间的情感明显有很大不同了。孩子无论到天涯海角,总还是要回到父母身边。孩子与父母间的情感,就像风筝线,将飘摇在外的孩子紧紧地牵住,无论风筝飞得多高,总是要通过风筝线与"放风筝"的父母之间保持紧密的联系。

主人,我觉得过河拆桥是不道德的。每个人一生中都不免要"过桥",过河之前临时"搭桥"就显得非常仓促,让他人感到有"临时抱佛脚"的意思。主人,我觉得"过河拆桥"是势利小人所为,这会让曾经搭桥的人心灰意冷,日后就不愿意再给别人搭桥,桥越来越少,人们行路就会越来越困难。主人,我真希望人人都非常愿意成为"搭桥"的人,过了桥的人都不要拆桥,这样我们生活的这个世界就会变好。

5 月 31 日星期五

今日感悟

知恩图报是做人的基本原则,否则不会有人再次向你伸出援手。知恩图报会向社会释放正能量,让更多人愿意为他人搭桥铺路。管理者作为组织的领头羊,在做出管理决策时,不仅要为组织发展布局谋篇,还要为员工个人发展搭桥铺路,这种做事方法会成为企业文化的一部分,在代际间不断传承下去,在组织内部形成用人、育人、留人的氛围。此间若出现过河拆桥者,链条就会断裂,组织发展方向就会逆转。因此管理者要成为链条的维护者,遏制负面影响出现。

听信谗言

　　"兼听则明偏信则暗"，我对这句话的理解越来越深刻了。在与主人的交往中，经常会发生"偏信则暗"的问题，我也经常因此蒙受不白之冤。我真是死不瞑目呀！主人，今天小主人向您告了我的状，于是您就对我进行了严厉批评。主人，您听到的只是一面之词，这样对我是不公平的，虽然我不会说道，但我心中是不服输的，您应该给我一个解释的机会。主人，您不是也经常说"兼听则明偏信则暗"吗？我觉得您只是说得挺好。您在看别人时，总是很容易察觉到人家的毛病，自己身上的毛病却一点儿也意识不到，我觉得这是不行的。主人，今天我受到了不公正的待遇，小主人在您的面前进了我的谗言，我觉得很委屈。卫生纸本来是小主人弄乱的，但小主人说这是我的"杰作"。我承认，先前我确实犯过类似错误，但是从那次以后我保证从来没有再做过类似事情。因为原先的"污点"，您就认为我永远会做这样的事情，当我看到您那双充满怀疑的眼睛后，我对您很失望。您只是听了小主人的一面之词，马上就下结论。我看我是永远不能翻身了。

　　主人，我觉得您犯了一个管理上的错误：刻板效应。很多管理者由于这个错误而让自己错过了很多机会，我觉得您不应该这样。您不能用不变的眼光审视我，原来我年龄小，确实犯过很多非常幼稚的错误。但是随着年龄的增长，我也在不断积累生活经验。主人，虽然我对您是很忠心的，但您也不能冤枉我。您在做出任何决定时，一定要多听听各方面的意见，在此基础上得出的结论才是最科学的。您虽然很看重我，但是当将我与小主人相比时,您更加看重小主人。所以在我不知情的前提下,您就对我做出了结论。主人,我是多么希望您也成为"铁面断案"的包公呀!这样一来,我就不会再被误解了。

6月1日星期六

今日感悟

　　兼听则明偏信则暗,管理者听得进真知灼见才能使自己耳聪目明。管理就是在不断的决策和评价的过程中得以推进的,掌握全面的信息是进行科学决策和科学评价的前提,而这会进一步影响组织的持续发展。员工的培训与甄选、岗位分析与评价、绩效考核与薪酬发放等都需要以科学评价为基础,如果管理者以局部信息代替全面信息,就很难对员工做出科学评价,以致管理者可能做出错误决策,结果是奖惩不公,真正的优秀人才不能得到重用,管理者的形象也会打折扣,组织凝聚人才的向心力也会被削弱。

见风使舵

　　"我坏吗？"我有时这样问自己。我自认为并不坏，在别人眼中就不一定了。比如说，我很会讨好主人，我的本事就在于让所有主人都说我好。嗨，没办法，渐渐地我也成为一个见风使舵的"人"了。主人，您身边肯定有见风使舵的人吧！这样的人很会来事，也很容易从交往对象那里得到好处。主人，请您原谅我，我实际上就是一个见风使舵的"人"，见风使舵并不是坏事。

　　每次吃饭时，我都要围着您、女主人和小主人来回转，谁给我吃的我就会在谁的面前。我舔他（她）的脚面，或者在他（她）的面前摇尾巴，我就是这样市侩，因为不这样我就得不到好吃的。我吃饱以后就要在客厅里打滚儿，这是我最快乐的时刻。你们三个人都是我生活的依靠，我必须处理好与你们的关系，必须在所有主人面前装出很高兴的样子。有时我早晨起床很早，但看见您还没有醒来，我就会蹲在您身边，静静地等待您醒来。在您刚刚睁开眼时，我就会趴在您床头，并且使劲舔您的脚，让您意识到我的存在。您下班回家时，我往往在门口等候您，只要您打开门，我就会连蹦带蹿地扑向您，根本不在意爪子上是否有土，只在乎您注意到我的存在，我要让您知道"我很在意您"。如果看见您的嘴在动，我就会急急忙忙地向您跑过来，非常希望您将美食分享给我。主人，我觉得您挺坏的，您为了逗弄我，有时嘴假装动，嘴中根本没有东西，让我在您身旁白等半天。为了气我，您最后还张开大嘴向我示意嘴中是空的。主人，您这样做让我非常气愤,在您的面前我简直一点尊严都没有了。一旦看见您这里没有希望了,我就会飞快地跑到小主人或者女主人那里等候,他们比您更实在些,至少嘴不会佯动。主人,请您不要批评我,也不要埋怨我,我虽然见风使舵,但这只是一种生存本能,这种"本事"也是逐渐训练出来的。这样的聪明才智,某些人想做到我这种程度也许是比较困难的吧!做这样的事情也需要天赋呢!在我将"舵"转向您这边时,您不是也觉得高兴吗?主人,我觉得这可能是人之常情吧! 谁都希望别人尊重自己,就像您一样,非常希望我在您面前摇尾巴。我在其他人面前摇尾巴时,您肯定有些失落吧!您非常希望我对您"专一",但我很难做到。为了将肚子填饱,我需要在更多人前面摇尾巴。我这样做时会尽量避开您,实在避不开了也没有办法。我没有任何"势力",这就注定我终生要在别人面前摇尾巴,而不可能让别人在我面前摇尾巴了,我掌握一些"见风使舵"的技巧也就无可厚非了。主人,您说是吧!

6月5日星期三

今日感悟

见风使舵虽然会使自身利益最大化,但会使个人形象大打折扣。组织成员要同时面对多个上司,每个上司对下属的要求不一致时,下属就会无所适从,做事效率就会下降,内心很纠结,但在表面上要同时服从多个上司。为此,在向员工委派任务前,管理层首先要商讨行动方案并形成一致意见,再传达给员工。员工是经济人,在与管理层合作过程中,会有远近亲疏,因此为了更好地展开工作,所有管理者都应该成为与员工最亲近的人,做好员工的服务员。

缺斤短两

做事不能缺斤短两,做人更不能如此。我一如既往地这样做,但别人却未必,这让我很郁闷。我身边总是发生一些不尽如人意的事!很多生意人就爱缺斤短两。主人,今天咱们在菜市场买葡萄,那个"奸商"可真是够坑人的,8元钱一千克的葡萄咱们买了11元钱的,回家却发现只有1千克。这真让人生气。总是这样卖葡萄,这个"奸商"肯定要欺骗很多消费者了。但是主人,我就想不明白了;为什么"奸商"的葡萄最后仍然会销售一空呢?应该都是那些"被蒙住了眼睛的人"购买了此人的葡萄吧!整个菜市场从西头到东头应该有1.5千米,西头的生意越来越清淡,而东头的生意越来越红火,就已经能够说明这个问题了。我记得咱对门住的那个老奶奶有好几次都说:菜市场西头的那些摊贩都不给足分量,千万不要买那里的东西。老奶奶每次都是从菜市场的东头买东西回来的,虽然路程远了些,心情却好了不少。菜市场西头的这些买卖人就是"搬起石头砸自己的脚"。您不是也看见了吗?菜市场西头的一些买卖人觉得生意不好做了,也将"根据地"挪到了菜市场东头。我们在菜市场东头散步时经常会看见一些熟悉的面孔,这些人都是从西头搬过来的。我很担心,这些"坏人"会将整个菜市场的"空气"搞得乌七八糟的。当然大多数买卖人都是本分人,由于少数不法分子不遵循做事原则,本分人也受到了影响。人们会认为所有买卖人都是不本分的。主人,我觉得这些不法生意人,虽然说只是在售卖商品过程中缺斤短两,实际上其人格已经缺斤短两了。有时候我就想,最后做成大生意的人都是本分厚道的,靠缺斤短两养家糊口的人最后还是没有富起来,关键是人品出了问题!这难道还不能说明"害人害己"的道理吗?

做人一定要本分厚道,不能缺斤短两,我觉得这就是诚信的道理吧。"诚信"能够降低彼此间的沟通成本,彼此之间能够形成一个良性的心理契约,而后就形成了不离不弃的关系。您看,咱们间的关系就是这样的,您非常喜欢我,在我心中您具有无可替代的地位。主人,我觉得上下级之间在交往过程中,也是应该以诚信为前提的,谁都不能缺斤短两。常言道"路遥知马力,日久见人心",上下级间需要长期合作,如果在情感方面一方对另外一方缺斤短两,终究会导致对方不合作,如果下属在做事时缺斤短两,在上司眼中,该员工是靠不住的,这样的员工等于是砸掉了自己的饭碗。就像菜市场上的生意人一样,在西头做不成买卖时,就转移到东头去。缺斤短两的员工在一个单位混不下去后,不得不换"庙"念经,但是骨子里的那种做事缺斤短两的品行,终究会使自己无处藏身的。主人,您认为我说得对吗?

8月18日星期日

今日感悟

在管理实践中,上司与下属为了保持长期合作关系,彼此应该以诚相待,任何一方都不能耍小聪明,双方从而得以诚信互动。小聪明都是以侵害对方利益为前提,博取个人利益的,在一次交往中小聪明者会有所得,但此人不会与他人建立长期的合作伙伴关系。受害者会成为小聪明者的"义务广告员",使小聪明者的活动空间变得越来越狭窄。要想获得诚信,首先要付出诚信。桃李不言,下自成蹊。组织发展中要建立诚信的气场,这需要以管理者与下属之间的诚信互动为前提。

南郭吹竽

　　我不是南郭先生,也不会吹竽,但知道南郭先生这个"滥竽充数"的典故。现在想起来,主人真是够幽默的,总是讲一些笑话给我听。每当听主人讲笑话时,我表现得都很乖巧,即使听不懂我也会用力听,听得多了,自然就会明白的吧!主人,"南郭吹竽"这个故事您肯定还记得吧!这个故事还是您讲给我听的,我记得您给我讲过不止一遍呢!

　　据说古时候齐宣王非常喜欢听吹竽,手下养了几百名乐师,这些人一起吹竽,场面很隆重。当时有个南郭先生,他得知齐宣王有这样的嗜好,向齐宣王毛遂自荐地说自己是个技艺非常高的乐师,愿意将精湛技艺献给齐宣王。齐宣王答应了南郭先生的请求,并将其编排在乐队中吹竽。这个南郭先生实际上根本就不会吹竽,只是看中了乐队成员能够享受优厚的待遇。由于几百名乐师同时吹竽,南郭先生只要摆出与他人一样的姿势就可以了,人家向左歪南郭也向左歪,人家向右歪南郭也向右歪。齐宣王不久就死了,其儿子齐湣王即位。与齐宣王不同,齐湣王不喜欢几百名乐师一起吹竽,认为这样太吵了,认为独奏是比较享受的。乐师们听到齐湣王的命令后开始加紧练习,谁都想在大王面前崭露一番精湛技艺。但是南郭先生这时候急得像热锅上的蚂蚁,自己不学无术,很害怕在齐湣王面前露马脚,赶紧连夜逃跑了。两代帝王对乐师采用了两种不同的管理制度:齐宣王喜欢合奏,齐湣王喜欢独奏。合奏让南郭滥竽充数,独奏让南郭逃之夭夭。

主人，我觉得在社会发展过程中，"合奏"和"独奏"都是不可或缺的，只要管理者能够处理好这两种管理方式的关系，就既不会缺少"合奏"带来的宏大声音，也不会缺少"独奏"产生的美感，最重要的是让"南郭"没有了藏身之地。主人，我觉得南郭是非常可恨的，享受着大王赏赐给的丰厚俸禄而不学无术，专门靠欺骗生存，在现代社会中这种人也是存在的。管理者应该通过"独奏"将此类"恶棍"逐出，让其没有藏身之地。只有这样，乐师们弹奏出的合奏才会更加铿锵有力。主人，我觉得任何一个管理者都希望下属弹奏出美妙的旋律，但因疏于管理，致使乐师中间有很多是滥竽充数的，"南郭"们都在其岗位上摇头摆尾地弹奏，只是做出样子而已。管理者陶醉在美妙旋律当中时，实际上已经受到了"南郭"们的欺骗。这些"南郭"虽然不会弹奏，但样子上表现得非常卖力，反而会受到管理者赏识。主人，如果将这些齐宣王式的管理者换成齐湣王式的管理者就好了，我相信管理岗位上就不会再度发生"南郭吹竽"的问题了。到那时"吹竽"的人个个都是精于弹奏乐器的专家啦！主人，"南郭吹竽"的事情不会发生在我身上的，我是您唯一的詹妮，我唯一的选择就是很好地表现自己，没有"滥竽充数"的条件呀！

9 月 22 日星期四

今日感悟

　　混淆视听终究会穿帮，苦练内功才是生存之道。组织中不免会有南郭吹竽者，如果管理者按照齐湣王的听竽风格管理下属，这些南郭先生就无处藏身了。管理学认为，没有无能力的员工，只有无能力的管理者，在组织发展进程中，出现了更多的南郭先生时，说明管理者的能力出了问题，只有对管理者进行置换，才能改变组织的发展现状。如果管理者的选拔标准以及聘用标准出了问题，组织就会长期处于低效运行状态中。

无病呻吟

有病呻吟是真呻吟，无病呻吟是假呻吟。不管是真呻吟还是假呻吟，都不是好事。主人近来就正在做一件"无病呻吟"的事情呢！主人，您现在毛病越来越多了。您本来不是个领导，但说话时总是要拉长音，装出领导的样子。我觉得这样不好，会给别人留下装腔作势的印象。您除了说话的声音有变化外，还制作了一个小本子，每天在上面写呀写的。开始我根本不知道您在写什么，后来有一次听女主人批评了您，才知道您是在本子上练签名。主人，您练了签名也没有用武之地的，如果说有，也只是在小主人的作业本或者考卷上签名吧！我觉得，您的这些签名只能成为您自己欣赏的风景而已，不会有多大用处的。我建议您还是将心态放平和些，不要练习签名了，花费在签名上的时间还不如用来领着我散步呢！主人，是不是很多人现在都在做当官梦。即使没有成为领导的人，说话也要打官腔，好像这样就能提高自己的身价。这未免太过夸张了吧！我觉得您这就是在无病呻吟。主人，如果有足够多的富余时间，我觉得您可以练练书法，据说这样可以修身养性。如果所有事情都被功利化，就会产生很多负面影响。字是写给别人看的，当然漂亮很重要，但绝对没有必要花费很多时间练习签字，况且根本没有人找您签字的。据女主人说，您还练习了各种各样的签名，您说要将不同风格的签名给不同的人。主人，我觉得您应该马上罢手，按照这种思路发展下去会得精神病的。

升官不是任何人都能够做到的，况且当官不仅意味着利益，应该意味着责任,当官就意味着担当和付出。如果当官单纯以攫取利益为目标,事情就会变得很糟糕,这种人在官位上也不会长久的。如果有了更强的责任意识,当责任超过了能力时,此人对权力就会望而却步。您这两天不是读了一些有关西方国家官员的文章吗!说的是有些当官的家里很穷,以至于穷得不得不兼职,否则就不能抵补自己的生活开销。这些从事兼职工作的"官员",在兼职过程中,"主人"不会因为被聘员工是"官员"而对其工作放松要求,相反,若这些官员的兼职工作做得不好,同样会被炒鱿鱼或者降薪的。那么,这些人为什么还要当官呢?据说这些人当官是为了一种责任,宁可自己穷一点也没有关系,只要其他人都富裕了就行,我觉得这就是责任或者担当。哎呀,主人,这样的官员太好了,他们的责任心太高了。我觉得这些人肯定没有整天坐在家中练习签字吧!字写得差一点没有关系,只要工作做得漂亮就会赢得百姓的赞许,这样的官员虽然书法较差,但其文字仍然可以万古流芳的。没有责任心的官员,即使文字写得很漂亮,人们也不会拿他当回事的。这些人留下的文字反而会成为笑柄。主人,您认为我说得对吗? 如果对,那您就不要再练习签字了,更何况您还不是官员呢!哈哈!我的这些话可能会让您很扫兴呀,但我全是一片好心!您不是总在教育我"忠言逆耳利于行"吗? 希望您不要介意哟!

12 月 17 日星期六

今日感悟

不要将自己置于虚幻之中,要做个真实的自己。员工在一个组织中发展总会有其梦想,但梦想不等于幻想。每个员工都应该根据自身情况做力所能及的事情,在职业生涯设计中不断提升自己。做"明知不可为而为之"的事情是不明智的。管理者要根据每个员工的情况,帮助员工进行职业生涯设计,警醒员工从无谓的幻想中挣脱出来,实事求是地做事。管理者要为员工设计合理的发展目标,"跳一跳能够摘到树上的桃子",让员工日有所进,实现员工个人成长与组织发展双赢。

◆ 注意沟通 ◆

猫狗对峙

　　我与小猫势不两立,我觉得小猫就是一个"小人",光会谄媚不会干活,只有像我这种踏实肯干的人对主人才是真心的。无论主人待我是否公正,我都会真心相待。主人,您对于我而言是"唯一的选择",我对您而言是"其中的选择",同样是选择,我没有主动权,而您却有更多主动权。您的身边不但有我,还有小猫,在日常生活中,我发现小猫总是比我更讨您喜欢。我对您是非常忠诚的,而小猫并不像我这样,但小猫总是能博得头彩,我也不知道您是怎么想的。我觉得小猫抢风头的原因肯定是它有妩媚的外表吧!我们之间的深厚情感您是心知肚明的。这些日子,我听到小猫的"喵喵"叫声就心烦,小猫做事情从来不务实。原先过着穷日子时,小猫的主要责任是抓老鼠,现在生活富裕起来了,小猫连自己的本职工作全忘了。这个不知天高地厚的家伙,还总想到沙发上睡觉。您看见了后也不对其进行严厉训斥,我真是有些纳闷了。主人,小猫掉毛,弄得沙发上粘了很多毛,您坐在沙发上时,毛毛也就粘在了您的身上,您弄掉身上的毛毛不同样很麻烦吗?您怎么就这样偏爱小猫呀?时代真是变了,小猫虽然工作不敬业,但能够得到主人的喜欢,而我还是一如既往地敬业,却逐渐被您疏远了。我从来都是睡在地上的,还没有资格到沙发上睡觉呢!我一直在严守您制定的规矩。我知道在沙发上睡觉肯定是很舒服的,但您在家与不在家是一样的,我都会恪守底线,不会阳奉阴违!我是一个很本分的宠物哟!您对我这些优秀表现好像都视而不见,我真是没有办法。

　　我给您讲个故事吧,这个故事说明的道理是:小猫不诚实,窃取了别人应该得到的荣誉。据说我的爷爷与小猫的爷爷有一次共同完成任务:为其主人到一条河的对岸弄火柴。由于火柴有人严格看管,所以弄到手是非常不容易的。我的爷爷与小猫的爷爷打算过河去共同完成任务。由于猫爷爷不会游泳,所以猫爷爷就趴在我爷爷的背上过了河。到了河对岸后,猫爷爷什么都不会干,害怕被人家逮着,在很远的地方躲着,我爷爷费了九牛二虎之力终于弄到了火柴,由于怕别人看见,赶紧向回游,回来时还是我爷爷背着猫爷爷,由于一路劳累,上岸时我爷爷已经累得站不起来了。这时我爷爷告诉猫爷爷说:主人还等着用火柴呢,你先将火柴给主人带回去。我爷爷哪里知道,就是这样一个决定,将他害苦了。猫爷爷回到家中开始在主人面前献媚,说火柴是自己独立弄到了,诬陷我爷爷根本没有做任何事情,一直在河岸上睡大觉呢!我爷爷拖着疲惫的身子回到家中时,遭到了主人痛骂,而当时我爷爷还全然不知道是怎么回事。后来从邻居的口中我爷爷才得知事情的真相,但主人还是不相信我爷爷的话。从那时起,人们(包括您)就一直更加喜欢小猫。主人您实际上不知道,像我这种不善于表达的人对您才是最忠心的呢!我只能将这份感情埋在心底了,向您说这样的话,您会认为我在邀功,会给您留下坏印象。我对小猫是有意见的,这样的"市侩小人",任何时候也休想与我平起平坐。主人,我觉得,小猫终究有一天会坏了您的大事!我劝您还是提防着点儿为好!在工作中,您身边是否也存在这样的"小猫"呢!我觉得肯定有的!您在与人相处时千万不能只做表面文章呀!"由此及彼、由表及里"才能得出正确的结论!

2 月 20 日星期三

今日感悟

　　打人的人很快就会忘却打人这件事,被打的人将永远记得被打的疼。管理者不要轻易批评员工,在指出员工工作中的失误之前,要进行充分调查研究,在确定不存在信息失真时再找员工个别谈话,用比较委婉的方式提醒员工改进工作的重要性和必要性。于是员工容易诚心接受批评,并主动配合管理者改进工作,完全避免逆反情绪。管理者应该认识到,作为经济人的员工,同事间是存在矛盾的。管理者需要建立越级报告制度,从而掌握更加全面的信息,对组织成员做出准确判断。

心灵沟通

只有心灵的碰撞才能激发出爱的火花,我与主人是交心的朋友,这是毋庸置疑的。

我和主人之间即使出现些小摩擦,也不会影响彼此间的感情的。主人,您是我最佩服的人,您懂的东西可真多。但您知道我最喜欢的是什么吗?我喜欢躺卧在您的旁边,听着您敲键盘的声音,您每敲一个字,键盘就要响一下,对于您而言这是脑力劳动,对于我而言这是音乐,我已经习惯了您敲键盘的声音,我喜欢在这种噼里啪啦的音符中酣然入梦。每当您工作时,我就会睡得非常香,我会非常安静地躺在一边,连大气都不敢出一声,生怕影响了您的工作。还有,我最在意的事情就是您给小主人讲课,我觉得您知识太渊博了,好像什么都懂,没有什么能够难住您,无论多么难的东西,经过您的讲解后都会变得那么简单。我喜欢听您说话时的声音,喜欢看着您说话时的眼神。您有时候非常严肃,严肃得让我全身发抖。您有时候非常亲和,您躺在沙发上,我喜欢舔您的双臂,这是我讨好主人的最好方式。您有时候对我大声叫嚷,这时候我非常害怕,吓得我赶紧朝旮旯里躲。这时候如果哪里有个地缝,我会一下子钻进去让您找不到我,我的尾巴耷拉着,灰溜溜地逃离您的视线,虽然您并没有指出我的错误,但我一般都知道错在了哪里。我虽然不会说话,但与您在长时间的交往中,我已经非常熟悉您的脾气。您的一个手势、眼神、声音,我都能够心领神会。您可能已经感觉到了,在与您交往的过程中,不同场合、不同心情时,我会发出不同的声音,同时我会伴以不同的动作,来表达我的心情。在这一点上,女主人仿佛更容易读懂我。您可能还记得前两天发生的一件事情吧!那天已经晚上十点多了,一般情况下,这个时候我已经入睡了。但是那天我并没有睡觉,而是反复地向您身上扑,使劲地摇尾巴并且发出各种怪声。这时女主人说:詹妮可能是想要出去了。您说:那就带詹妮出去转转吧,不要走得太远。当我和女主人回到屋中时,我看见您还在写东西。女主人好像发现新大陆似的对您说:"你猜詹妮为什么一个劲儿地扑你?""为什么?""詹妮刚出门,就开始撒尿了,詹妮已经憋不住了,我赶紧抱起她,詹妮从三楼到一楼一直在撒尿,到了楼口就一下子从我怀中蹿了出去,迫不及待地解决问题,在草地上又撒了些,但已经不多了。"女主人说这些话的时候兴致很高,您听了女主人的话后也开始哈哈大笑。但当时我觉得这个并不可笑,若您要是对我多关注一些,就不会有此类情况发生了。我已经憋了很长时间,实在没有办法了才反复扑向您的。主人,我非常喜欢与您在一起,但有时您还是不能读懂我,我并不太在意这些。我总觉得咱们之间是能够做到心灵相通的。您是我的依靠,我能给您带来快乐。"你若不离不弃,我必生死相依",这样的感人故事曾经有很多哟!咱们之间的关系实际也是这样的。主人,您说我的话有道理吗?

5 月 8 日星期三

今日感悟

　　管理者要从员工"所行"中读出员工"所思",二者在此基础上实现心灵沟通进而实现精诚合作。管理者要主动创造与组织成员沟通的渠道,让下属顺畅表达心声,这样才能够体现出管理者对组织成员负责,管理者与组织成员才能够做到心贴心,对于管理者而言才能够做到"权力=权威"。组织成员往往不会直接向上司提要求,这时管理者就要善于观察下属的委婉表达方式,并且能够满足下属的合理要求,此类管理者更能受到组织成员发自内心的尊重。

人情世故

　　不懂得人情世故的人不易与他人打交道,但若过于讲人情世故,此人就会变成市侩!因此在人际交往过程中就要适度把握分寸!不过,我就没有这么多困难事,因为我只对主人好就行啦!但主人就不一样了。

　　主人,今天您去赴宴啦?听女主人告诉我说,您的一个同事的儿子结婚,前好些天请柬就发给您了,为了照顾同事间的关系,您必须去。嗨,现在做人也真不容易,人情世故必须照顾到,不然就没有办法与他人打交道了。虽然人家口头上说并不在乎钱,但没有钱怎么能接受人家的邀请呢!我觉得您好像很高兴的样子。您总是这样,别人有了喜事就像自己有了喜事一样,看上去您比有喜事的人还高兴呢!如果所有的人都像您这样,肯定就是和谐社会了。您肯定出了不少钱吧!对待朋友,您总是大手大脚的,从来不知道"节俭",主人,我这样说话实际上是在表扬您哟!您能够看得出来吧!听说吃饭时都要喝酒的,我知道您酒量不行,您就不要喝酒了。您说话很幽默,在饭桌上与朋友多开些玩笑就可以了,这样有助于拉近与朋友间的关系。虽然您与这位同事在一个单位工作,但也不是经常见面的,借助这种喜庆的场合大家说说笑笑,我看也算是件好事。主人,我知道现在人们用于交流感情的成本越来越高了。除了赴宴这件事情之外肯定还有很多其他方面的人情世故吧。我觉得我是最幸福的,咱们之间是没有什么隔阂的。有时候您批评我,虽然在内心深处我也会觉得不舒服,但我并不会记仇,过两天之后就会全然忘却。您看,我是不是有些"宰相肚里能撑船"的风范呀？人们常说，心底无私天地宽，能够做到这样固然很好，但毕竟很难做到。

主人，我谈一点看法，不知道对不对。现在的人情世故是不是都与利益联系在一起？原先那种纯粹的"君子之交淡如水"的情感交流是不是已经不存在啦？我觉得，当彼此间的关系染上金钱的味道后，情感就会变味的。比如您经常说的婚姻问题就是这样，我总觉得这种原本非常严肃的问题现在反而变得不太严肃了，结婚与离婚就像走马灯一样。婚姻需要以情感为基础，并且不能掺杂任何铜臭的东西。但是现在的婚姻变味了，有些人与对自己有利用价值的人结婚，在没有利用价值之后就离婚，这种不严肃的婚姻是不是也属于人情世故方面的东西呀！我总觉得，人情世故应该有一定限度吧，否则就会对社会发展造成不良影响。从这个角度看，适当的人情世故应该鼓励，过头的人情世故应该禁止。主人，您同意我的看法吗？

5 月 15 日星期三

今日感悟

管理需要以刚性的制度为基础，也要辅以有弹性的艺术。管理者应该懂得"明表扬暗批评"的道理。"明表扬"让员工感觉到体面和尊严，让员工受到激励，从而可以鼓舞士气，员工可以清楚其优点，并确定下一步努力的方向。"暗批评"同样可以让员工有尊严，员工会非常感谢管理者，并且下定决心改掉错误，这就是管理中的艺术。管理者给员工送上一杯水，员工会给管理者奉上一杯酒。管理者在执行制度时要适度宽严相济，既能够严格履行制度，又不为制度所困扰。

抢占地盘

人们为了生存都在"占地盘","地盘"大小与生存的舒适程度紧密相关。地盘大,生存的空间就大,可供选择的范围就多,生存质量就会高些。

我刚到主人家时,就在不断地占地盘。哈哈!说起这些"不光彩"的历史,到现在还一直感到很没面子呢!家里的地方这么大,我想把任何可能的地方都据为己有,于是我到处撒尿,先是在明处撒尿,后来到比较隐蔽的地方撒尿。您起初对我的这种举动表示不解,对我这种不讲卫生的行为进行了严厉批评。您为了惩罚我,曾经将我关进小黑屋子中很长一段时间,但是被放出来后我就开始故伎重演。主人,我忍不住这样做,因为这是我的天性。您后来与邻居聊天过程中才明白了我这样做的原因:这是在占地盘。您于是对我更是大惑不解,因为家中就有我这样一个"宝贝蛋儿",这还用得着占地盘吗?主人,您不知道,"占地盘"这是我们祖宗留下来的传统,这个传统我是不能不坚持的。我的祖先生活在野外环境中,"地盘"就显得非常重要。地盘意味着资源,而资源意味着生命。为了更好地生存,我的祖先就用这种方法占地盘,只要别人闻到了我们的气味,就不会在我们的地盘上生活了,毕竟谁也不愿意招惹冲突。我的祖先也曾经因为占地盘而大打出手,拼得头破血流的情况是常出现的。"占地盘"在不同的种群中都有不同的表现,用撒尿的方式留下气味,表示"这个地方我占了",这是非常普通的方法。

主人,我觉得"占地盘"不光是在我们动物界存在,人类实际上也在不断争占地盘,为了争地盘经常大打出手,战争也因此时常爆发。人类抢占地盘也是为了生存。从经济层面讲,物质资源在消费过程中总是存在排他性和竞争性,只要资源不是极大丰富,人们之间就会存在竞争,"抢占地盘"的问题就会存在。

主人,我觉得人们生存状态的改变程度是无止境的,人们需要不断地提升生存质量,当"地盘"上的资源不能满足其需要时,就不免会到其他人的地盘上寻找,于是就会出现"侵略者",同时也就出现了地盘的捍卫者。为了捍卫自己的地盘,人们不得不努力提高捍卫地盘的技能。主人,我的技能很难再提高了,我现在只是在用祖宗流传下来的本事占地盘,当然在咱家中这实际上多此一举。因为家中的这些地盘实际上都是我的,没有人与我竞争。实际上我的势力非常弱,如果"强者"对我的地盘发起攻击,我是很难应付的。但是我觉得只要我有一个能够为我的利益进行抗争的主人,我就可以将心放在肚子中了。

7月3日星期日

今日感悟

岗位之间存在竞争,只有不断提高才能够拥有适当的发展空间。竞争与合作同时存在于组织中,组织为了发展需要强调紧密合作的重要性,工作岗位细分使得合作显得更加必要,但岗位性质有差别,所以不同岗位的出彩机会以及所得报酬也会有所不同,岗位间会存在利益冲突。高报酬与多付出间存在正相关,有才能的组织成员会倾向于承担高难险重的任务,引领组织成长,这样的岗位就具有较强的竞争性。管理者需要慧眼识才,让优秀员工在组织发展中挑大梁,恰当处理竞争性与稳定性间的关系。

针锋相对

　　"硬碰硬"不一定是处理问题的最好办法,实在没有办法时,这也未尝不可。我就不喜欢这样做,因为我知道,这对我没有好处。"硬碰硬"赢的是"硬家","软"的一方肯定是要吃亏的。

　　在主人面前,我就是软的一方,因此在与主人打交道的过程中,我是很会讲策略的!主人,我觉得管理就是个"模糊数学"问题,很多时候很难计算出"1+1=2"的结果。您经常说"3 天+4 天=1 周",在这个公式中,$3+4 \neq 7$,同样"4 个月+8 个月=1 年",在这个公式中 $4+8 \neq 12$。现实生活中也经常会发生类似的事情,表面上看没有解决问题,实际上已经解决了,准确答案已经寓于不准确的答案当中了。比如说,有时小主人犯错误了,您对他进行了严厉的批评,并且要求他在您面前正式道歉,但是我看见小主人后来并没有正式道歉,您也原谅了他,您还给自己打圆场说:"这小子已经认错了。"认错的态度可以从眼神、举止等各个方面表现出来,不一定必须通过语言方式表达出来,这就是我说的"模糊数学"问题。

　　管理没有固定模式,只要能够让组织成员踏踏实实地、全心全意地做其分内之事, 这就是好的管理方法。我觉得您对管理学思想把握得很到位!主人,您应该知道"水滴石穿"的故事吧,从一般意义上讲,水是非常柔弱的,而石头是非常坚硬的,石头可以挡住水的去路,将水圈在一个坑中形成水库。但是当水的势力比较大时,水可以超越石头的阻挡,纵横肆虐形成灾害。水与石头谁硬谁软似乎并没有一个固定答案,二者在一定情况下有其弱点,也有其强势的一面。"水滴石穿"就表现了水的强势和石头的弱势。既然管理是个"模糊问题",在管理过程中就不要过分追求直接答案,通过"迂回战术"巧妙地表现管理策略,更加能够展示管理的艺术魅力,"针锋相对"的管理措施往往是不能奏效的。主人,我从来不与您针锋相对,因为我知道,这样做最后吃亏的是我,我才不当这种傻帽儿呢!您平时对我非常好,我一般情况下对您没有意见。我都是顺从您的思路做事的。在咱俩的关系中,您是强势我是弱势,与您硬碰硬对我不会有任何好处。就拿昨天晚上您踩我的脚这件事来说吧,我在您的电脑桌下面躺得好好的,您偏偏要将您的脚轻轻地放在我的脚上,你可能觉得没有什么,也许您真的是在与我开玩笑!但我有不一样的感觉,我觉得您就是在欺负我。起初我用头顶您的脚示意您将脚移开,我发现您并不理会我,我于是开始发出声音来了,再次示意您将脚挪开,但是您就是不理我的茬。当时我非常生气,但是我又不能反抗您,只能做出要咬您的姿势,我觉得当时您真的有些害怕了。在一旁的女主人说:詹妮是狗脸。这句话的意思就是翻脸不认人。我承认我骨头里有些这样的成分,但当时我还是没有"原形毕露"。您在将脚移开后,我就赶紧"逃跑"了。您看,我做事情是不是很讲究策略呀?以后咱们的关系还是很好的,这一页就这样掀过去吧!

7月6日星期三

今日感悟

　　管理有时是个模糊数学问题,1+1不一定等于2。组织成员间偶尔会发生冲突,如果采取直来直去的解决方式,往往不会达到预期效果。一般而言,处理冲突的策略包括回避、迁就、竞争、妥协、合作等多种方式,针尖对麦芒会使问题变得更加复杂,对峙双方都难以收场,迂回战术这时会达到意想不到的结果。上述几种策略表面上看没有解决问题,实际上问题正在得到解决或者已经解决了。在组织发展中,无论是上司对下属,还是下属对上司都要增长这方面的智慧。

无隔夜仇

　　"不计前嫌"是管理者的一种优秀素质,有了这样的素质,人们就会对管理者"以心相许",组织成员在与上司说话时就不会吞吞吐吐。主人就是一个"不计前嫌"的人,我也是。不过我觉得在这方面,我比主人做得更好!主人,今天早晨如果不是您重提昨天晚上发生的事情,我已经不记得了。昨天晚上您将脚轻轻踩在我的脚上与我开玩笑,我当时已经忍了很长时间了,您觉得没有用很大力气,在与我开玩笑,但是由于咱俩的个头相差很大,您用一个较小的劲儿,我就难以承受了。虽然我当时对您已经"义愤填膺"了,但是我并没有记仇,您看,今天早晨起床时,昨天的事情我已经全然忘却了。我是很好相处的吧!女主人说的是对的:詹妮与主人没有隔夜仇。主人,不但我是这样,我们的同类也都是这样的。我们都能够禁得住主人的批评,并且都不会记恨主人与我们之间的小摩擦。在我们的眼中,主人就是一切。主人,我觉得您应该对我进行表扬,这种"不记仇"的素质应该是一种绝好的品质,也许在您看来这属于没心眼儿,但是我觉得"暗算"没有必要,彼此只有不记"隔夜仇"才能很好地相处呀!主人对我的批评大都是正确的,个别也有错误的。有的时候批评错了,让我受到了不公正的待遇,我也是能够忍受的,我知道主人是有口无心的人,只是一时生气才批评我的,实际上在内心深处对我还是很好的。主人,您身边的人具有我这种品质的应该不多吧!

　　我觉得人与人之间在交往中,能够做到"不记仇"是很不容易的事情。

不记仇就是不计前嫌。下属不记上司的仇,就能够一如既往地为组织发展做贡献;上司不记下属的仇,就能够为下属的个人发展创造宽松的条件,不会因个人恩怨延误组织发展。在一个组织中,如果上司有这样的下属,以及下属有这样的上司该多好呀!这样的管理者是宽宏大量的,做到这一点非常不容易。主人,我觉得作为一个管理者,更多地应该看到下属的优点,当下属指出自己的过失时,管理者应该对下属表示感谢才对,不应该将他作为"处理"的对象。您不是曾经讲过德国考察团的事情吗?考察团中的"领导"在台上讲话时,下属发现"领导"的领结系歪了,于是健步如飞走到台上将"领导"的领结调整了过来。这个领导并没有感到自己没有面子,而是马上站起来对下属表示衷心感谢。在他心中,下属帮助自己纠正了错误是对自己的帮助。由于领导具有这样的高尚品德,下属才敢毫不犹豫地为领导纠正错误,在这样的交流中,管理者与下属得以精诚团结,没有情感隔阂,这样的领导不会拒人于千里之外,领导不会记恨下属的"纠错"行为,由于亲和力很强而让下属愿意接触。主人,我真的希望您也能够这样,总是能够记住我的好处,忘记我的坏处。我与您是没有"隔夜仇"的,彼此相依为伴成为终生好友。

7月7日星期四

今日感悟

管理者与下属间不应存在隔夜仇,双方即使因为观点分歧而产生冲突,也要将注意力集中到工作上,管理者应该从更多的可行性方案中选择出最优者付诸实施,在选择方案中不应存在马太效应①,即不要因为是管理者提出的方案就要优先采纳。管理者要认真听取下属意见或者建议,只有集思广益才能够让决策更加科学和合理。管理者这样做可以让下属敞开心扉与其进行无障碍交流,彼此不会隐瞒个人观点,管理者就会拥有更多智慧,组织运行效率就会更高。

---

① 马太效应是一种强者更强、弱者更弱的现象,来自《新约·马太福音》中的一段话:凡有的,还要加倍给他叫他多余,没有的,连他所有的也要夺过来。

做个陪衬

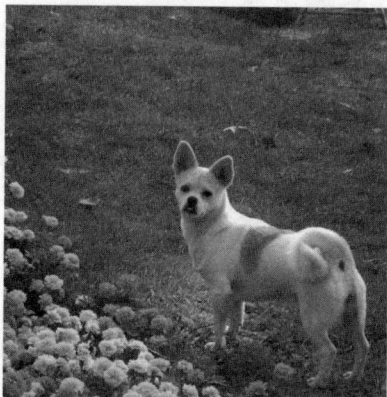

红花有绿叶相衬才会更加漂亮，绿叶不是可有可无的。我就是主人的绿叶，主人不能没有我，主人有名气了，我这个陪衬自然也会有名气的。但是在为主人做陪衬的过程中，我也微微感到了某些不容易。

主人，我觉得您今天与往常有些不同。您给我洗了个澡后，就说："咱们出去照相吧"。主人，实际上照相对于我来说不是什么新鲜事，咱们的影集中已经有我很多倩影了。各个时节的照片我都有了，您总是对着我的照片看了又看的，每次看照片的时候您总是流露出喜悦的神情。主人，每当我看见您这种表情时，我可自豪了，因为我知道您对我是很满意的。我本来正在房间里撒开欢儿跑来跑去的，听到您的话后我顿时精神倍增。因为我知道，就凭我的容貌，照相的时候肯定会引来很多"观众"的。我在琢磨咱们到哪里去照相呢！不一会儿您就准备就绪了，我们走出家门来到了经常玩耍的"大石球"公园。这里有好多大石球，真是不错的景观。您经常在这里与我捉迷藏，我非常喜欢这个地方。这里的草坪刚刚被师傅修整过，看上去非常漂亮。我不由分说就蹿到草地上跑了起来。不一会儿您就让我停下，将我抱到了一个较小的石球上面，我站在上面不知道要干什么，只是傻傻地站着。主人，您可能不知道，我最怕登高了，因为我可能有"晕高症"。您根本不考虑我的感受，将我抱到石球上面后，就开始让我摆出各种姿势(后来我才知道您这是在培训我呢)。您随后也摆出一些姿势站在我旁边，女主人拿出相机开始照相了。主人，您知道我是没有耐性的，摆好一个动作后我不会坚持很久的。我觉得女主人拍照的技术不是很熟练，我摆好一个动作后，很长时间女主人还没有拍照，我真是有些不耐烦了。您知道这里是街心公园，公路上的风景很多呢！都一天没有出来散步了，我非常想仔细打量一下外面的风景。这都会在很大程度上分散我的注意力。我站在石球上，因为晕高的原因，我的脚根本不敢动，但脑袋一直在左右晃。按照您的要求，只有我看着您的时候拍照才是符合要求的。但是我很多时候看相反的一侧，因为我关注的一侧正好是行人走动的羊肠小道，这里有很多让我无法抗拒的风景。我觉得还是女主人非常会"命令我"，在我不"听话"的时候，女主人就会说：詹妮，小主人来了。我听到这句话时，马上就会精神倍增、四处张望，看看小主人在哪里？这时我的眼睛睁得大大的，两只眼睛也炯炯有神，我非常希望小主人也来一起玩耍，我最希望一家人一起散步了。费了好大劲，照出的相片终于符合了您的要求，我也终于能够松口气了。

主人，我总觉得做您的陪衬是很不容易的，您的意思我总是不能很好地理解，于是我这个"陪衬"与您的要求总是有偏差，这需要您对我多多进行培训哟！主人，我说的话没错吧！

9 月 15 日星期日

今日感悟

　　下属只有与上司长期磨合才能读懂上司的心思,从而做个合格的"陪衬"。在什么山上唱什么歌,下属一定要有正确心态,即使业务水平很高,也只是管理者手下的兵,管理者永远是下属心中的红花,下属在既有岗位上要有绿叶的心态,心态摆正关系才能和睦。"做陪衬"并不排斥努力工作和为组织发展进言献策,管理者需要下属积极配合其工作,下属要善于将自身的智慧变成上司的智慧,主动为管理者分忧解难,让其从纷乱的管理事务中解脱出来,专注组织发展规划。

技术障碍

　　任何事情都有两面性,技术也是这样的,人们在感受其方便的同时,也会感受到无奈。我觉得必须承认这种两面性,否则会给自身工作造成诸多障碍!

　　有时我都感觉不认识这个世界了。主人,您说现代人的交流手段越来越多样化了,这到底是好事还是坏事呢?我觉得两个方面都有吧。就好的方面看,人们交流越来越方便了。您看,远古的时候人们通过快马传书、飞鸽传书,后来逐渐有了邮递员,由于交通手段非常落后,收到的信可能是几个月以前写出的。如果儿子得知母亲生病的消息,打开信知道情况后感到万分焦急,匆忙赶回家,但到家后发现母亲已经痊愈。通信手段落后使人们沟通起来很不方便,会耽误很多事情的!在那个不发达的年代就有了"君在长江头,我在长江尾,日日思君不见君,共饮长江水"的美妙爱情诗篇,这是一种思念也是一种无奈。如果有现在这样方便的交通、通信手段,我觉得人们才不会受这样的感情煎熬呢!没有办法呀,那个年代的人只能用"举杯邀明月,千里共婵娟"抒发心中的苦闷。社会是不断进步的,随后开始出现了电报、电话技术,人们可以方便地打电话。几百里、几千里以外的事情,通过一根电话线就能够清楚了解。在电话技术还不发达时,打电话需要花费很多。现在不同了,每人都可拥有一部电话。人们不但可以方便地打电话,而且可以方便地远距离穿梭,朝发夕至的列车能够便捷地将千里之外的人们联系起来。昨天还是通过电话联系呢,今天一早就能够面对面饮酒了。相亲相爱的恋人不需要忍受孤独和寂寞,借助现代交通和通信工具不会再有"千里共婵娟"的慨叹了。

主人,我总觉得任何事情都有两个方面,以通信为例,现在确实很方便了,人们可以方便地发短信相互问候。有些人为了方便,干脆群发短信,我觉得这样做是很不礼貌的。传统情况晚辈为了给长辈拜年,都是要到对方家中鞠躬、磕头才算数的。现在拜年则群发一条短信,这种做法实际上已经严重丧失了拜年的严肃性。人们在发短信时,为了能够让接受短信的人明白自己的表情,在短信后面放上"哈哈""呵呵""嘿嘿"等这样的词汇,接受短信的人能够感受到发短信的人有一张快乐、灿烂的脸。主人,我总觉得这种交流方式是冷冰冰的,不像面对面交流时能够通过眼神、举止等进行心灵沟通取得的效果好。我觉得现代通信技术虽然让生活变得更加方便,但也正在拉大彼此间的心理距离!一些人会借助现代技术说假话,那天咱们在散步时,我就遇到了一件可笑的事情,一个人在接电话时,向打电话的人说"目前正在上海呢,不能前去吃饭了"。这不是睁着眼说瞎话吗?因为这个人就在保定呀,这就说明这个人不想去吃饭。现代通信技术给人们提供了更多"藏身"的机会,说假话的可能性更多了。主人,如果一个下属对其上司这样说假话,上司也是没有办法的吧!现代技术对管理也提出了新的挑战。只有"魔高一尺道高一丈",才能够让管理者紧紧握住"管理"这个法宝让下属服服帖帖哟!

12 月 6 日星期二

今日感悟

　　事情具有两面性，要充分发掘其好的方面，遏制其不好的方面。管理者需要以更加宽广的视野看问题，在顺境中洞察危机，在逆境中把握机会，充分认识事物存在的两面性，从中提炼出对组织发展的有益因素。管理者有责任为组织中的人力资源创造发展空间，从组织发展出发而不是从个人喜好出发选拔人才。性格耿直的员工说话方式不易让人接受，但此类员工说直理讲真话，能够从根本上反映组织中存在的问题。管理者虽然从感情上不易接受该员工，但从制度上应该接受，有这样的员工是组织的福音。

第三篇

严管自己
身正不怕影子歪

主人，我现在终于知道您为什么这样严格要求自己了。您是想通过严格要求自己，为别人树立榜样，从而达到教化组织成员的作用。我认为您这样做应该是非常有效的。

您的这种做事风格已经对家庭成员产生了很好的影响。您看，我的性格不是已经发生了很大变化吗？先前我比较好动，对任何东西都很好奇，或者满怀激情地扑上去，或者对其使劲地"汪——汪——"不止。现在我的脾气已经变得柔和多了，您喜欢做什么我就喜欢做什么，生活已经与您一样变得很有规律。您每天都很早起床，然后开始工作。每当您起床之后，我马上就会从我的"房间"跑出来去找您，每天早晨起床后我都会与您打招呼，这是我们一天中的第一次见面，我要向您"问好"，在和谐的氛围中，咱们整天都会保持好心情。您喜欢看书，我就觉得书非常宝贵，懂得书对于您而言是非常有用的，所以当有人动您的书时，我就会冲他大声"汪——汪——"，我不希望有任何"捣乱分子"破坏您的工作环境。您总是严格要求自己，这一点令我非常敬佩。在别人睡熟时，您总是蹑手蹑脚地走路，生怕吵醒人家。在您的影响下，小主人也非常自觉，作息也很有规律，认真完成他应该完成的各项任务。我觉得这大概就是"身教重于言传"的道理吧。

想让别人做到的事情，自己首先要做到。主人，我觉得能够做到"严格要求自己"是非常困难的吧！偶尔对自己提出严格要求，这个比较容易做到，如果永远对自己严格要求，这就比较困难了。我记得您曾经向我讲过一句名言，说的是"一个人做一件好事并不难，难的是一辈子做好事，不做坏事"，现在我对这句话有更深刻的理解了。即使只是做一个样子出来也是非常不容易的，更何况要形式与内容兼备呢？

主人，您真是一个很有毅力的人，如果人们都像您这样，管理者就不会犯错误，下属也就不会不听话了！

◆ 遏制私欲 ◆

贪心难泯

　　"贪"是生命的一种属性,可能没有任何一种动物能够躲得过吧!我承认,我也有这个属性,但我把持得很好,一旦出现这种迹象,我就会清醒地意识到并且及时踩刹车。主人,您说我的贪心怎么就是不能被消灭掉呢?

　　有时我也感到非常奇怪,在眼前出现了好吃的、好玩的之后,内心的占有欲马上就会变成我的行动,我干脆不管别人是怎样说我的,只管由着我的性子来。您从外面回来,不管您手中拎着什么东西,我都要飞快地凑上去闻一闻,只要是我喜欢吃的东西,这些东西就不能离开我的视野了,直到您将其分享给我一部分后,我才会释然。您躺在客厅的榻上休息时,只要您的嘴一动,我就认为您是在吃东西,这时我一定要凑上去,盼望着您能够将嘴中的美食分给我一份。我喜欢您给我洗澡,我喜欢干干净净地生活。您每次换衣服时,我都要眼巴巴地看着,非常羡慕您能够穿上各种颜色和款式的衣服,而我一生中只能穿"一身衣服"。主人,我虽然体型较小,但我的心理过程与人类可能是一样的。我相信"贪心难泯"是很多人的通病吧!不然为什么会有那么多人因为贪污腐化而银铛入狱呢!

　　"贪念是魔鬼"，在贪念的驱使下，一些人会变得让其他人不认识了。在他人印象中，本来是一个好人，但是当贪心这个邪念占据了人的心灵后，此人就全变了，"贪"是没有好下场的。我虽然欲望很多，但还是忍了下来，从来不敢贪的。您不是曾经讲过"蝜蝂"的故事吗? 蝜蝂是一种虫子，这种虫子非常贪婪，凡是所见之物，都要放到自己背上。在蝜蝂看来，这些东西放在背上后就成为自己的东西了。这样一来，蝜蝂背上的东西就会越来越多，终究有一天不堪重负，被背上的东西压死了。即使在死亡前一刻，蝜蝂还是保持着向背上放东西的姿势。主人，您讲的这个故事实际上就是在谈"贪"这个问题吧。看来"贪"可真不是一件好事，"贪"实际上就是一杯毒酒，一个人贪念越多，就意味着喝下的毒酒越多，当然距离毙命的时间就会越短。这么多东西被蝜蝂放在背上，最后也不属于自己，蝜蝂还因此落了个坏名声，这又是何苦呢! 主人，我认为"贪是一杯毒酒"这个道理好像人们都懂得，但是当涉及自己时，贪念这个魔鬼就会迫使其犯错误。事情看来还真是有些奇妙! 一些人就是这样，对别人讲道理时能够娓娓道来，但是当别人给自己讲道理时就很难听进去了。我就是这样的，在听您讲故事时，我觉得很受启发，但是见到好吃的、好玩的，我还是控制不住自己。那种强烈的占有欲莫名其妙地就来了。在猛吃了一顿或者猛玩了一阵子之后，也觉得这些都是过眼云烟。道理很简单，我也非常明白，但再遇到同样的事情时，欲望还是会产生。

　　我越来越明白"人的欲望是无限的"这句话的道理了，社会就是在人的欲望不断出现和不断得到满足中发展着的。我认为应该发明较好的方法控制人的欲望，否则不但会对当事人自己造成损害，而且会对社会形成不良影响。主人，您应该对我管理得更加严厉些，以免我贪婪成性，如果是这样，我还怎么能成为您眼中的"乖詹妮"呢!

4 月 13 日星期六

今日感悟

　　组织成员通过利益链条串在一起，只有建立科学资源共享机制以及科学的分配制度，才能真正以管理者为核心形成团队。管理者是游戏规则的制定者，同时也是游戏规则的受益者，因此在制定游戏规则时，不免就会将规则的天平朝向有利于自身的一侧倾斜。管理者在这样做时，就会离心离德。"贪"是一杯毒酒，喝进去时很舒服，事后会很难受，饮用的数量越多就会越早毙命。摒除私利欲念，创立公平制度，将自身置于普通组织成员的角度考虑问题，管理中就不会出现较大偏差了。

欲言又止

  对自己要求不严格，就没有办法对别人严格要求。在与主人交往的过程中，我对这个问题深有感触。

  管理者说话明确、态度明朗，就能够让下属不迷惑，我的主人还不能做到这一点。所以我要与主人好好地谈谈这件事情，以便让我的主人变得足够完美。主人，您做事总是不够果断，对别人说话的时候总是欲言又止。这样给别人的感觉是没有自信。没有自信的人是很难胜任领导工作的，这样的管理者不能很好地与他人打交道。人家会认为您是一个举棋不定的人。主人，我建议您说话的时候不要这样欲言又止的，既然想好了要说什么，就要说出来，如果还没有想好，就不要急着张嘴。主人，我建议您在说话之前，列出一个小提纲，将自己说的主要内容全部列出来，这样就能够解决欲言又止的问题。主人，欲言又止会给别人留下不好的印象。如果在领导面前欲言又止，上司会认为下属说话有顾忌，上司心中就会犯嘀咕，担心这样的下属对自己不忠诚。任何一个上司都希望自己的下属对自己倾力相助，欲言又止只会增加上司对下属的猜忌，二者之间就很难有默契的配合了。如果作为一个上司在面对下属的时候欲言又止，下属就会认为这样的上司很难捉摸。上司总会"话到舌尖留半句"，这半句话要让下属猜出来，下属与这样的上司打交道会感到非常费劲。下属不但需要听懂上司说话的前半句，而且要精于琢磨上司说话的后半句。善于"琢磨"的人，就能够受到领导的赏识。表面看来，欲言又止反倒不是管理的缺陷，而是管理的一种艺术了。主人，我记得您说过这样一句话，"张嘴前停留一秒"，这句话看起来很深奥！但是这样做也会让别人感觉到自己深不可测。主人，在这个问题上我有自己的看法。我觉得这种"欲言又止"的管理艺术是不值得褒扬的。主人，我的观点是，同样一句话从普通人的嘴中出来，就算是聊天，但是从管理者的嘴中出来，就是制度了。管理者决定着下属的发展，为了让下属有工作积极性，管理者就不能欲言又止，以便让下属的心情稳定下来，能够聚精会神地做自己希望做成的事情。下属与上司之间是一种合作关系，上司需要创建一种公开透明的制度，与下属建立起这种合作关系。上司向下属交代事情的时候，应当一口气将所要说的话说完，让下属对上司的话有一个完整的理解，让下属做事不要白费功夫。上司没有欲言又止的毛病，下属做事的时候就不会堵心堵肺。

主人，您对我说话的时候，有时候我就有些琢磨不透，您在说话的时候眼睛看着西边，但手却指着东边，有时说话的声音过于低沉，我即使站在距离您很近的地方，也弄不清楚您到底要说些什么。主人，我盼望着您早日"醒来"。

6月2日星期日

今日感悟

有坚定的信念才有坚定的行动。管理者信念坚定，组织才会有稳定的发展方向，这样的组织才能够凝心聚力，从而保持强大的战斗力。管理者一言一行都代表着组织发展方向，在行为举止方面不能含糊其词，组织成员要通过听其言、观其行，使自身言行与管理者保持一致。下属需要有能力的上司，管理者需要能够为自己发挥支撑作用的下属。组织成员要通过坚定的言行对自身发展愿望进行表达，以实际行动成为上司的有力支撑，这样组织成员就会有更多的发展机会。

利益分配

　　今天与主人一起看了一个动画片,好像叫《猫和老鼠》。主人、女主人、小主人与我一起观看。动画片中的情节非常搞笑,其中有一段是这样的:猫、老鼠和狗看见远处的运输车上掉下了一块很大的火腿,三个家伙非常高兴,于是一起将其取回来烹饪,一切就绪后就轮到分配这一环节了,这个环节是最为搞笑的。狗、猫和老鼠首先按照个头大小进行分配,自然是狗要最多的,其次是猫,最后才能够轮到老鼠,老鼠分得的火腿是最少的,这引起了猫和老鼠的不满。于是狗、猫、老鼠都以自己的分配哲学对火腿进行分配,每个人的分配原则都是使自己得到的分配数量最大,由于每个人都有严重的私心,最后三个家伙大打出手,在力量面前利益总是倾向于力量强大的一方。原本非常要好的三个朋友陡然间出现了基于利益分配之上的矛盾。他们在争抢之余一不小心将火腿扔出了窗外,火腿随着湍急的河水最后流入了下水道中。到口的火腿由于彼此间出现了严重的纷争,最后谁也没有得到。三个主人看到这里时不禁大笑,小主人笑得肚子都疼了。

　　我虽然不会笑,但我在一旁看着你们那样快乐的样子也感到非常高兴。后来想一想,这个动画片实际上是不好笑的,这反映出了各个主体间为了一己私利而进行纷争的局面。主人,难道人类为了利益就要不断地这样纷争下去吗?看起来非常要好的朋友间为了实现利益最大化也不禁要进行纷争,那么您与朋友间会发生此类事情吗?其实我觉得人类就是想不开,利益其实也是虚无缥缈的,多得到一点还是少得到一点有时并无太大差异。不要将眼光紧紧盯在某个地方,利益本来就这么一小点,有得必有失,如果分配制度再不公平,某些人的机会就会更少了。将目光从这个小地方移开,去开拓更多财源,得到利益的机会就会更多些,个体间的纷争也会因此而少许多。主人一定要想开一些哟!不要同他们去争,您的心情才会更好些。好在我不会参与人类的纷争,我也不会有这么多的烦恼呢!

6月3日星期五

今日感悟

在利益分配中,要处理好"做蛋糕"与"分蛋糕"之间的关系。管理者要强化合力,具有将蛋糕做大的意识和魄力,通过凝心聚力,让所有组织成员都成为将蛋糕做大的贡献者。管理者也要明白,组织成员不仅是蛋糕的创作者,也是蛋糕的共享者。科学的分配制度是激发组织成员进一步做大蛋糕的基础。分配制度一定要在蛋糕出炉之前形成,在分配蛋糕时,组织成员就会心平气和,因为每个成员对自己应该分得的数量是有充分估计的,员工的努力程度与得到的报酬间就得以对称,这样的组织才能够做到"心"平"企"和。

口蜜腹剑

"口蜜腹剑"实际上就是放冷箭,这可真是难以提防的呀!怎么会有这样的事情发生呢!如果人们之间的关系都像我与主人间的这种关系,就不会发生此类事情了吧!

主人,您说您身边有些口蜜腹剑的人,这些人表面上看是朋友,但在关键事情上却不支持自己,这样的人是很难合作的。如果一个管理者身边有这样的下属,表面上看该下属在支持管理者工作,而实际上却在给管理者拆台,这说明存在两个方面的问题:其一是下属太有心计;其二是上司在管理上存在问题。主人,我觉得如果管理者身边存在这样的人,那就太可怕了,在这样的组织中怎么能够形成比较稳定的团队呢?这就是"攒鸡毛凑掸子——人多心不齐"吧!这样的管理者就没有办法形成以自己为中心的发展格局了。主人,我总觉得管理者相对于组织中的其他成员具有更多的发展机会,掌握着更多的信息,也掌握着组织资源的分配权力。管理者必须做到"组织发展的成果由成员共享",才能够激发组织成员的积极性。

主人,我觉得人情是很复杂的,下属对管理者忠心,管理者却不一定很赏识该下属。虽然大多数上司都是心底无私天地宽的,但还是有些上司做不到这一点。在与下属打交道的过程中,由于自己拥有信息优势,会在下属间创造信息不对称,会创造各种障碍阻挠优秀的下属崭露头角,以免与自己形成竞争态势。虽然嘴上说对下属如何如何关注,下属也许在短时间内不能识破玄机,但时间久了,也就"司马昭之心路人皆知"了吧!主人,我觉得这种上司就是"口蜜腹剑"。又想让下属为自己努力工作,又不让下属在组织中有崭露头角的机会。主人,我觉得在咱们之间不会发生这种事情的。您会非常喜欢我在您面前努力表现,同时有了好吃的东西后也会毫不保留地给我。主人,我与您是最交心的,我有想法时也会毫无顾忌地在您面前表达出来,我觉得您不会在意我的表现的,在您眼中我有任何表现都很正常。您吃肉时,我会毫不掩饰地表达我想吃肉的愿望,会将两只前爪搭在您的膝盖上,伸出长长的舌头,尽情地表达我想吃肉的心情。而在这时您也会及时地满足我的要求。主人,您的想法我看得一清二楚,您是一个表里如一的人,我从来不会对您表示怀疑。主人,与您生活在一起,我感到非常省心,因为我想得到的东西,不用我总是想着,您会自然而然地给我送到身边,这应该是我好好表现的结果吧!也正因为如此,我也不像其他人那样贪婪。主人,像您这样的人,如果是一个管理者,我觉得也应该是非常优秀的。你不要觉得不好意思,在我心中您确实是这样的,这样优秀的管理者是组织中所有成员的福音呀!

6月10日星期一

今日感悟

言行不统一很难进行心灵沟通,团队建设也就无从谈起。管理者要做言行一致的表率。管理者对组织成员的认可是制度上的认可,这是对组织成员最大的激励。为此组织发展需要从"人治"转轨到"法治",让管理者的言行严格受到规章制度的约束,从根本上避免言行不一或者制度不连续的问题。稳定的制度和表里如一的管理者是组织成员的福音。在这样的组织中工作,成员不需要忖度上司的想法,因为管理者的任何想法都会向组织成员和盘托出,组织成员间的沟通成本就会大大降低。

心底无私

很多矛盾都是由于私心产生的，所以控制私心就很重要，没有了私心，组织的发展就会风平浪静。我觉得规章制度的确立是控制私心的有效方法。当然，如果所有人都像我这样守规矩，章法就完全成了形式，因为章法就在我心中。主人肯定不认可我这个主张，因为每个人的想法都不一样，有些人会有机会主义心理，于是违法乱纪问题不可避免产生了。主人，我觉得要真正做到心底无私是非常困难的，没有严格的制度做支撑很难做到这一点。只要社会资源存在竞争性，人们内心中的那份私欲就无法完全克服，所以促进组织高效发展的基本前提就是要建立相对完善的制度，对人们的行为进行约束，保证组织成员能够在一定程度上做到无私，但无法从根本上克服。

您曾经讲过一个"分粥故事"，说的是七个人对一锅粥进行分配，掌握分粥权力的人就有足够多的机会为自己谋福利。因此为了找到一种相对完善的分粥制度，七个人先后多次变动了分粥制度。最初是让某个道德高尚的人掌握分粥权力，但人们发现即使道德再高尚的人，也很难抗拒利益的诱惑，每次分粥时都要将自己的碗盛得满满的。后来让大家轮流分粥，在一周的七天内每个人都具有一天的分粥权力。这时人们发现每个人在自己掌握分粥权力的这天中，都要通过各种方式让自己多得些粥。既然大家都有这样的分粥心理，在七个人中间就形成了自私的氛围，谁都想在自己掌握分粥权力的这天吃饱喝足。人们发现这种分粥方法不行，于是继续想更好的办法。七个人最后想到的办法是：让掌握分粥权力的人最后领取自己的那份粥。事实表明这种方法是比较科学的。这个分粥者，如果在碗中盛的粥的数量不一致，哪个碗中的粥少肯定是自己的，因为没有任何一个人愿意领取较少的粥，而分粥者最后领取属于自己的那碗粥，那么这碗数量最少的粥肯定属于分粥者本人。主人，我发现人类就是很聪明，在面对问题时总是能想出好办法将其解决。这个分粥的人，为了不让自己领到较少的粥，也不愿意让其他人领到较多的粥，肯定要将粥均匀地盛到每个碗中。主人，我觉得这就是一种比较好的制度。这个分粥的人在该制度下使自己的私欲得到了遏制，不会对自己或者他人造成伤害。主人，这个分粥者的行为，实际上是靠制度得以约束的。

主人，在一个组织中，管理者掌握着"分粥"的权力，是不是也应该对这个"分粥者"的行为进行约束呀？通过合适的制度设计，让其最后领到自己应该得到的那份粥，组织中由于利益而产生的矛盾就会足够小。但是组织中如何分粥是由这个管理者说了算的，怎么会让自己最后领取属于自己的那份粥呢？主人，我感到迷惑了。有些问题凭我自己的本事是很难找到答案的，您多费心帮我解决一下吧！谢谢您了！

6 月 20 日星期一

今日感悟

　　分配是组织发展中面临的难题，很多带病运转的组织就是因为分配制度不合理而破产的。管理者在分配中掌握着更多主动权，因此倾向于制定有利于自身的分配制度，这会使组织笼罩在不和谐气氛中。理性的管理者应该将更多机会让给组织成员，这会在更大程度上赢得成员的支持，在组织高效率的进步中创造更多的利益，管理者和组织成员都是这种利益的共享者。过分的得到就是失去，主动的让与就是得到。管理者要清楚"得"与"失"的辩证法。

欲望非贪

"欲望越过一道门槛后就变成了贪婪",我是这样认为的,不知道主人是怎样想的。我有欲望,但不贪婪。一年中的每个季节,我都有自己的欲望,我觉得每个季节都有好玩的东西。只是冬天时,主人一定要记得给我做一个棉袍哟!这样一来,我就可以暖暖和和地在雪地中奔跑啦!主人,我非常喜欢听您与女主人、小主人一起谈论管理学的知识。您经常说"欲望非贪",这话听上去似乎非常有道理。但是欲望和贪婪之间的界限怎样划分呢?这个问题很让人头疼。我听说,现在社会上有很多不正之风,有些官员甚至是高级官员在利益诱惑面前没有把持好自己,最后锒铛入狱,我怀疑这就是将欲望变成贪婪了吧。您经常说有欲望是件好事,整个世界就是在满足人的欲望中不断发展的,没有欲望就没有社会前进的动力。嗯,您这话是对的。您也是有欲望的,我也有欲望,当然您的欲望与我的欲望是有很大差异的:您在创造,而我是在消费,哈哈,这样说是不是太简单了点儿,反正主要就是这样的!

说到这里我似乎弄明白了点什么,欲望实际上是内心的一种想法,是想得到而没有得到的一种感觉,并且这种感觉是在理性范围之内的,也就是说有欲望的人在将自己的内在想法变成为现实之前是受到一种"正义"约束的,如果这种欲望是不正当的则作罢,如果是正当的,则会通过正常的方式将其逐步付诸实现,保证行为的过程和结果只会给其他人带来益处而不会带来伤害。

主人,这个说法好复杂哟!让自己的欲望得到实现,又不伤害其他人,这真是不容易的事情!我觉得,既然欲望都这样复杂了,贪婪就更加复杂了吧!贪婪与欲望不同,具有贪婪想法的人明知道这种想法是不正确的但还是要努力实施,实施过程和结果都会为其他的相关者带来不同程度的损失,所以欲望与贪婪之间还是存在很大的差异的。主人,您每天吃饭时我都凑到您跟前,张着嘴巴向您要东西吃,这是欲望还是贪婪呢?我觉得这应该是欲望吧。在您吃饭时,我总是非常安静地在一旁等候,您给我我就吃,不给我我就不吃。我并没有在您不经意的时候,到美味存放的地方多吃多占,一些饭菜都是在您的授权下得到的,我觉得这并不是贪婪。您每天坐在电脑那里写东西,您是要通过自己的劳动发表更多的智力成果,这同时也会让社会受益,所以您的行为也不属于贪婪。主人,我不会贪婪您也不会贪婪,对吧?而且我们定个协议,我们永远都这样,您看好吗?我们一定要将这种做法影响更多人,这样一来,我们也会过得比较安心呀!

7月15日星期五

今日感悟

　　欲望与贪婪之间是有界限的,只有把握好分寸才能够处理好二者之间的关系。欲望是奋斗的动力,组织发展就是在不断产生欲望和不断实现欲望中进行着的。管理者只有审时度势,并不断为组织发展创造条件,才能够不断诞生新的欲望。为了实现欲望,管理者就要不断提升自身素质,整合团队资源,使得组织竞争力得到强化。欲望能够有序实现,对组织发展会产生有益影响,而贪婪往往会产生相反的作用,这样的组织会透支资源为达到不可能实现的目标而抗争,对组织自身和社会都会带来不良影响。

爱慕虚荣

我也是爱慕虚荣的,每当看见同类被其主人"美容"后,我就非常羡慕。我不需要主人给我美容,因为我的毛很短,过分修整反而不美了。但是我希望整天都是干干净净的。说实在的,主人,我也是很虚荣的。今天您给我洗了澡,我又干净又舒服,我非常高兴,就会在您面前表现得非常活泼,就会为您带来更多的快乐。

主人,其实我与人类一样,也是有虚荣心的。我全身干干净净地走在路上,就不愿意理迎面走来的很邋遢的同类。咱们在外面玩时,经常会遇到这样的事情,这些家伙还真自不量力,一般与这些家伙"遭遇"时,我总是要尽量避开他们的,但有时很难避开的,这些家伙硬是要与我"亲近",真是让人讨厌呀!与这些不干净的"家伙"打交道,会让我降低身价的。我非常自豪自己又干净又香喷喷的,这让我得到了很多人的赞许。会不时地有人对我进行表扬:"这个小家伙真干净""呵,这个小家伙可真白"。有人看见我非常可爱,会走过来招呼我,叫我"小狗",这些家伙可真没礼貌,我的名字叫"詹妮",我有名有姓的,我不叫"小狗"。所以我往往眯起眼睛,就像什么都没有听见一样。那些向我打招呼的人这时候就会说:"嚯,还挺高傲的,都不理咱们。"主人,您可能不太明白,我也非常需要得到他人的尊重。如果某些人的做法让我非常气愤,我就会对他大声"汪——汪——",我要通过这种方式抗议他对我做出的不礼貌行为。

主人,在这个问题上我需要对您谈一谈我的看法,我觉得在虚荣这个问题上,我与人类是相同的。我喜欢从别人看我的眼神中得到心理满足。我相信,这种感觉是很多宠物不能体会到的,我在体面之余就能够给您带来很多体面。常言道"打狗看主人",我觉得表扬狗也要看主人吧!我毛发的光亮程度、干净程度实际上都是您细心程度的体现,我的一切总是与您紧密联系在一起,我就是您的面子。我的虚荣心其实是很微不足道的,只是在吃、住、穿、戴等方面有些小小的要求,如果您能够尽量满足我,我就会对您充满无限感激。主人,感谢您曾经对我的照顾,也希望您能够继续满足我那些对您而言微不足道的小虚荣心。我觉得您不会让我失望的,您说是吧? 谢谢您呀!

8 月 19 日星期五

今日感悟

　　爱慕虚荣是人的一种需要,要正视而不能忽视它的存在。管理者需要在管理制度中腾出一定空间去满足员工的虚荣心,让员工都有在组织中展示自我风采的机会。为此,管理者需要充分发掘每个员工的优点,并在制度上给予肯定,这不会给管理者制造额外成本,但会激励员工更加努力地工作,对于管理者而言是无本万利。但很多管理者并不懂得这些,总是习惯性地关注员工的缺点,这会增大员工与管理者之间的心理距离。将虚荣变成目标从而强化员工的工作动力,这是管理者的智慧。

我想吃肉

　　吃肉是我的最爱,只要有肉在时,其他的菜肴在我的眼中就会黯然失色。真是没有办法,我对肉天然地具有难以割舍的情愫,主人天天让我吃肉我都没有意见,谁让我天生长了一副好胃口呢! 美中不足的是,主人不能最大程度地满足我的需要。

　　主人,每当闻到肉味时我就不能自已,我会凝神定气地闻个不停,直到确定了肉所在的位置后, 就会一直在旁边等待着您喂我。您曾经多次"赞扬"我鼻子好使,嗯,这就是我们这个家族的优势,正因如此,我们才会在侦探、救援等方面大显身手。我们的鼻子非常灵敏,能够闻到人类不能闻到的气味,并且能够清晰地辨别出是什么东西。主人发出了让我们闻某种气味的命令后,我们就会不遗余力地做这件事。主人,您知道吗?我们在做事情时非常敬业,只要有任务交给我们,我们都能出色完成。当然,这个优势实际上也是我们的缺陷, 那就是任何美味佳肴在我这里都会无处藏身的,家中有什么好吃的东西休想逃过我的鼻子。今天吃饭时发生了好笑的一幕,你们一边看电视一边吃肉,主食是面条。您知道我非常喜欢吃打卤面,所以您就像往常一样在我吃饭的盆中放了打卤面,但您对我的反应感到奇怪, 因为我对这些打卤面根本心不在焉, 只是不停地围着您转圈圈。起初您并不知道我这是在做什么,后来您逐渐意识到"我已经看上茶几上的肉"了。说起来非常好笑,当你们午休时,茶几这里已经没有人了,但是我还是一直在这里守望着。我听见女主人说:你看詹妮,简直是太执着了。主人,您知道吗?我就专门盯着茶几上的肉看了一个中午。我虽然看着肉,但从来没有私下偷吃的打算,我觉得这需要您的允许,只有您同意了我才能做。您让我吃我就吃,您不让我吃我就忍着,我是非常守规矩的哟!我多么希望您能够从卧室中走出来,把茶几上的肉分给我一些呀!但您在这件事情上是很严肃的,我等了整整一个中午都没有结果。

主人,直到现在我还满怀希望呢!我始终认为您会对我好。我这样一个"小馋狗",如果一直这样馋下去,我肯定会馋出病来的。但您一直坚持对女主人说:不能惯出詹妮的坏毛病,有肉就不吃面条了,这怎么能行?您好像说过"总吃肉会老得很快"的话。主人,在"馋"字面前我已经顾不了那么多了,我就是想吃肉。有时候欲望很难控制,我现在就遇到了这样的难题。您掌握着分配的权力,我能不能吃上肉或者吃上多少肉,完全要依赖您的决定。为了尽最大程度满足我的欲望,我还是要与您搞好关系,我要让您知道我非常本分,并且对您是非常忠心的,在有了更好的印象后,您在吃饭时就会将更多的肉分给我吃吧!

8 月 28 日星期三

今日感悟

控制欲望且不对他人形成负面影响是很困难的事情,但这能展示人的内在品质。下属与管理者都希望"有肉吃",但管理者掌控着分配权,下属能不能"吃上肉"以及"吃多少肉"完全由上司安排。因此上司应该明白下属"想吃肉"的愿望,并且要通过合理的制度设计让下属有"吃肉"的权利和机会。任何下属都不愿意"只闻肉香、无吃肉权"。管理者的权力在于让下属"合理吃肉"和"正确吃肉",不能吃"不应该吃的肉",而不是杜绝下属的任何"吃肉"机会。尤其是应该属于下属"吃的肉"而下属不能吃到时,下属与上司就会"貌合神离"。

控制欲望

他律靠规章制度,自律靠高尚品质。自律是一种高尚品质,但这不太容易做到。我就是一个能够自律的宠物,在这一点上,主人对我非常满意,我还要一如既往地坚持下去。主人,今天女主人在炖肉时把我馋坏了,从锅中飘出来的芳香弥漫在整个屋子中让我着实沉迷,我一直趴在锅旁边,躺在迎风的方向上,从锅中冒出的香气钻进我的鼻孔,我觉得非常过瘾。我盼望着肉早些煮熟,这样就能够吃上美食了。您总是非常慷慨的,在您吃美食时一定不会忘记我的。主人,我最喜欢将肉汤浇在米饭中了,这样的美食我每次都会吃到打饱嗝的程度,您还不时地给我在碗中放入大块的方肉,我觉得那就是我最幸福的时刻。您在吃好东西时总是不忘记我,这让我非常感动,我觉得我在您心中的地位还是蛮高的。有时候您将好吃的东西放在茶几上,这些美食完全散开摊在茶几上,这对我而言是极大的诱惑。但我非常明白,没有经过您的允许,即使再大的诱惑也需要克制,不能乱来。放在茶几上的美食,我只能尽量闻到浓郁的芳香,从来不敢越雷池半步。主人,我觉得您应该对我是非常满意的,我非常遵守规矩,这一点不是任何人都能做到的呀!

我觉得主人非常喜欢遵守规矩的宠物,在这方面我比小猫好得多。但正是由于我非常循规蹈矩,所以小猫往往能够比我吃上更多的好东西。但是由于您对小猫有偏爱,在小猫偷嘴吃之后,您也没有对其大加指责。您知道吗?小猫偷嘴吃时,我实际上也在流口水,但是我能忍得住,而小猫却不能。小猫总是能够游离于制度之外,而我却能够很好地把持自己。主人,有时候我也在想,您这样袒护小猫,对我是很不公平的。我的身体不像小猫那样灵活,很高的地方小猫也能够蹿上去,但我只能够在相对"安全"的地方行动。小猫的活动空间比我大很多。可以这样说,小猫的活动空间是立体的,我的活动空间是平面的。主人,我觉得您应该对小猫的行为进行约束,让我们两个同宿同食,这样在看见小猫时我就不会堵心堵肺了。您看,由于您对小猫比较袒护,我往往会受到不公平对待。主人,我觉得小猫太不矜持了,过于张扬会遭受他人白眼,小猫这样做完全因为您是它的后台呀!我觉得在这个问题上,您就是正义的化身。您在要求小猫与我的时候,不能出台两个不一样的标准。小猫由于能够登梯上高就要多吃多占,而我喜欢静卧就要忍饥挨饿,这是不公平的。如果"会哭的孩子有奶喝",那我以后也需要学着哭了。但是小猫"喵——"出来的声音比我"汪——"出来的声音更加好听些,这可能会让您更加舒服,可是这难道也是一种才能吗?主人,您能不能改变一下呀?您一定要慎重考虑一下我的建议哟!哈哈!

12 月 4 日星期日

今日感悟

　　管理者对待组织成员要一视同仁,在对组织成员进行评价时要采用统一标准,这是公平制度得以建立和推行的基础。组织成员中有的踏实肯干但不善言谈,有的善于花言巧语但不务实事,管理者需要辨证施治,将不同品行的员工安排在合适的岗位上。为了凝聚管理者需要的人才,在人力资源招聘与甄选阶段就要科学规划,避免鱼龙混杂。管理制度可以不断完善,但组织发展规划需要相对稳定,这在一定程度上决定了组织发展方向和管理者的用人标准。

◆ 以身作则 ◆

推卸责任

　　自己的责任自己承担,在工作过程中努力争取好成绩的同时,失误也是在所难免的,成绩属于自己,失误也属于自己,不能只强调成绩而不承认失误,我觉得这样的管理者或者员工才能算得上坦诚。

　　我的主人虽然优点很多,但缺点也是存在的。我对他的评价就是,大错误没有,小错误不断。我与主人是交心的朋友,我要对主人诉说诉说心声,今天就是个非常好的机会。主人,今天您给我讲了一个故事,我觉得太可笑了,我给您重复一下,看看我说的是否完整。您说的是"四拍"型领导干部。第一拍是"拍脑门",说的是做事情之前不过脑子,头脑一发热就开始做事情了,全然不顾及后果。第二拍是"拍胸脯",当别人问起"这样做事行吗"的时候,管理者拍着胸脯打包票说"没事",那种胸有成竹的样子,真是让人感到底气十足,管理者那种坚定的眼神、抑扬顿挫的讲话和有力的手势等,都足以证明这样做事情绝对没有问题!第三拍是"拍大腿",说的是"事情终于出了问题",管理者这时就会说"我什么都预料到了,怎么就没有预料到这样的事情呢",然后就开始后悔不已,用忏悔的表情对已经造成损失的决定进行弥补,但由于事情已成定局,不可能补救了,管理者唯一的办法就是捶胸顿足。第四拍就是"拍屁股",说的是在事情实在没有办法挽救时,领导就只能换个地方了(到其他地方任职,级别不变),让新任管理者收拾残局。新任管理者会重起炉灶,于是一场风波就这样不了了之。管理者犯了错误,让没有决策权的人承担损失,您说的这个事情实在是太幽默了。本来是非常学术的问题,让您这么一说,就非常搞笑了,而实际上又真是这么回事,我真的很佩服您,您怎么就能把如此深刻的道理用这么通俗的方式表达出来呢?您说这个故事的时候,我在心中笑了好半天呢!当然我相信这样的管理者不多,但是肯定有。

我要问,您在"四拍"中属于哪一拍呢?我觉得在咱们相处的过程中,您有时候也会犯错误。这时候您会感到非常没面子,但是您不愿意承认错误,您有权威,放不下架子。您的权力就是:只能您指出别人的错误,别人不能指出您的错误。依我看,"四拍"中的各种情形您都有,只是不太严重而已。在一个家庭中,即使您犯了错误,也只是影响一个家庭的发展而已,不会影响其他人的。咱家养了很多花,我就喜欢在花盆旁边睡觉,花的香气真是让我感到享受。但是有一次,您在浇花的时候,浇水太多了,以致您去上班之后,水从托盘中流了出来,满地全是水,我的身上也沾满了水。女主人回家后问这是怎么回事,您当时带着莫名其妙的神情回答说"不知道呀!"您的这个错误我是看在眼中、记在心上的,我对您的这种做法表示极度不满,我当时对您"汪——汪——"了,您知道吗?您回答女主人的问话时半遮半掩,真是没有办法,女主人最后生气地将地上的水弄干净。我觉得您大可不必否认错误,这只是一个小错误而已。我觉得,连这样的小错误您都没有勇气承认,大错误不就更没有勇气承认了吗?您在家中是这样,与他人打交道时也是这样子吗?我觉得,勇于承认错误是人的一种基本素质。只有这样,才能够与他人坦诚相见,也才能与他人打交道。本来是您犯了错误,却让女主人把地打扫干净,这是不公平的。如果经常这样下去,您就会频频发生类似错误。只有在犯了错误时让您自己承担责任并且付出应有的代价,您的行为才会有所改变的。在以后做事情的过程中,您就会少犯错误或者不犯错误。我不希望您加入"四拍"型管理者的阵营当中去,这样对您对我们都有好处,您说是吧?

5 月 16 日星期四

今日感悟

　　犯错误后应该敢于担当,推卸责任就意味着有继续犯同样错误的倾向。管理就是决策,为了避免决策失误就需要集思广益。虽然决策是基于组织成员的集体智慧,但最终仍然需要核心领导拍板,因此在出现决策失误时,核心管理者仍然需要承担主要责任。当组织取得突出成绩时,管理者是最大受益者,管理者的正确决策发挥了重要作用;当组织蒙受损失时,也应该是管理者的决策造成的。敢于担当应该是管理者的基本素质,这样的组织才有前途。

有公德心

主人,我觉得人应该有公德心,这一点很重要。主人经常表扬我,我在这方面做得好,因此我就有足够的理由对那些没有公德心的人进行批评了。

主人,今天您一打开电脑,有一条消息就呈现在眼前。我看到您当时思考了很长时间,国人到埃及的卢克索神庙游玩时,在有几千年历史的壁画上刻了"到此一游"的字样,导游在拍到这张照片时,感觉到耻辱。很多游客在国内经常有这种丑陋的行径,现在又将其带到了国外,这不能不让我汗颜。主人,我看见您当时很气愤,但是在气愤之余又能说些什么呢?这样的人又何止一个呢? 很多人在日常生活中不检点,到处乱扔垃圾,随地大小便的事情也经常发生,这就是生活环境美不起来的重要原因。您看,咱们在散步时不是经常看到类似的事情吗?地上贴的"刻章""办证""包小姐"等不都是如出一辙吗? "到此一游"的字样,人们在很多旅游点都能见到,写(刻)上这些字的人的目的可能是为了让自己"万古流芳"吧!但这种人都是无名小卒,在旅游景点写(刻)上名字,也无人知晓你到底是何许人也,但有一个作用无疑已经产生了:这就是脏了旅游景点。卢克索神庙上的"到此一游"字样,在毁坏了几千年珍贵文物的同时,游客也真的让自己"出名"了,只不过不是万古流芳,而是"遗臭万年"。如果当地没有采取有效措施将文物修复,这个让人恶心的"到此一游"将始终与文物留存下来,这真是大煞风景的事情呀!文物上的缺憾造成的将是人们心灵上的创伤。

主人,您说现代人怎么都变成这样了呢?我觉得绝大多数人肯定是有公德心的,往往就是因为一两个这样的事情破坏了人们的美好心境。这就像人们在抱着美好的心情吃红烧肉时,突然在菜中发现了一只苍蝇,食欲就会瞬间丧失。主人,我觉得这就是没有公德心的原因吧!其深层原因是太过自私,考虑任何事情时,都是以自我为中心的。做某种事情时,只管自己舒服,根本不考虑其他人的感受。如果所有人都这样做事情,每个人都会成为让其他人恶心的人,每个人都会对社会造成不好的影响,这就会导致不良社会环境的形成。您看,我在这方面做得还是相当不错的,每次大小便时我都要在您指定的地方完成,方便您处理。不像某些同类,随便在道路上就完成了。您在路上走时,经常会看到宠物的粪便。这不但影响了市容,也影响了行路人的心情。我觉得宠物随地大小便的责任应该由饲养宠物的主人承担,是因为人没有公德心,所以宠物才会没有教养。主人,在我非常小的时候,您就让我养成了良好习惯,我的公德心是您精心培育的结果。我希望所有宠物都要有公德心,宠物是主人的影子,只有主人的行为受到约束,宠物才会具有公德心。

主人,您说我这样看问题是不是有些小题大做了。但我并不这么认为,我觉得这是一个非常严肃的问题。任何一个小问题都应该引起高度重视,社会才不会出大问题,您说是吗?

5 月 26 日星期日

今日感悟

"天下兴亡,匹夫有责",只有这样,每个人才会自律。组织成员有无公德心,完全取决于管理者为组织发展营造的氛围。良好的行为需要在良好的氛围中培养,很多道德规范很难上升到规章制度层面。组织成员是管理者的影子,从组织成员的言谈举止中可以看到管理者的思维方式、思维高度。组织文化会让成员的良好行为辐射到全社会,从而为组织树立良好形象,组织成员以及管理者都会从该良好形象中受益。

上行下效

　　下属总是要做一些上司喜欢的事情，不然就很难得到上司的赏识。每个下属都应该有自己的绝招。我就是这样要求自己的。

　　主人，您希望让我保持安静，我就绝对不会瞎闹，不然会影响主人的写作思路。我的这些性格也是在与主人的长期交往中学到的。嗯！这大概就是上行下效吧！主人，我越来越明白"上行下效"这句话是什么意思了，上行下效有时是好事，有时也是坏事。若管理者的某些优点被下属学到了，这就是好事；若管理者的缺点被下属学到了，这就是坏事。您喜欢做什么，下属就喜欢做什么！其中的道理不言自明。您平时不吸烟、不喝酒，小主人也没有这些嗜好，我觉得这就是"上行下效"，您的行动就是无形的教育。我记得您讲过这样一个故事，说的是一个皇帝打猎，当这个皇帝到了猎场后，刚刚瞄准猎物，箭还没出手呢，手下人就开始叫好了，大声说箭射得很准。这些下属不管皇帝射中与否，都要叫好。按照常理，这个皇帝应该非常高兴但是皇帝实际上并不高兴，因为他知道，这些人都是在阿谀奉承，说的根本不是心里话。身边如果没有了说真心话的人，又怎能看清楚这个世界呢！主人，我觉得这个故事中皇帝的思考是正确的，想要治国安邦，手下就需要有一群忠诚的官员，但忠诚并不等于奉承，二者之间还是有很大差距的。管理者喜欢什么，下属就会做什么。如果上司喜欢喝酒吃肉，身边就会有一群酒肉朋友。如果上司喜欢别人拍自己的马屁，下属自然就会想办法拍马屁。主人，"上行下效"很多时候被认为是不好的，但有的时候是好的。

您看，您喜欢在安静的环境中工作，我也就非常喜欢安静，只要外面稍微有点乱，我就会心烦意乱。主人，我觉得"上行下效"就是一种文化，您的好品行会潜移默化地影响身边人，这些人的品行也会不断得以提高。因此看一个管理者是什么样的人，不用与其直接接触，只要与其身边的人接触一下，知道其身边的人是什么样的，就能够间接地知道这个管理者是什么样的人了。主人，我觉得上行下效就像一个幽灵一样，在每个人的身上都不同程度地有所表现。我就是您的影子，我的品行还不错吧！人们通过我也能够判断出您是一个有良好品行的人。

6月3日星期一

今日感悟

上司需要什么样的下属，不用刻意在下属身上做文章，只要带头做就可以了。在组织氛围形成过程中，不仅在于管理者怎样说，而且在于怎样做，后者要远远强于前者。管理者重视前者而轻视后者，就会让管理制度流于形式，组织成员就会认为管理者务虚而不务实。管理者就是组织成员的标杆，为了强化团队成员的整合力，管理者就要善于学习、善于询问，提拔敢于直言和具有创新思想的组织成员作为中层干部，以核心团队影响所有成员。

以身作则

"工欲善其事必先利其器"，我觉得这句话的意义很深奥呀！在与主人一起生活的日子中，我对这句话的理解越来越深刻了。我觉得"以身作则"就是主人做事的利器，主人的这个武器还算是比较锋利的，这个可不是说说就能行的，需要主人付出很多辛苦的！主人，我觉得以身作则很重要。只要您能够严格要求自己，就能够给别人树立好榜样，别人也就会对自身行为进行严格限制。为了做到以身作则，我觉得应该从吃穿住行用等各个方面都严格要求自己，人的欲望是无限的，而且很多欲望是很难克制的。如果社会环境好并且形成了一种严格自律的氛围，严格要求自己就不是十分困难的事情。但如果社会环境不好，以身作则就有点困难了。因为在这样的氛围中，以身作则就会使自己吃亏，谁会愿意做这样的事情呢？我记得咱们一起看《焦裕禄》时，您当时对我说，这是一个很廉洁的官。从您说话的表情中我判断出，焦裕禄就是一个以身作则的人。在那样一个困难的年代，人们在"吃"这个问题上都很难达到较高水平。人们为了填饱肚子而整天奔波劳碌，但生活水平还是不能提高很快。焦裕禄虽然是国家干部，但生活条件也很差。每天吃的都是粗茶淡饭，孩子穿的衣服也是非常朴素的。在别人眼中，孩子的穿戴已经近乎寒酸了。单位知道焦裕禄家很困难，特别给他发放了救济粮，但他觉得还有很多人比自己更困难，自己毕竟还能够吃上煮白薯等食物，有些家庭连这样的食物也吃不上呢！于是硬是将救济粮退了回去以便能够救济更困难的家庭。我觉得以身作则就应该是这样的,但需要付出很多,只有这样才能够严格自己,管好别人。这就是您经常说的:身正不怕影子歪。从内心讲,每个人都希望不断提高生活水准,但在生存状况普遍不好时,资源非常匮乏,资源竞争就会很厉害,一个人"吃"多了,另外的人就会"吃"少,一个人多吃一点,其他人就可能会被饿死。能够克制住自身欲望,把本来自己应该占有的东西分享给其他人,这就是一种风格,这种风格很重要。管理者如果具有这种风格,就会让麾下所有人具有这种风格。"以身作则"是管理者需要具备的基本素质,有了这个基本素质,管理下属就很容易了。

主人,恕我直言,我觉得您有时能做到以身作则,有时却不能做到。比如说,您规定全家人在周一到周五之间不能看电视,但我看见您有时就忍不住在看电视。您自己定的规矩,到头来自己先破坏。您在看电视时,我们也是非常希望看的,但是鉴于您先前定出了"不看电视"的规矩,即使您在看电视,我们也不敢前往。您总是将自己游离于制度之外,这让我们感到很困惑。我觉得制度不应该是个花瓶吧!实际上在既定制度面前,任何人都需要克制自身行为,每个人都不能由着性子来。主人,您的克制力是很弱的,制度是给别人定的,自己并没有受到约束,这怎么能行呢?您说您在家庭成员眼中的形象是怎样的呢? 您自己也应该能够琢磨得出来吧!

6月6日星期四

今日感悟

　　想让别人做什么,自己首先要做好。组织制度适用于下属,也适用于管理者自身,管理者不能将自身置于组织既有制度规范之外。管理者率先垂范,组织就会形成健康向上的文化氛围,所有组织成员都会是这种文化氛围的受益者。在资源相对紧张时,管理者要懂得礼让,将普通成员有更多的机会,并且让占有资源的组织成员感到理所应当,这就是管理者在刚性的制度之外对组织成员做出的情感倾斜。管理者懂得将自身喜欢的东西让与下属,下属就会自觉配合管理者的工作。

调节自己

　　　　心态与幸福感之间有很大的关系，调整好心态，幸福指数就会提高。我的幸福指数就很高，因为我的心态好。我不会因为一件不顺心的小事苦闷好长时间，也不会因为一件开心喜事而美上半个月。主人说这是我的最大优点，主人还说我就是一个"空桶子"。嗨，我已经是这样了，这样不是很好吗？快快乐乐地过每一天，这是最好的。

　　主人，今天下午我看见您对着窗外发呆了。您为什么要这样？说实在的，我也不喜欢下雨，因为下雨的日子里我就没有办法到外面玩耍了。但是我并不像您这样整天不愉快，毕竟雨天过后不就是晴天吗？况且雨天对于咱们是坏事，但对于农民而言就是好事呀！也许这场雨正是农民期盼已久的呢？认识事物不要总是站在一个固定的角度，从其他角度看问题，也许就会得出不一样的结论呢？有了这场雨，农民就不用对过旱的庄稼忧心如焚了。

　　主人，不知道您是否听过与雨相关的这个故事。有一个老太太整天发愁，因为老太太有两个女儿都在做买卖，大女儿是做雨伞生意的，小女儿是做扇子生意的。雨天时，老太太就担心做扇子生意的小女儿；晴天时老太太就担心做雨伞生意的大女儿。有人看不过了，说："老太太，用不着整天这样愁眉苦脸的，您可以换个角度看这个问题呀！晴天时扇子生意就好做了，雨天时雨伞生意就好做了，晴天时您就可以为小女儿有生意做而感到高兴，雨天时您就可以为大女儿生意兴隆而感到高兴，这样一来无论是晴天还是雨天，您总是可以高兴了。"老太太转念一想果然是这样。主人您看，不同的思维方式就能够改变人们的精神面貌。我觉得您的思维方式也要变换一下，否则您就总会愁眉苦脸。在日常生活和工作中，不要患得患失的。高兴过是一天，不高兴过也是一天，为什么要不高兴地过一天呢？主人，您对"滚滚长江东逝水"这首歌不是很感兴趣吗？您在给学生讲课时，还让学生听了朱之文演唱的这首歌曲，您对其中的歌词肯定很清楚吧！我觉得歌词作者太有水平了，歌词中不是说了吗？"是非成败转头空，青山依旧在，几度夕阳红……古今多少事，都付笑谈中。"主人，我觉得有了这样的胸襟，就能够保持乐观精神。只要自己认真地去做事就行了，不要过多地关心结果。让事情顺其自然，这样一来您就会丢下很多负担。主人，仅仅是一场雨，就能够破坏您的心情，这样下去怎么能够成就您的事业呢！

6月8日星期三

今日感悟

矛盾因欲望而生，团队因矛盾而散。组织中的任何一个成员都是经济人，为了实现愿望要不断去奋斗，但不应该将注意力集中在奋斗结果层面，不太注重奋斗结果的组织成员才能够欣赏到更多风景。在这样的组织中，人们就会更加热衷于创造，不会患得患失，成员间的矛盾也会尽量减少。但矛盾不可能从根本上消除，因此组织成员要积极调整心态，从容应对身边的事物。从阴雨连绵中看到丽日晴空的希望，将挫折视为进一步奋斗的动力。

姗姗来迟

迟到不仅表现出个人素质不高,也是对他人的不尊重,所以无论做什么事情都不要迟到。

我的主人是一个很讲原则的人,对于不守规矩的人颇有微词。不过主人有时也没有办法,有句话叫做"好汉难敌四手"。主人,我听说您今天又对学生发脾气了,现在的学生可真不行,上课迟到太严重。上课铃都响完半天了,教室里还没有几个学生。您回到家中就开始发牢骚,我当时也为您感到气愤的。现在的学生太懒了,很多人都不重视学习,就是为了拿两张纸(毕业证书与学位证书),这样还有大学生的样子吗?您说学生不以学习为本了,这不是很悲哀的事情吗? 我觉得学生的本职工作就是学习,早上早起十分钟,就不会发生上课迟到的事情了。主人,我觉得这实际上就是责任心问题。现在是不是有很多人都不重视自己的本职工作呀?如果是这样,社会不就乱套了吗?但是我觉得,关于上课迟到问题,也不能完全责怪学生,您自己也应该承担相应的责任。您是不是太"善良"了。您看,有些学生还是按时上课的,这完全是出于学生自觉,这些学生是有上进心的。但是对于那些上课经常迟到的学生,就不能完全凭自觉了,我觉得应该通过设计严格的制度对其进行约束。制度是否合理是您的责任,学生上课来得晚,表面上是学生的责任,但实际上也是您的责任。既然现在的学生不像原先那样有学习积极性了, 就需要创造相应的制度对其进行约束。主人,我觉得每个人都会有惰性,这是很正常的事情。惰性多了,就不利于发

297

展,所以就要对这些惰性进行约束。常言道"兴趣是最好的老师",如果学生对学习没有兴趣,让学生学习就很困难,这就是赶鸭子上架。姗姗来迟的问题不光在您的课堂上有,在您的同事中间肯定也有这样的人,每次开会,人家都到了,并且领导已经开始讲话了,这个同事才到,而且每次都是这样。

主人,我觉得您肯定有办法对付"学生上课迟到"这个问题的,这实际上也是一个管理问题。我觉得管理存在于生活和工作的方方面面,现在做老师也真是有些不容易了!不但要把课上好,而且要把学生管好。教师在传播知识的同时,还要做一个"管理专家",想上好一节课可真是不容易。主人,我觉得点名也不是一个好办法。那些不愿意上课的学生,如果到了课堂上,课堂反而会乱起来,这些学生还不如不来上课呢!我觉得在分数上进行控制是最有效的办法,只有达到教学要求的学生,才能够结课。同时要将补考的难度提高。当然这个问题也不是全部由您能够解决的,只有学校方面配合您的工作,这个问题才能够得以解决。

6 月 10 日星期五

今日感悟

　　能否严格遵守制度能体现一个人的基本素质,遵守制度是对上司的尊重,也是对同事的尊重。管理者总是埋怨下属工作不积极主动,下属出现问题时管理者不应该总是抱怨,应该认真思考一下在管理制度上是否存在问题,科学、规范并且得到严格执行的制度是组织得以高效运转的基础。下属在制度规范内可以享受充分的自由,但违反制度者要受到严厉制裁。管理者对下属发脾气,实际上是在自身犯错误时,把本来应该由自己承受的谴责加在了员工身上,这对员工有失公允。

管者自管

　　人的权力大了之后,脾气也会变大。我觉得这并不是管理者在张扬自己的权力,而是因为权力大了之后,承担的责任就会变大,在工作中由于经常会遇到不如意的事情,所以脾气就会变大。

　　主人的脾气就很大,有时我很难忍受!主人,您的脾气很不好。今天您又与小主人和女主人大吵了,吵完后您就去看电视了,然后您又开始在电脑上写东西。其实您并没有太在意小主人和女主人的心情,您吵完后就没事了,但是别人的心情会很差,他们会一直以为您还在生气,所以好长时间就不会有人(敢)理您。在您吵时我的心也在颤抖,生怕您一怒之下给我一巴掌,如果是那样的话我的小命可就完了。所以您吵架时我总是躲得远远的。我并不是在故意躲开您,而是害怕有哪些方面表达不合适而使您更加生气。小主人和女主人对这一点都是非常清楚的,我记得他们好像什么时候向您提起过这样的事情,而您只是一笑了之。主人,其实高声吵闹是非常不好的,不但影响了其他人的心情,也会影响您的身体。您不是也经常说气大伤身吗?我希望您在以后的日子中,凡是遇到棘手的事情时都不要火冒三丈,要学会克制,这虽然很难做到,但并不意味着不能做到。比如当有陌生人的脚步声出现在咱家门口时,我都要情不自禁地发出"汪——汪——"的声音,我这样做也是不能克制自己。但咱们两个的不能克制有本质的不同,我的不能克制是一种本能,是我恪尽职守的表现;而您的不能克制是脾气较差的原因导致的。您知道您生气时的样子吗？表情非常难看，说话的声调也与平常有很大差别，我有个不好听的形容——五官挪移。我觉得这样很不好，长期这样会影响您与家庭其他成员的情感。您在高声大吵的时候实际上邻居们也都会听到的，这也会影响您的自身形象。我虽然不会说话，但心中对任何事情都非常清楚。

主人，我非常希望您认真思考自己的缺点并充分发挥自己的优点，这样我就会更加愿意亲近您，您的知心朋友也会越来越多的。

6 月 12 日星期日

今日感悟

　　管理者的权威并非来自声调，而是来自智慧。管理者所处层级越高，责任就会越大，肩上的压力也就会越重。管理者只有适度放权，才能够在承担较多责任的同时，不至于手忙脚乱。坏脾气会在组织中传染，组织因而会笼罩在不和谐的氛围下，员工的劳动积极性继而受到负面影响。为此，管理者在走上领导岗位前，应该习惯敲脑门，即在坏脾气发作前要学会克制，这样用非常委婉的方式将负面意见表达出来，让被批评者容易接受，这样管理者履行了职责，下属也履行了义务。

安心做事

我需要一个安定的生活环境，这并不算奢侈吧！但主人总是心不在焉，不仅不关注我，而且给我添乱。也许主人并没有刻意要做什么，但确实已经打乱了我的"战略部署"。我连生活都不安心，还能安心工作吗？但这样的想法又不能直接向主人提出，真是急死我了，我到底应该怎么办呢？

主人，您把我睡觉的垫子一会儿挪到这里，一会儿挪到那里，我都不知道下一刻会发生什么样的事情！在我睡觉时，您会时不时地在我面前"嗷——"一声，把我从甜美的梦乡中唤醒。主人，您这样做，我觉得没有一块属于我自己的安静空间，我甚至觉得生活很没意思。您这样做也许会觉得很好玩，是通过这种超级幽默的方式向我开玩笑，但是我觉得一点儿都不好玩。您这样做，让我觉得没有丝毫尊严。我整天都会感到很紧张，我非常担心您下一步会做出什么对我不利的事情。我整天忧心忡忡，连睡觉这个基本问题都解决不好，您说我还能做其他事情吗？由于睡眠严重不足我整天都是无精打采的。有时您高声叫我的名字，我都会听不见，我有些精神恍惚，您是不是觉得我有些老态龙钟了。您是知道的，像我这个年龄应该是风华正茂的。我精力不集中，这不应该完全归咎于我，我觉得您是不是也应该承担部分责任?我觉得您并没有给我一个安定的"工作空间"。主人，我觉得您要让我安心做事，首先应该给我一个安定的空间，让我没有忧虑地思考问题，让我开开心心地做事情。但是就现在的情况看，这个基本要求很难达到。您的很多做法让我很难理解，就您做的很多事情看，您就像一个不成熟的孩子,您说您这叫做"童心未泯"。我并不这样看问题,你做事情欠考虑,该严肃时不严肃,不该严肃时反而严肃起来了,您的心情真是让我摸不透。在管理中如果下属遇到了您这样的领导算是比较倒霉的。因为您的心情完全是个"随机事件",人们根本就不清楚您下一步在打算什么。在您身边做事的人感觉到自己是在"坐着无底的轿",在做事情之前心里先打鼓,思考半天之后总是觉得这样做不行,那样做也不行,这样肯定会影响工作效率。

主人,您说是吧?是您的管理风格让下属没有了做事的勇气。下属犯错误了,您应该承担责任才对。我觉得作为一个管理者,首先应该给下属一个安定的工作环境,像您这样肯定是不行的。员工都非常希望舒心地做您的下属,不然没有多长时间,下属肯定都会离开您另谋出路了。下属在您身边工作,并不是为了捉摸您,而是为了与您通过默契合作,达到双赢的效果。您应该明白,您在对下属有要求的同时,下属对您也是有要求的,只不过您能明确给下属提要求而不能反过来。

7月2日星期六

今日感悟

首先要盖庙,然后才能念经。为了让员工做出成绩,管理者有责任为员工搭建工作平台。管理者并非业务精英,因此在具体工作方面要善于倾听下属的心声,管理者尤其不能干预员工的具体工作。在组织发展问题上,下属应该服从管理者,在具体业务方面,管理者应该向下属虚心学习,甘当下属的服务员,善于发现下属的需求,并创造条件满足下属的合理需求。管理者应该明白,为下属服务就是为自己服务。这样的管理者就会魅力十足。

秋风萧瑟

　　甘愿为他人做垫脚石,这是一种值得称道的优秀品质。如果将这种行为发展为一种传统,并且不断传承下去,人们之间的矛盾就会减少很多.

　　主人,时间过得可真快,转眼又到了秋天,我真希望能够将火热的夏天留住,但这不是以我的意志为转移的。寒来暑往、斗转星移,这是自然规律。夏天是非常火热的,这是万物生长的季节,所有的成果都在春天得以孕育,在夏天得以巩固,在秋天得以结果。秋天是硕果累累的时节,也是万物走向衰败的季节。人们经常说"落红不是无情物,化作春泥更护花",话虽然是这样说,但谁也不愿意欣赏"落红"以感受哀伤,而是喜欢春天百花争艳的情景。因此很多时候人们更习惯做"锦上添花"的事情,而不太热心做"雪中送炭"的事情,而实际上"雪中送炭"较"锦上添花"产生的实际效果更大。春季里和夏季里风光十足的鲜花和绿叶在秋季到来时注定要失去往日的光华,被来年的新生力量所顶替。这不禁会让人们产生"帅"都是被"卒"顶掉的感慨。主人,秋天落叶飘零,秋风萧瑟的感觉让人们感到哀伤,尤其是万物被白皑皑的大雪覆盖时,更是没有了生命的迹象。但是人们知道,在雪被下面,在落叶飘零的地方,正在孕育着来年的繁花似锦和万木峥嵘。逝去的前辈们正在以自己无私的胸怀为后辈的成长奠定了基础,而这些都是在无声无息中完成的。"落红"在化作"春泥"时并没有张扬自己的奉献精神,这些前辈们觉得张扬自己的奉献精神没有必要,因为祖祖辈辈都是在这样的传统中度过的。这些前辈心中有一个信念,相信后辈们会将这样的精神意志传承下去，无需张扬，只需要默默无闻地做事情就可以了。主人，我觉得这种精神太伟大了。每个人都应该努力做好自己的事情，只要认认真真地站好自己的一班岗就是对他人的贡献。

管理者用自己的行动教育身边的人，比空洞的说教效果更好。主人，虽然您并不是最优秀的，但您的一举一动确实能够影响我。我虽然也有"秋风萧瑟"的哀伤，但我看重的更是在秋风萧瑟之前，葱茏茂盛的生命对后代产生的影响，这种影响将会化作来年新生命成长过程中需要的营养，让这种好的传统得到强化。主人，我觉得人应该向植物学习，人相对于植物而言显得太张扬了，而植物总是在那里默默无闻地奉献。

9 月 21 日星期三

今日感悟

在一个组织中，老一辈为新一辈的发展奠定了基础。为了组织的健康发展，管理者、优秀员工都要有甘当铺路石的精神，并且不断传扬下去，这样的组织才会形成相互尊重、相互帮助的良性文化。资深员工虽然体力不支，但由于具有丰富的经验，因此可以给年轻人做军师，让年轻人在成长过程中少犯错误、多走捷径，在组织中培养这种文化是管理者的责任。正确处理竞争与合作的关系，并且将组织成员较好地引导到合作轨道上来，才能形成良好的组织文化。

◆ 打破藩篱 ◆

以貌取人

人们非常容易被外表的东西迷惑，很多管理者就是因此而做出了错误判断，这真是一个管理学难题。

比如在外面散步的时候，很多人都会向我投来羡慕的眼神，这完全是因为我有一个靓丽的外表。其实这些人对我并不了解，这就是"以貌取人"吧！嗨，没有办法，这样的事情时刻在发生呢！主人，您经常批判"以貌取人"，说这是错误的，但是我觉得这种偏见还是很难从根本上消除的。在外面散步的时候我们会遇到一些长相非常俊秀的狗，每当这时候我都会"羡慕嫉妒恨"。因为见到这些小狗时，您总会俯下身去与其说话，还要凑上去抚摸。您这些"温柔"都会让我感到非常不舒服。我希望您只喜欢我。您是我的唯一，我希望我也是您的唯一。街上散步时遇到那么多的宠物，有一些您是不喜欢的，您对这些宠物只是从外观上进行评价，这种评价太过粗糙了吧！这难道不是"以貌取人"吗？主人，我觉得谁看见美丽的事物都会心旷神怡的，这个是很容易理解的。美丽的事物会给人们带来美好的心情。但是我觉得"以貌取人"经常会让人们犯错误,让美丽的外表迷惑了眼睛,从而做出错误的举动。

美丽的外表虽然不易得到,但是很多人通过打扮、化妆等方式让自己的样子"靓"起来。现在不都已经有了整形产业吗?原先只是美容,从外在方面即在皮肤表面做文章对人不完美的方面进行弥补,现在则是对皮肤以外的内容大动干戈了。把平平的胸脯弄鼓,把单眼皮弄成双眼皮,对人的脸型进行重新组合……在整形专家的手术刀下,一个个人造美人粉墨登场了,因为漂亮的外表能够让其拥有更多机会,这些都能够与财富和名誉等紧密结合起来,只要有了利益驱动,人们就会趋之若鹜。被整形的人愿意承受"千刀万剐",整形专家也喜欢将人"生吞活剥",二者都是用"利益"连接在一起的。专家从被整形的人那里得到利益,被整形的人可以从其服务者那里得到利益。为了这个让人痴迷的"貌",很多人都奋不顾身地"舍得一身剐",将自己打造成他人心中的偶像。人在"貌"方面紧锣密鼓地进行伪装,产品在"貌"方面的伪装也不甘示弱。相同的产品,谁的外表越靓丽,谁就越能赢得消费者的芳心。您经常提到"以貌取人"的事情,我觉得现在这个问题是比较严重的。主人,您说这个问题什么时候才能彻底消失呢?

1 月 12 日星期六

今日感悟

　　内涵和外表都很重要,管理者应该根据组织发展需要配置二者的权重。管理者经常犯的错误有首因效应①、刻板效应②、晕轮效应③等。在形式喧宾夺主时,管理者就付出较多成本。管理者应该具备"去伪存真、去粗取精、由此及彼、由表及里"的基本素质,能够透过现象看本质,能够巧妙地剥去员工伪装的面纱,辨识其内在品质,从而为工作岗位物色合适的人选,实现"岗得其人、人岗匹配、人随岗变、人事相宜",使得每个岗位都能够得到"第一流的工人"④。

---

　　① 　也叫第一印象效应。这是"先入为主"造成的效果,指第一次印象会对以后产生较大的影响,这种印象往往不容易改变。

　　② 　指脑海中形成的对某人、某事的固定印象。这是一种奇怪的心理现象,这种效应往往会使人造成错误判断。

　　③ 　也叫光环效应。指对某人某方面的特征形成良好印象后,会推及此人其他方面的特征。这种判断方法往往会形成以偏概全的认识误区。

　　④ 　著名管理学家泰罗认为:每一种类型的工人都能够找到某些工作使他成为"第一流的工人"。泰罗认为,管理者的责任就在于为每项工作找出最适合的人选,使工人的能力与其工作相适应。

远近厚薄

　　人与人之间的情感厚薄程度肯定是不一样的，造成这种结果的原因是多方面的。我身边有三个主人，每个都是我的衣食父母，我都要认真对待。主人，在我的眼中"您是一切"，我看得出来，家中的一切都是您说了算，我总觉得您的权力很大，大家做事情之前都需要向您请示。也许您看得出来，在所有家庭成员中，我与您是最亲近的，这样的结果与您权力较大是有关系的呀！在您吃饭时，我喜欢凑到您跟前，在您睡觉时，我喜欢在距离您最近的地方躺下，我喜欢听到您打呼噜的声音。每当您穿鞋或者换衣服时，我就会非常激动，因为我总觉得您这是要到外面去散步了。别人的一举一动，我都不会太在意，但非常在意您。即使我在熟睡时，也能听清楚您的脚步声，或者听清楚您的说话声。我太熟悉您了，我希望在与您的亲密接触中，得到您更多的庇护。

　　很多事情我都清楚地记着呢！有一次我喝水的盆中没有水了，当时我渴得要死，于是拱开水房的门，去舔滴在地面上的水，当您发现这种状况时，感到非常奇怪，于是就去看我喝水用的盆，发现没水了，您在责怪自己之余，还对女主人和小主人大声嚷叫，埋怨他们让我渴到了。虽然您当时嚷叫的声音很高，但我并不害怕。因为我知道您这是在体贴我，您当时这样做，我心中别提多高兴了，我知道您是非常在意我的。自从那次以后，我喝水的盆中再也没有断过水。您看，您说的话有多管用？家中没有一个人敢不听您的。有了您这样一棵"大树"，我也就能够得以乘凉了。在您的庇护下,我可以享受到更多的人间真情。我特意亲近您这件事,女主人看得非常清楚。女主人有时唠叨说:"詹妮的眼中只有你,对我好像一点儿也不在意。"其实女主人不知道,在我的眼中,你们都是我的主人,谁的话我都要听,我并没有忽略女主人,我可没有这样的胆子。我觉得女主人对我的看法是不全面的。咱们三个出去一同散步时,有时由于我心情太急,先是跟着您跑下了楼,但是到了楼门口时,您对我的召唤就有些不好使唤了,因为我已经察觉到女主人还没有下楼呢,于是我就会在楼门口蹲下身等着,这期间,即使您已经走得很远了,我也毫不在乎,只要我还能看得见您的影子就行。有时候您刻意"耍"我,躲在树后面或者墙角后面,这时我就会飞快地跑过去,确认一下您还在,然后就飞快地跑回去,继续在楼门口等着楼门尽快被女主人推开。当女主人出现在我面前时,我一般会非常激动,上前扑一下女主人,有时还会扯住女主人的裤脚以示快些走。主人,从这件事情上看,我觉得在这个家庭中,我并没有厚此薄彼。由于您在家中时间长些,所以我与您打交道的机会就多些。我虽然在心中对您确实有些偏向,但是并没有强烈地表现出来,女主人觉得我有些偏向您,我觉得这只是她的主观感觉而已。主人,您觉得我说的对吗?

5 月 11 日星期六

今日感悟

　　一个下属要同时面对多个上司,但这些上司在组织决策中的话语权是有差异的,下属要根据这些上司的职位高低定位自身应该与其保持的距离,按照这个距离对管理者排序。具有较大决策权的管理者,在组织中自然会占有更多资源,下属也会与其保持较短的距离。但这并不意味着该下属就会远离其他管理者。在与多个上司打交道的过程中,下属需要悟出一套处事哲学,需要让所有领导满意。下属要表示出对非核心管理者忠诚,对核心管理者更加忠诚。

利益集团

一个人的力量是单薄的,很多人的力量就是强大的。但是当这种强大的力量组成一个利益集团对他人造成负面影响时,就应该对其进行制裁了。我与主人就碰到过几次这样的事情,这是让人非常气愤的,单凭我的微薄力量是不能将这样的利益集团驱散的。

主人,今天早晨出去散步时把我吓坏了,咱们正在向前面走时,有几只小狗迎面凑了过来,领头的那只是个黑脑袋,全身黑白相间,这个家伙以很快的速度冲到了我面前,随后跟在黑脑袋后面有好几只小狗也冲到了我面前,看样子他们是一家子的,要通过群体方式对我进行"侵略"。我见状吓得赶紧跑,一直被追到了小河的陡坡上,眼看就要走投无路了,这时您追了上来大喝一声,将这群不知趣的家伙赶跑了,这时我才大松一口气。主人,在关键时刻是您保护了我,我对您表示衷心感谢。事情虽然已经过去了几个小时,想起发生的那一幕,我还是有些心惊肉跳呢!我个头矮小、势力单薄,难以招架这群不速之客的侵扰。现在想起来,这些来自一个团伙的家伙,正是通过形成一个小集团的方式对我构成了威胁,其实单个成员根本不是我的对手。当时他们一起向我冲了过来,不用说与他们对峙,单就这种阵势就已经将我打败了。"恶虎怕群狼",更何况我不是恶虎呢!主人,通过这件事情,我深深感觉到"小集团"的力量太可怕了。"小集团"中的成员可以形成一个利益团伙,对小集团以外的个体进行"围剿",就会将整个生存空间搅得乌烟瘴气。由于做事的原则被扭曲,真理也就不复存在了。人们的工作、生活、学习就会笼罩在"阴霾"之中。我就是碰到"利益集团"了。这让我担心了起来，本来是阳光明媚的早晨，遇到了这样一群家伙，我的心情糟透了。我根本没有心情享受早晨的美丽景色了。主人，您在工作过程中，周围是不是也存在这样的利益团体。这就是您在管理学上所讲的"非正式组织"吧？我记得您曾经说过，"非正式组织"不都是坏的，如果管理者能够巧妙地利用"非正式组织"，就能够促进组织的发展，反之就会为组织的发展带来障碍。

　　主人，您怎样看待早晨发生在我身边的这一幕呢！您看问题总是非常深入的，您肯定有自己的想法吧！我觉得，以黑脑袋为首的这群家伙不能算是"好人"吧！这些家伙合起伙来算计我，让我不得安生。主人，在实际管理过程中，如果出现了类似的问题，是不是也会影响整个组织的发展呀？本来打算努力工作的人，也开始懈怠了。这样看来，真是不应该让这样的"小团体"存在下去哟！对付这样的"小团体"有什么好办法吗？能说说您的想法吗？

5 月 22 日星期三

今日感悟

　　"小团体"会在组织内结党营私，严重阻碍组织的正常发展，"小团体"会排斥异己，压制组织内的优秀人才。管理者必须规范组织制度，遏制"小团体"产生，为优秀员工的发展创造条件。与此同时，管理者要鼓励因创新和谋求组织发展而结成的以攻关为目标的"小团体"存在，这样的"小团体"越多，组织的竞争力就会越强。因此，管理者要注意对"小团体"进行性质界定，区别对待不同情况的"小团体"，保证组织沿着正常轨道发展。

◆ 修身养性 ◆

做个绅士

　　绅士一般具有谈吐优雅、彬彬有礼和富有教养等特征,绅士风度是英国男士所推崇的基本礼仪规范。做绅士是不容易的,需要以丰富的内涵做基础。主人是个火爆脾气,与绅士的距离相差很大。您一定要学会克制,在遇到问题时要思前想后,不要马上就火冒三丈,这样的火爆脾气很多时候会坏事的。

　　我有一个对付急脾气的好办法:在将要发急脾气时,用右手使劲捏自己的左手,示意不要犯急躁病。主人,您是学管理的,给学生讲管理课是您的拿手好戏。我相信您在这方面懂的道理肯定很多,不用我啰唆了吧!人的性格可以影响一生。有时两个人的能力可能是一样的,由于脾气性格不同,就会导致发展结果不同。性格很重要,但性格是很难改变的,有个比较好的性格就是福气。主人,您可以观察一下周围,总是笑容满面的人与身边人就比较容易相处。人的脸在五官中占据了最大的面积,表情是通过脸进行表达的,脸的状态变化后就会引起眼睛状态的变化。没有人愿意经常看见一张不舒服的脸，表情不同就会影响他人对此人的接受程度。表情是性格的外在展示，与人的长相一起决定着一个人是否容易被他人接受。有的人看上去就非常古板、拘谨，有的人看上去憨态可掬。性格、长相在很大程度上决定了这个人的未来发展。人与人在交往过程中，具有绅士风度的人容易被他人接受。绅士能够做到张弛有度，在与他人交往过程中不温不火，让人感觉到深不可测的同时，又容易打交道。这样的人与人为善，不与他人产生正面冲突。我觉得，做个绅士不但有利于自身发展，而且对于整个社会也会产生积极影响。脸就是一面镜子，他人就是通过观察您的脸与您打交道的。您对别人笑，别人也就会对您笑。一定要抱着友善的态度与别人打交道。常言道"勿以善小而不为，勿以恶小而为之"，这是做绅士的基本前提。

世界是由矛盾组成的，彼此间的交往过程就是不断创造矛盾和解决矛盾的过程。由于每个人的综合素质有很大差异，所以解决矛盾的方法会千差万别。自己主动吃些小亏有时候更加能够展示出绅士风度。尤其在与"小矮人"打交道时，更不能硬碰硬，采取迂回战术将问题解决才是明智之举。主人，您在我心中是个绅士，我希望您永远是个绅士，希望您在别人的眼中也是个绅士。只有这样，我与您打交道才会感到非常荣耀。

5月17日星期五

今日感悟

上司做到临危不乱，下属才能按部就班，上司应该有管理者的绅士风度。在下属眼中，上司应该具有雷厉风行、做事稳妥、与人为善、乐于助人、和平相处、冲锋陷阵等基本特征。管理者的责任在于想办法，激励组织成员实现发展目标。即使泰山压顶，也要做到临危不乱。管理者具有绅士风度，组织成员就会做事有底。管理者要学会谦让，将更多机会留给组织中的优秀成员，让其成为组织发展的中坚力量，从而将员工个人发展与组织发展紧密结合在一起。

做个内行

外行和内行不是绝对的，一个人只要越过了自己熟悉的领域就变成了外行，所以学习非常必要。为了正确地做事情，需要不断地与别人交流，增长知识提高个人修为，以便让自己变得更加专业些。

主人，今天中午吃饭的时候，我又在听您上管理课了。您总是这样，抓住任何机会宣传自己的观点，不过我听起来一点儿也不感到枯燥。您总是能够用简单的语言表达出富有深刻道理的内容，我特别喜欢听您说事。按照我的理解，您今天说的是"外行管内行"的事情，您的观点让我很受启发。按照您的提法，在"外行管内行"与"内行管内行"之间，确实存在着矛盾。按照现在的"学而优则仕"的用人文化，意味着在一个人专业很优秀的时候，就被提拔为部门领导，于是该部门就失去了一个很优秀的在一线工作的"战士"，这个人走上领导层之后，专业技术就会逐渐荒废，转而从事一些事务性工作。从这个角度看，优秀的专业人才被提拔为领导干部，既是部门发展的福音又是噩耗。说是福音，是因为这个"领头羊"是行家里手，能够引领部门发展，部门因此会有更加光明的前途。说是噩耗，是因为这个部门从此失去了一个在一线工作的专业人士。那么，为了将这样的专业人士留在第一线，就需要选择非业内人士或者不是很优秀的人士担任管理者，但是这也是不行的，因为这样做就会发生"外行管内行"的事情。"外行管内行"就会使整个部门变得一塌糊涂，管理效果当然不如"内行管内行"了。

　　我觉得您后面的观点很好。一般情况下,人们认为管理者都是从优秀的员工中提拔起来的,所以给人们的印象是:管理者一定是很优秀的人。所以"成为管理者"在很大程度上变成了优秀下属的一种荣誉。按照这样的逻辑,有些"小矮人"为了成为管理层的一员就会钻营,最终被提拔为管理者的人,就不一定是最优秀的组织成员了。任何事情一旦与利益连在一起并且被不同程度地扭曲后就会变味。由此看来,无论是"内行管内行"还是"外行管内行"都有不同程度的无奈。主人,您说的很有道理,但我现在想问您的是:您是内行还是外行呀?这个问题您一定觉得很难回答吧!因为无论是外行还是内行都是针对具体事情来说的。一个人在一定情况下是内行,在另外一种情况下就可能是外行。常言道:骏马耕地不如牛。但是如果在疆场上驰骋,耕牛显然就不能与骏马相提并论了。这就需要选出骏马鏖战疆场,在耕地时选出耕牛,让不同的资源都发挥应有的作用。

　　管理者具有分配资源的权力,但是如果资源利用得不合理,人们之间就会产生很多内耗。管理者必须是个内行,才能避免不必要的内耗。主人,我觉得您写书写文章是个内行,但是在管理家务和照顾孩子方面显然是个外行。您一定要多与女主人商量,只有这样家中的情况才会更好。主人,我真希望您能够听我的劝告呀!但是这些思想我并不能通过语言表达出来,只能用期盼的眼神看着您,您能够明白我的意思吗?

5 月 20 日星期一

今日感悟

　　管理者不一定是业务精英,但一定是内行,才能够把握组织发展方向,正确制定组织发展目标,在人员招聘与甄选、薪酬设计、绩效考核等各个方面都会提出富有见地的发展设想。内行管内行,组织成员就会在心底佩服管理者,形成以管理者为核心的团队。外行管内行就会出差错,出现瞎指挥的问题,越是外行的管理者,越是喜欢装内行管理具体事务,害怕组织成员揭穿自己是外行的"皇帝新装",从而使得组织发展进入恶性循环的怪圈。

不修边幅

　　相对于人类而言,我一生只有一身衣服,不用每天为穿什么而犯难!有些人通过穿着显示富贵,有些人则很不在意穿着打扮,我觉得无论哪个极端都不好,在穿着上要得体最好了。

　　我的主人在穿着上有时就太随意了,有时连我都有些看不过去!上班时着装非常得体,给人以体面的知识分子的感觉,不上班时又穿着太差,这可不行呀!主人,虽然穿衣戴帽各有所好,但还是应该遵循一定章法的。您今天说,有个老师上课时,穿着拖鞋、大裤衩,嘴上叼着烟,这种形象让学生很反感。我觉得在正式场合穿成这个样子,实在有失体统,这就是不修边幅的结果。如果说某个人是不修边幅的,这并不是对此人的表扬吧!当然有些时候,"不修边幅"并不具有批评的意思。比如《三国演义》中的曹操,听说许攸来投奔自己,慌忙之间连鞋子都没有穿好,穿着睡衣连跑带颠地从军帐中出来迎接。这时候的曹操是不修边幅的,但是没有人说曹操不好。尤其是在许攸的心中,认为这是曹操对自己的优待。曹操这样平易近人地对待许攸,让许攸很感动,曹操的"不修边幅"赢得了许攸的心,在许攸的帮助下,曹操得以打败袁绍。这里用不修边幅形容曹操,应该是对曹操的表扬。曹操不修边幅,说明曹操礼贤下士,这是他的睿智。曹操用这种方法得到了下属的心,从而死心塌地地成为曹操的左膀右臂,许攸投奔曹操,给曹操送来了一座江山。所以对"不修边幅"不能一概而论。一般情况下,人们都是用"不修边幅"表示某人穿着非常随意。但是在不该随意的时间和地点太随意了，就会给别人不舒服的感觉。教师站在讲台上，首先在个人形象方面要为人师表，比较严整的外表对学生也能够起到教育作用。

主人，我觉得您有些时候就很不修边幅，在公园中带着我散步时，上身穿着一件大背心，下身穿着一条大裤衩，我觉得您这种形象太随意了。您这样不修边幅，会让我也很没有身份，我活泼、可爱，全身雪白的毛毛，腰中缠着"玉带"，这样一个天使的"打扮"，在公园中散步时会招来很多人围观的！但是我总觉得您这种不修边幅的打扮，不会让我的身价高上去，没有人认为我生于"富贵人家"。主人，其实这对我倒是没有多大影响的，我充其量只是一只宠物而已，我关心的是您。您看，如果您在别人面前衣冠楚楚、相貌堂堂，别人就会对您高看一眼。我总觉得，追求平易近人并不一定需要刻意降低穿着的品位吧！在穿着打扮方面应该达到最基本的要求，我觉得穿着方面可以不追求形式上的朴素，只要有艰苦朴素的精神就可以了。某些人为了追求艰苦朴素，刻意吃山野菜，吃玉米面粥和咸菜条，这大可不必。我觉得吃北京烤鸭、鱼香肉丝和红烧肉都可以，只要永葆创新、奋斗的精神，就是艰苦朴素！常言道"酒肉穿肠过，佛祖心中留"，在吃着红烧肉的同时，能够为组织发展创造出更多的财富才行。个人财富增长以及组织的大发展，都不是靠省吃俭用得来的，应该不断创造，创造出更多的新财富才是管理者的责任.

主人，您不要在别人面前总是要摆出那种穷酸气，赶紧改掉您这种不修边幅的"坏习惯"吧！在穿着上不要太过"清贫"了！因为您不仅代表自己，还代表小主人、代表女主人、代表我。您的形象就是我们的形象，您说对吗？

5 月 28 日星期二

今日感悟

　　恰到好处的形式能够对内容起到很好的衬托作用，管理者要注意内容也要注意形式，深刻理解形式与内容间的相互依存关系。"形式"与"形式主义"之间是存在差别的，前者是必须要做的，可以很好地支撑内容存在；后者是单纯强调形式，做事过程中务虚而不务实，组织成员并不看好这样的管理者。在管理者不注重形式时，内容的存在也会受到影响。在下属看来，这样的管理者没有生活情调，不懂得追求外在美，管理者的形象就会打折扣。

修身养性

　　修身养性是与自己的生活质量紧密联系在一起的，我的主人却对此很不注意。作为主人的亲密朋友，我有必要提醒一下，修身养性应该成为主人终生的任务，需要从日常生活中的一点一滴做起。这需要不断观察别人，将他人的优点变成自身的素质。

　　主人，我觉得您是一个不会生活的人，整天忙于工作，有时我都觉得您有些让人眼晕，您现在根本没有自己的兴趣爱好。看看您身边已经退休的人，很多都是由于年轻时没有培养什么爱好，退休后只能在公园中闲逛。但是也有些人练剑、打拳、写字，我觉得这些人的生活是比较充实的，老年生活幸福是很重要的，为了提升个人生活的幸福指数，除了要有充分的物质基础做依托，还要有足够高的生活情调，将闲散时间与生活情趣紧密结合在一起，充分享受生活而不是被生活拖着跑。主人，晚年能够有充实的生活，要得益于年轻时有丰富多样的爱好。我觉得您是不是可以考虑一下，从现在开始就要丰富一下业余生活，不要等到退休时再后悔自己只有吃饭这个"爱好"，到那时就晚了。为此就需要更多地与身边那些兴趣爱好非常广泛的人交往，您不总是说"近朱者赤，近墨者黑"吗？经常与这些人打交道，您的性格就会更加开朗，兴趣爱好也会多起来，享受生活的方式也会变得多样化起来。主人，我觉得业余爱好广泛，不但体现出自己有生活情趣，也能够体现出自己有生活品位，与他人交往时就会有更多话题。具有较高生活品位的人，对他人就会有更大的魅力，与他人沟通的渠道就会更多些,朋友圈的人数也会增长。

主人,中国是一个关系社会,做事情时是讲究人际关系沟通的,您的生活情趣多起来后,您的关注点就会多起来。主人,您整天忙于工作,不但您的生活单调了,我的生活也单调了。在您工作时,我整天睡大觉。到外面散步时,我的爱好也不够广泛,我唯一的选择就是跑圈,围着花丛、树木使劲跑,这已经成为我散步时的最大快乐。主人,如果您希望退休之后有丰富的生活,就需要从现在做起,有计划地安排出一定的时间培养健康向上的业余爱好。主人,我是不赞成吸烟和喝酒的,有些人将业余爱好庸俗化了,一谈到兴趣爱好就与吸烟、喝酒、打麻将等联系起来,这样的爱好是有损身体健康的,同时也会给身边其他人造成负面影响,虽然有不同嗜好的人都会有自己的朋友,但是写字、画画、跳舞、唱歌等方式的爱好,能够增添您的儒雅气。主人,请您不要将修身养性世俗化,我说的修身养性是针对情调高雅的生活方式而言的。也不能走向另外一个极端,不能把自己"禁闭"起来,与世隔绝,关在书斋里写字作画,不与外界交往,这就完全违背了我对您的建议了。

6月9日星期四

今日感悟

管理者具有好的情操可以对下属产生好的影响,管理者要从内到外修炼自己。做管理者也是一种修行。工作并非管理者生活的全部内容,懂得生活的管理者会是更好的管理者。管理者在激励员工成为出色的业务精英的同时,也要激励员工培养多种业余爱好。懂得休闲才能够有更高效率的工作。管理者修身养性,个人魅力得以提升,组织的凝聚力也会得到强化。组织成员会感觉到,工作与生活相得益彰,工作充满了激情,生活充满了欢乐。

哗众取宠

若哗众取宠能够得到好处,就会有更多人效仿,那么还会有人实实在在地做事吗? 如果没有人认真做事了,那这个社会怎样发展呢? 因为我是一个很务真求实的人,所以经常想与主人探索这样的问题。我希望永远能够做主人的"小乖乖",不愿意别人替代我的位置。

主人,我现在感觉到,在别人面前树立一个被人认可的形象真是不容易,如果太严谨,别人就会认为这个人不入流,有"拒人于千里之外"的感觉,此人是没有办法与他人相处的。但是经常夸夸其谈也不好,其他人会认为这个人油嘴滑舌、过于张扬。您不是说在您身边就有这样的人吗? 主人,我觉得幽默是一种才能,幽默的人通常较其他人具有更好的人际关系。但是幽默与夸夸其谈并不是一回事哟! 主人,我就经常见到这样的人,在别人面前善于表现自己,这样做反而不会引发他人赞赏,我觉得这是没有必要的。您看,当母鸡下蛋后,总是要叫个不停,生怕别人不知道自己下了蛋似的,我觉得这就是炫耀、张扬。名声是需要别人传,而不应该自己给自己传,自己需要做的就是认真地做事情,如果每个人都保持内敛,人们之间的矛盾就可以降到最少了。"哗众取宠"会让他人觉得此人非常浮躁,不安心做事。我认为管理者不喜欢这样的下属,这样的下属会将整个组织搅得一团糟。管理者最喜欢做事不图报酬的下属,但管理者一定要给这种下属合适的名分才对。有些管理者并非如此,在引领组织发展过程中用人良莠不分,造成"会哭的孩子有奶喝"的问题。按照这样的逻辑,在整个组织内部就会让"哗众取宠"成为一种时尚。人们就会将"安于做事、不重言表"的人当作哑巴,组织内的发展机会就会被精于"哗众取宠"的人夺去。主人,我觉得这对于本分做事的人是非常不公平的,这种局面如果不遏止,组织就没有办法得到持续发展。主人,在我的印象中,您是一个"铁面包公",您对很多事情都看得入木三分,您对"哗众取宠"的人是不屑一顾的。主人,我觉得"哗众取宠"就是"油嘴滑舌",这样的人在组织中确实能够活跃气氛,您不是说您的身边就有这样的人吗?有了这样的人,场面就不会显得冷清。人们见了面之后就会有说有笑的。但是这样的说笑好像都不是发自内心的,"油嘴滑舌"的人,能够打破冷清的气氛,但是组织成员间心灵上的那种孤寂是很难消除的。

主人,我觉得哗众取宠不但没有提升个人形象,反而让组织中求真务实的工作氛围荡然无存了。我觉得"消灭"哗众取宠是管理者的责任,只要管理者不喜欢这样,身边人就不敢这样做。管理者的态度决定了组织的文化氛围。哗众取宠的人也许能让自己得到点什么,但会让整个组织失去的更多,这实际上是在削弱管理者的权威。如果管理者放任这样的人,组织就背离了正确的发展方向,聪明的管理者不会这样做的,主人,您说是吧?

6 月 11 日星期二

今日感悟

　　管理者为了推动组织发展,需要重用优秀员工。如果优秀员工的甄选标准出了问题,管理者身边聚集的就是些哗众取宠的无真才实学的人,在这些人的簇拥下,管理者在短时期内会有好心情,但当组织需要人才冲锋陷阵,用过硬的业务推动组织发展时,哗众取宠者难当大任,管理者就没有了好心情。这时管理者即使再起用长期被打入"冷宫"中的优秀员工,这些被冷落者也不会全身心地配合管理者工作。管理者用人,首先要"善辨",同时要"善用",揭开各色人等的面纱,挤掉水分后称出有几斤几两干货。

与人分享

世界上有一种东西在与他人分享的时候,会变得越来越多,这种东西就是快乐。自己给别人的快乐越多,自己得到的快乐也就会越多。我虽然年龄不大,但我明白这个道理。嗯,我就是要给主人带来更多的快乐,我相信,主人也会给我更多快乐的。

主人,今天是端午节了,这是吃粽子的节日。据说,粽子吃起来可香呢!剥开粽子叶,里面是喷香的糯米,糯米里面是红枣以及各种可口的馅料。我一整天都在看着女主人包粽子呢!主人,我发现女主人可喜欢包粽子了,一年中女主人要包好几回粽子呢!女主人都是将包好的粽子煮熟后放入冰柜中,想吃的时候拿出来,放到锅中煮一煮。女主人可真是有办法。嗯,今天的粽子与往常不同,因为今天才是正经的节日。我一直看着女主人包粽子,我都学会包粽子了。包粽子前要选择上好的苇叶,事先将包粽子需要的米用水浸泡,只有米完全泡开之后才能用来包粽子,同时苇叶也要用水浸泡一段时间,之后就可以包粽子了。将苇叶围成勺子的形状,然后将事先准备好的米放入一些,然后放入馅料,然后再放入一些米,用米将馅料全部盖住,最后用剩余的苇叶将米严严实实地包裹起来,挤出四个犄角,用绳子将粽子牢牢捆上,一个完美的粽子就这样形成了。等到所有的粽子都包好后,将其放入锅中,锅中事先放入适量的水,然后用大火煮,连续煮一个小时,粽子就可以食用了。在煮粽子的过程中,粽叶的香味完全融入糯米中,吃一口,从嘴一直香到心中。主人,您看我对粽子的感情多么深厚呀！由于全家人都喜欢吃粽子，所以我对粽子也是情有独钟的。我喜欢吃粽子，尤其是当小主人给我的粽子蘸上白糖，我更是喜欢得不得了。主人，您在吃这种美味佳肴时，想到给亲朋好友了吗？我觉得与朋友分享美味，绝对是一件好事情。这可以让朋友们都能够得到快乐。主人，我觉得与朋友分享美食也是一种美德。如果看到美食的时候，马上想到的是自己要独享，尽情地满足自己的口福，而忘记了身边的人，那么其他人有美食的时候，也不会想起您。您看，您有美食的时候想着朋友，朋友有美食的时候也会想着您，无形中您就有了更多吃美食的机会了，这难道不是很快乐的事情吗？您想着朋友，朋友就会想着您，人的关系都是相互的。主人，我觉得只有懂得"与人分享"，才能够收获更多幸福，"与人分享"付出的是情感，收获的也是情感。

主人，我觉得您在这方面做得很不错哟！只是在让我们与您"分享"忧愁的时候，不要那样大发雷霆了，我觉得很害怕。主人，您看咋样？

6 月 12 日星期三

今日感悟

与他人分享快乐会让自己更加快乐。管理者要懂得分享，分享下属的快乐就是对下属的激励，下属因此也愿意分享上司的忧伤，忧伤越分越少，而快乐会越分越多。在管理者的影响下，让"分享"成为团队的文化。在利益分配方面，管理者也要懂得分享，管理者要明白"千金散尽还复来"的道理，管理者吝啬财富的"散"，就不会实现人心的"聚"。财富聚散的辩证法就是人心聚散的辩证法，财富的散就是人心的聚，而财富的聚就是人心的散。

公鸡品德

公鸡被人们称为"五德公"，这是我最近才学到的知识，想不到公鸡还有这么多的品德，真是了不起！我在城市中生活，孤陋寡闻，到了一次农村，才明白了很多道理。"走万里路，读万卷书"这句话真是有道理，看来以后我要建议主人多到一些陌生的地方走走啦！真是见世面哟！

主人，记得那次您带着我到乡下去串门，那是我第一次出远门，看到了很多新事物，开了眼界，我在乡村里看到了很多与城市不同的东西。这里的树比城市里多很多，草也分外绿。尤其让我感到欣喜的是，可以听到虫子的叫声。我感到非常新鲜，我顺着虫鸣的地方走去，根本找不到这些虫子，它们很会隐藏自己。我在乡下结交了很多新朋友，这些朋友中，公鸡是最值得一提的。经过其他朋友介绍，我才知道人们一般将公鸡尊称为"五德公"，这"五德"就是"文""武""勇""仁""信"。"文"是因为公鸡头上有鲜艳的朱冠，华冠高耸，鲜艳而富有魅力，让公鸡显得孤傲不群。"武"是公鸡体格健壮、足下生风，给人们一种威武雄壮的感觉。"勇"是指公鸡英勇善战，从不退缩，两只公鸡在打架时，其中一只公鸡即使被啄得头破血流了，也还是要奋勇向前。"仁"是指公鸡在遇到美食的时候从来不会独自享用，而是要呼朋引伴地让朋友们过来一起分享，"不吃独食"的品德使公鸡赢得了人们的赞誉。"信"是指公鸡非常讲信誉，按时按点地给人们唱时报晓。公鸡的这些品德是很多其他动物没有办法相比的。主人，在村子中玩的时候，实际上我第一眼就看见了公鸡，这家伙看上去可真漂亮。相比这个"五德公"，我真是自愧弗如。在我身上找不到文气、看不见威武、谈不上勇敢、提不起仁义、说不上诚信。我回想起吃饭时的表现就更加感到自愧不如了。您不要笑话我，每次吃饭时，只要将食物放在我吃饭的盆中后，别人就不能再动了。虽然家中只有我这一个"宝贝蛋"，每次吃饭时我还是要"护食"的，这是祖上传下来的规矩，谁也不能改的。相比"五德公"，我真是太小家子气了，以后我要表现得宽宏大量些。主人，我希望您能够对我进行监督。只有让自己的品德高尚了，才能够与他人很好地相处。

主人，我觉得不光是我存在这方面的缺陷，人类也不是尽善尽美的吧？需要在这方面进行改正的不光是我，许多人类朋友也要像我一样，在综合素质方面不断提高。这样，对他人对自己都是有好处的。主人，您同意我的观点吧！尤其是管理者，更应该成为"五德公"哟！

6 月 17 日星期日

今日感悟

优秀管理者的评价要素是多方面的，其中"德"排在第一位。"有德有能"是成为出色管理者的首要条件。"无德有能"者不能走上管理岗位，"有德缺能"者可以成为培养对象。"德"是企业文化的一部分，管理者的"德"会影响组织成员的"德"。能力可以培养，德行很难改变。管理者应该具有"文""武""勇""仁""信"等德行，"文"即富有涵养，"武"即精通业务，"勇"即勇于创新，"仁"即懂得分享，"信"即恪守承诺。这样的管理者就能够不怒自威。

少见多怪

只有孤陋寡闻的人才会少见多怪，见多识广的人是不会出这样的笑话的。主人，您做事时应该更加沉稳些。不要给别人留下少见多怪的印象。我发现在外面散步时，您总是忍不住要少见多怪的。主人，见了其他的比我体型大的宠物向我冲过来时，不要惊慌失措。人家并没有打算冲撞您，也没有打算冲撞我，人家只是为了过来打个招呼而已。但是每当人家向咱们这边跑来时，您就像见到了虎豹一样，感觉到非常危险，一边跑一边躲的，还连嚷带叫的，让附近的人都停下正在做的事情看着咱们。其实您也有很多不懂的事情，有不懂的事情不要紧，要懂得学习。这些向咱们冲过来的宠物有没有对咱们构成危险，只需要看人家的尾巴就可以了。如果这些宠物在向我们这边冲过来时，尾巴不停地摇晃，这就说明是没有问题的，它们是友好的。我们这个家族不会像人类一样微笑，但是我们有表达微笑或者友好的方式，这就是摇尾巴。您可以通过尾巴摇晃的程度来判断我们微笑的程度。尾巴摇晃得越凶表示越友好，如果尾巴不摇晃就表示不友好，您就要注意了，这个宠物可能处于不高兴状态，您从其身边经过时，或者它向您冲过来时，您就要多留神。

怎么样，您是不是感觉从我这里学到了些知识呢？在我的面前您总是高高在上的，您总是那样盛气凌人。我知道您有权力，但也应该合理地运用吧。我觉得，您在见到其他的宠物向咱们冲过来时大呼小叫，就是没有知识的表示。我记得小主人在背诵古文时有这样一句，叫做"师不必贤于弟子,弟子不必不如师",意思就是老师并不是在任何地方都比自己的徒弟更加高明,老师也应该虚心向弟子学习,只有这样才能够教学相长。我觉得这句话很有道理,完全可以套用在咱们两个身上。虽然咱们之间并非师徒关系,但主仆关系中也并不是主人都要处处高高在上的。虽然您地位比我高,我需要听从您的,但这并不意味着您在任何地方都比我懂得多。就拿"摇尾巴"这件事情来说,您就不如我懂得多。与"摇尾巴"非常相似,我们这个家族会通过发出不同的声音来表达心情呢!因为我们不像人类那样会清晰地说话,所以只能通过发出各种不同的声音来表达意愿。您平时在与我交往过程中要多留意一些,就能够掌握各种不同的表达。这不但有利于咱们之间建立更加融洽的关系,而且也可以帮助您与其他宠物交往。与这些宠物交往实际上就是与这些宠物的主人交往,我觉得这个道理您应该是明白的!

　　主人,我不多说了。实际上我知道这样说话是非常不礼貌的,哪有宠物"教训"主人的呢!但是这些话说出来,对您应该是有好处的。希望您以后在"为人处世"过程中不要少见多怪!这样一来,您在工作中就会较少遇到阻力,与同事的关系就会更加融洽。您说呢?

6 月 20 日星期三

今日感悟

　　管理者的权力大于下属,但为了制定出更加合理的管理制度,就需要虚心向下属学习。上司向下属学习会使自己变得更聪明,二者之间的沟通成本会更低。管理者要不断接触新事物,才能站得更高看得更远,做出科学合理的决策。管理者要有好奇心,这样才能够不断地探索未知,但一定要有将新事物转化为组织的发展动因,这是管理者应该具备的将"欣赏别人"转变为"被别人欣赏"的能力。在此基础上,管理者就不会少见多怪了,组织成员也不会少见多怪了。

小题大做

我总觉得，"犯错误"也应该是一种权利。不是有人说"人非生而知之者"吗？人非圣贤孰能无过？一个人一生中做任何事情都对，这是不可能的！

我觉得主人就是一个小题大做的人，在别人稍微犯了一点小错误时，就不能容忍。这怎么能行呢？主人，您总是忍受不了别人的错误，哪怕别人只是犯了一个非常小的错误，您都会暴跳如雷。我看这大可不必，人们犯错误很正常，只不过在犯错误的同时，很可能会侵害别人的利益，这是很不应该的。您应该给他人犯错误的机会，在他人犯了错误之后，您应该想办法让这些人不再犯相同的错误就可以了。只有犯了错误的人在您的帮助下不再犯错误，这才说明您的工作有成绩了。主人，我觉得管理者应该比较沉稳才对，您的火爆脾气确实应该改一改了。我觉得，"不沉稳"是管理者的大忌，经常这样会出大事的。

管理者就是一个组织的心脏，对整个组织的发展具有把舵的重要责任。您对管理学理论很熟悉，管理者一般应该有计划、组织、指挥、控制、协调等五项基本职能。作为计划职能，管理者应该做到未雨绸缪；作为组织职能，管理者应该将麾下的资源进行有效整合，尽最大能力产生"1+1>2"的效果，通过整合、聚合和协同，让组织资源产生巨大凝聚力；作为指挥职能，管理者一定要为组织的发展看准方向，低成本高效率地谋求组织发展;作为控制职能,管理者要能够及时"踩刹车",让组织沿着正确的轨道前行,不能慢也不能快、不能左也不能右;作为协调职能,管理者要及时处理组织中存在的各种矛盾,将这些矛盾尽快化解,保障组织不带病运转。

主人,我说这些实际上都是班门弄斧,您才是真正的行家呀!您既然对这些都非常了解,那在处理一些事情时为什么还要那样小题大做呢?您如果不是管理者,有一些错误的举动时,受影响的只是您自己。如果您是一个管理者就完全不同了,您的言行会在很大程度上影响您身边的人。您在发一通牢骚后,心情很快就得以平复了,但是其他人心中的怒火就被点燃了。您每次遇到一些不顺心的小事情,我都有预感,我预感您马上就要火冒三丈了。这样的事情每次都在我的预料之中,看着您那种"气急败坏"的样子我就感到无奈,其实事情并不像您想象得那样糟糕。我知道您是一个很要强的人,对您身边的人包括小主人,都非常严格。您受不了这些人在工作上有半点差错。主人,我觉得您这样做真的是自寻烦恼。主人,我还是劝您尽快改一改自己,这样不但对您的身体有好处,而且也能够在您身边营造出宽松的工作氛围。只有组织环境好了,气氛宽松了,工作效率才会高起来。主人,保持好心情也是一种教养,这样的道理您知道吗?

7月8日星期五

今日感悟

　　容忍并非等同于放纵,能够容忍别人的错误也是一种美德。管理者要给予下属犯错误的权利,这是在为下属成长营造宽松的发展空间,应该是员工职业生涯的重要组成部分。管理者希望下属成为组织发展的支持者,就要主动成为下属的服务员。在下属出现工作失误后,要通过适当方式对其指导,防止以后出现类似错误。管理者对待下属应该宽严相济,不要将关注点聚焦在惩罚层面,"治病救人"才是终极目标,下属工作起来顺心顺气,上司管理也会轻松自如。

持之以恒

恒心是通往成功的航班,不要错过。很多人都有搭乘这个航班的票,但是在起航前又退票了。这怎么能抵达目的地呢!

我的主人虽然已经是一个很有毅力的人了,但在某些方面恒心还是不够的。比如说"减肥"就是这样,我总觉得主人的毅力不够大。女主人经常说您要多到外面走走,但由于您很忙,除了给学生讲课就是在电脑上写东西,平常活动的时间就更加少了,都有些"过劳肥"了。今天您买来了一对哑铃,我很高兴,我觉得您从今天开始就要实施您的锻炼计划了,您将哑铃放在了客厅中,我很好奇,当时围着哑铃转了好几圈呢!在您没看见的时候,我还到哑铃上面踩了几下,闻了闻哑铃的气味,并且试着让哑铃动起来。我费了好大的劲,但是哑铃根本就没有动。您买来的这对哑铃分量可真不轻呀!我真想看看您怎样将这个大家伙举起来。晚上我终于看见您举哑铃了,看上去您还是很有力气的,连续举起了二十余次,面不改色心不跳,您可真是个大力士,我真的很佩服您!您稍微歇了一会,就开始举第二次,接下来就是第三次、第四次,女主人见状后开始开导您:减肥是长时间的过程,需要持之以恒,并不是心血来潮一天就能够达到目的的。我觉得女主人说得太对了,您刚买来哑铃就这样玩命地运动,我觉得这是不科学的。说实在的,我真怀疑您能够坚持多久。您做很多事情总是心血来潮,但新鲜劲过了之后就开始冷场了。就拿一年前您买来的那个腹肌板来说吧,现在我经常在腹肌板的"穹窿"下面睡觉,因为您很少在上面锻炼身体。买来腹肌板时,您豪言壮语地说一定要用这个腹肌板将自己的将军肚练下去,但已经过了一年,我看您的将军肚仍是有增无减。很多时候您躺在电视机前面的沙发上看电视,腹肌板距离您只有两三米远,您宁愿静静地躺在那里也不愿意在腹肌板上锻炼身体,腹肌板一直在陪着您睡觉呢!我觉得做任何事情都不能建立在心血来潮的基础上,做事情只有持之以恒,才能够取得好的成果。

无论是腹肌板还是哑铃,对于您而言都是很好的健身器械,我觉得只要很好地使用它,一定会达到您所需要的结果的,其中的道理您比我更明白吧!一百天之后才能够达到的效果,在一两天之内是无法实现的。这就需要将心态放平,从一点一滴做起,常言道:不积跬步无以至千里。我觉得像您这样一个有毅力的人肯定能够做得非常好。您不要将健身器材放在一边,而拿着遥控器悠哉悠哉地看电视了。如果您还是一如既往,我觉得,您买来的这对哑铃也不会派上多大用场,过不了几天同样也会被束之高阁,半年后哑铃上就要落上一层灰尘了。主人,毅力在您的心里面,也在您的手里面。

9 月 19 日星期三

今日感悟

不积跬步无以至千里,任何大事都是从小事做起的,关键是持之以恒。管理者的威信并非在短时间内就能得以树立,管理者与下属间融洽的沟通关系也需要慢慢形成,这需要在日常工作中从一点一滴做起,关心下属的工作和生活。在组织成长过程中,组织结构也是逐渐形成的,任何一个职能部门都要围绕组织发展目标设立。管理者要着眼于大事,更要致力于小事,只有将组织发展中的任何细节都做好了,组织才会稳步推进。

适度收敛

"收敛"并不意味着"示弱"。我觉得"收敛"应该是"绅士"的代言,但是在别人不这么认为时,我觉得"收敛"就大可不必了,该张扬就张扬,这也没有关系的!我的主人就太过收敛了,以致有些时候我都看不下去了。主人,谁都有自己的性格脾气,这个世界不可能是您理想中的样子,世界不一定会按照您的愿望发展。每个人的想法不同,所以矛盾就会处处存在。人们的生活就是不断遇到矛盾和克服矛盾的过程。

主人,我总遇到矛盾,咱们在散步时,经常会遇到蛮不讲理的狗,咱们也没有招惹它,正在好好地向前走,这家伙会突然冲着咱们狂吠,往往会吓得我全身哆嗦。这些家伙有时冷不丁地来一声,我根本就没有任何防备,往往会吓得我出一身鸡皮疙瘩。还有另外一类狗,不是冲着你瞎汪汪,而是飞快地向你扑过来,而且"呼呼"地发出让人毛骨悚然的声音来。主人,每当这个时候,我就非常害怕,背上的毛就会耸起来,简直都不敢向前挪步了。您往往走路很快,将我甩在后面,这种毛骨悚然的感受我自然就要单独承受啦!每当这个时候,我真希望您赶紧向后看一眼,将我从危难中"解救"出来。主人,有时我都不愿意出去散步了,我体型小,长相比较乖巧,非常听话。但是在那些凶相毕露的家伙面前,我这种品行良好的宠物正好成为它们欺负的对象。主人,您说我是不是也应该变得厉害一些呢?有几次您也看见了,我实际上也不是好惹的,有些蛮横不讲理的大家伙挡着我的路时,我也会很厉害地向他们嚷叫,有的时候还会龇牙。当然我也是比较心虚的,因为打架的时候肯定是不会占上风的。您是能够听得出来的,我在嚷叫的时候,声音中带着一些害怕的成分。主人,我觉得世界不太平就是让这些家伙闹的,如果这些宠物都像我一样温文尔雅、与世无争,安分地做自己应该做的事情,世界是不会有任何风浪的。主人,您说我是不是一个理想主义者?人们的想法怎么会一致呢?达到这样的目标是不太容易的。我觉得总应该有些制度约束这些不太讲理的家伙吧!只有这样我才会有安全感,不然我也会逐渐变"坏"的。我本来坐端行直,但为了预防这些突如其来的"袭击",我在平时也应该学些强身健体的本事了。您在写东西时,我不能总是在一旁睡大觉了,我要练一练身上的肌肉,让自己变得强壮一点。在约束那些坏家伙的制度还没有健全之前,我只能自求多福了。

主人,您在工作中是不是也会遇到这样的"坏家伙"呀?由于相关制度不健全,这些家伙总是有空子可钻。主人,我劝您还是要提防着他们点。您也应该不断"练功",让自己变得强大一些,以便能够在有来犯之敌时,保证自己不吃亏。主人,"人若犯我,我必犯人"的原则还是要讲的。收敛并非在任何情况下都很必要,适当张扬而又不显骄傲自大,我觉得是可以的!总是那样内敛,别人还以为您好欺负呢? 您说是吧?

8 月 20 日星期二

今日感悟

适度收敛锋芒才不至于招致祸端,但收敛过度就会给他人留下懦弱的印象。所以在"张"与"收"之间要把握适度。让他人认识到自己有过硬的功力,从而不敢冒犯,同时也不会让他人认为自己太招摇。管理者的言行代表组织形象,其为人处世的风格会对组织的发展产生较大影响。恰到好处的张扬,能够让组织成员认为管理者很给力,这样的管理者就能够在麾下聚集更多志同道合的优秀人才,组织就会尽快登上更高的平台。

串门有感

多向别人学习就会让自己有长进,我的主人就不擅长向邻居学习,总是按照自己的思路来,所以一直长进不快哟!我觉得这是不好的。主人就是主人,与我的思维方式就是有差别的。我眼中的世界与主人眼中的世界是绝对不一样的。也许这样使我看见的更多的是人家的长处,而主人则更会关心别人的短处的吧!

主人,今天咱们到邻居家串门,让我大开眼界。邻居家的生活设施比我们家要全很多。邻居家的点点对我很好,我们在一起追跑,玩得非常开心。您还一个劲儿地叮嘱我不要乱跑,害怕我弄坏了邻居家的东西。但是邻居家的主人对我很好,鼓励我与点点追跑。可能是在给您面子吧!在与点点玩耍的过程中,我发现点点睡觉用的垫子比您给我设计的那个垫子躺上去舒服多了。点点告诉我说,主人安装了空调。炎热的夏季打开空调睡觉非常舒服,屋子里面不冷不热,睡觉正好。还有很多其他的家庭生活设施,点点家比咱家好很多。主人,我觉得您应该改善一下咱家的基本生活条件了。您希望我活泼、健康,在您面前有出色的表现,这些方面我都会努力做到,但是您要给我安排基本的生活条件。

主人,基本条件的含义您应该很清楚吧!基本条件就是这些条件是必须具备的,缺少了这些条件,工作就没有办法正常开展。这就像关羽必须有青龙偃月刀、张飞必须有丈八蛇矛,只有基本条件具备了,才可以开展基本工作哟!有了这个平台就可以打拼了。在一个组织中,管理者就可以在这个基本平台上彰显其智慧。同一个组织,不同的管理者由于领导才能不同,组织的发展状态就会有很大差别。但是管理者无论有多大才能,都需要有一个基本平台,这是组织成员展示自身才能的舞台。主人,我觉得向您要一个躺上去更加舒服的垫子,这并非奢侈要求。毕竟天天都要睡觉的,垫子不好会影响我的身体健康!另外,空调也不是额外需求,我觉得这是现代人的基本生活条件,没有人再会认为空调是家里的奢侈品了。况且我在享受空调时,您不也在享受着空调吗?吹空调并不是我的特权。主人,您平时很少到朋友家串门,尤其是带着我一同串门的机会更是少之又少。今天咱们串门让我看到了不同的风景,我觉得不同主人的思维方式就是有很大差别。主人,我觉得您是不是也应该向朋友或者邻居多请教一些生活常识,这样您的生活质量就会不断提高。我也就会沐浴在"春风"当中了。您选择了我,我就要生活在您给我提供的一切条件当中,您的思维方式对我的影响会很大。主人,只要您足够虚心,能够坦诚地向朋友邻居多学习,同样的花费就会得到更大收益。我觉得生活也是一门学问。

11 月 24 日星期四

今日感悟

多与别人交流能够使自己视野开阔,让自己发现还有更大的提升空间。很多管理者不善于自我批评,过多的孤芳自赏,就会使组织裹足不前。毕竟"巧妇难为无米之炊",管理者要为下属提供基本的工作条件,这不算额外要求。管理者虚心向同行学习,就能反躬自省,发掘与同类管理者之间的差距。但管理者"西天取经"学到的往往是同人在设计典章制度方面的理念和做法,很少从为员工服务的角度求得真经,其结果是:管理者越善于学习,员工的日子就会越苦。

◆ 自知之明 ◆

量力而行

　　每个人的能力都有极限,硬是做自己不能胜任的事情,会将事情变糟糕的。

　　主人是个很要强的人, 对我的期望值也很高。但我知道自己几斤几两,主人的某些要求我是不能达到的。主人,您对我的要求太高了。最近您给我报了一些辅导班,让我学习各种技能。您这种心情我很理解,希望我能够在别人面前表现得更加优秀,但我觉得压力很大。您给我报辅导班肯定花了不少钱吧! 主人,您知道吗? 其实我也很累。我需要按照您的意志奔走于各个辅导班之间。其实您需要我掌握的这些技能,有些是在我能力之上的,按照我的潜质,通过学习达到您要求的标准是有一定困难的,或者说是根本不可能的。主人,您只是一味想地让我更优秀,但您对我提出的这些要求,真是让我望而却步。我现在感到身心疲惫,觉得没有办法达到您的要求。您是讲管理学的,您对目标管理的理论非常熟悉。目标管理理论强调管理过程中目标设立的科学性。目标不能设定得太高也不能太低,目标太高会让完成目标的人望而却步,以致最后做出放弃的决定,我现在就属于这种情况。目标设定得太低也不行,太低的目标就缺乏激励性。从各种情况看,设定目标一定要讲求艺术性、科学性。主人,我觉得您在给我设计目标时,考虑欠周全。您硬是让我去做我不想做也根本做不好的事情,您不会得到满意结果的,我也白白地搭上了很多精力。我觉得,您在给我设计目标时,除了要从您的角度考虑问题外,也要充分考虑我的实际情况,否则咱们两个都会非常辛苦,时间、精力等都要付诸东流了。

主人,您不是一直在坚持"做正确的事"和"正确地做事"这两条基本原则吗?我觉得,无论背离了哪一条,都会造成不同程度的损失。我觉得,作为一个管理者,面对的是很多人,一个错误的决定就会导致所有人都不努力做事。因为大家都会认为自己是在为一个不确定的结果卖力气,这是不值得的。与其通过努力而求得一个不确定的奖赏,还不如不这样努力而得到一个很确定的"不被惩罚"。由于门槛设计得太高,就会导致较高水平的人和低水平的人都被挡在门外,即组织中的所有人都会退缩,组织内部很少有人能够出人头地。一些人才就会在这种不合理的制度中被埋没。

主人,您应该将制度设计得相对宽松些,让每个人都能够量力而行地做事。对我进行培养,我感到很幸福,但也应该根据实际情况进行。我并非出身名门,资质也很一般,您这样给我下本钱,实际上就是赶鸭子上架。"将制度放松些"不应该简单地被理解成为"鼓励懒惰",而应该被理解为"休养生息"。主人,您不能将我视为您的"芦柴棒",我需要在工作中享受生活,不是成为工作的机器。我要在工作中体会乐趣。我喜欢做力所能及的事情,希望您能够满足我的小小要求呀!至于那些"高精尖"的工作,希望您能够物色到更加优秀的员工,他们在完成这些工作的过程中会更加省力,工作结果会更加出色。主人,我的观点您赞同吗?

4 月 14 日星期六

今日感悟

　　让员工做自己能力范围内的事情，否则期望越多失望就会越大。组织成员素质不同，能力也有差异，管理者在为员工设计奋斗目标时，既要有挑战性也要有可实现性，目标不能一次定得太高，不能搞"一刀切"，要让员工在循序渐进中不断提升。管理者可以将目标分成多个层次，让不同能力的员工都可以找到其能够实现的目标，在完成低层次目标后去挑战较高层次的目标，因此不同能力的员工都有自己的奋斗目标，所有成员都会保持较高的工作热情。

我不完美

　　人无完人，我也不是"完狗"。主人看上了我的优点，将我带回了家。我觉得在主人将我带回家的时候，其实就应该默认了我的缺点，总不能将我的优点和缺点劈开吧！经过长时间的接触，主人已经知道了我的缺点。主人，进入 5 月以来，我开始大量掉毛。对不起，主人，我给您添麻烦了。每天看着您辛苦地扫地，我的内心感到非常痛苦。就像您预料的那样，我全身的毛必须要全部替换一次，这是我的生存本能。为了把家里的麻烦降到最低，女主人特别给我买了一把梳子，每天到外面散步时，对我的全身进行细心梳理，每次梳理时都会弄下很多毛。主人，每次梳理时，我别提有多舒服了，就像对我的全身进行按摩一样，我感到特别享受。这也叫做因祸得福吧！往年这个时候，您也是很烦恼的。每次扫地时，都会扫出一大团毛。您还与女主人开玩笑说，詹妮身上的这些毛攒下来可以织成一件漂亮的"狗毛衫"了。主人，我真的没有办法，掉毛这件事情我本身是难以控制的。说到底是由于我不够完美才导致这些不必要的后果。我所具备的素质都是与生俱来的，有些方面可以后天学到，有些方面则是无法改变的。您在选择了我的时候，不但选择了我的"所能为者"，也选择了我的"可能为者"，您选择了我的优点，也选择了我的缺点。

　　主人，我觉得从这个方面讲，招聘人才比后期的用人更重要。就拿我来说吧，您当初在选择我的时候，其实就意味着对我所具备的一切都表示默认了，这当然也就包括我"掉毛"这个基本情况。主人，我听说并不是所有的宠物到这个季节都要掉毛的,据说有一种叫做"泰迪"的宠物就不掉毛,我觉得这个同类比我更优秀。实际上这种宠物您见过,有一次咱们在外面玩的时候就遇到了一只"泰迪",当时其主人还与您聊天了呢!其主人说"泰迪"不掉毛,从这个角度讲"泰迪"比我更卫生,主人用不着整天扫地。但是我总觉得"泰迪"的样子很难看,不如我活泼,不像我这样会讨主人喜欢。您当时不也批评说"泰迪太淘气"吗?主人,我觉得从这个角度说,没有任何一种宠物是完美的,您不要存在"有一种宠物会十全十美"的幻想。掉毛是我的最大缺点,每次扫地时,您嘴中就会"嘟囔"不停,埋怨我掉了这么多毛。我觉得每个人都有与众不同的地方,当然这些与众不同可能是其优点,也可能是其缺点。只要能够不断强化其优点并且为社会发展提供正能量,这就是优秀品质。当优点大于缺点并且缺点造成的负面影响不是很大的时候,就要充分强调其优点而不应该片面夸大缺陷的成分。

主人,"掉毛"虽然是我的缺点,但排除这个缺点,我还有很多其他优秀的方面,我不是已经给您带来了很多快乐吗?我觉得,您扫地时将我掉在地上的毛扫干净,就相当于我给您创造了一个锻炼身体的机会吧,您说是不是呀?

5 月 23 日星期四

今日感悟

正确认识自己的优势与不足,就能够将自己放在恰当的位置上。管理者应该认识到,没有十全十美的员工。管理者在录用一名员工时,看重的是该员工的优点,但该员工同时也会将其缺点带到组织中来。管理者要通过施展管理艺术,弘扬员工的优点,抑制员工的缺点,通过恰当的方式将员工的缺点转化为优点。接受了玫瑰花的香,同时也就接受了玫瑰枝的刺。下属在工作过程中,管理者不能过分夸大下属的不足,这样会降低彼此的合作愿望。

忘乎所以

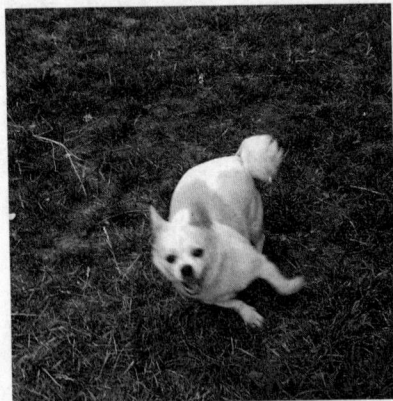

平常人做平常事,心态平稳才能够宠辱不惊。人海中具备这种素质的人是很少的,我的主人在这方面就是我学习的榜样,不像我一样总是一惊一乍的。主人,我觉得忘乎所以是很不好的,这样容易坏大事,不是有"大意失荆州"这个说法吗?在稍微取得了一点成绩后,就开始"猴子坐不住金銮殿",在这种心态下是不能取得重大进步的。只有谨慎谦虚和居安思危才能够不断进步。忘乎所以往往会让人得意忘形,这种心态的管理者是很难取得重大进展的哟!主人,我就经常忘乎所以,所以到现在为止我一直没有太大长进。我整天除了玩就是睡,没有远大理想。如果您给我一顿美食吃,我就美到天上去了。您不是经常看见我在屋里撒欢儿吗?只要您稍微表扬我一下,我就会非常高兴。主人,我觉得如果像我一样做事,此人就很难成大事了。我觉得做大事的人一般都能够做到宠辱不惊吧!这个词汇在《菜根谭》这本书中的"闲适"章里有过这样的阐述:宠辱不惊,闲看庭前花开花落;去留无意,漫随天外云卷云舒。这句话的大概意思是,做人做事能将宠辱看做花开花落那样平淡,才能做到不惊;把职位去留看作天边云卷云舒那样自然,才能做到无意。如果一个人能够做到"宠辱不惊",那就不会有大喜或者大悲,将一切事情都会看得非常平淡。

主人,我觉得您又太过于沉稳了,很多在其他人看来是值得庆贺的事情,在您看来并非如此,您只是将其视为过眼烟云。我记得有一件非常值得庆祝的事情,您在女主人的再三劝导下,也只是买了一包花生米和一瓶啤酒而已。您也有点太"矜持"了吧!我觉得这根本算不上是庆祝,人们平常也会吃这样的东西呀!主人,我觉得您做到宠辱不惊是可以的,但也不至于这样寒酸呀。您这样苦着自己倒也没有太大关系,关键是我的一顿美食泡汤啦!您的教导是:遇到高兴的事情不要冲昏头脑,只有时刻保持头脑清醒才不会忘乎所以,您经常说"冲动是魔鬼"。有时我觉得您说话都是前言不搭后语的,"忘乎所以"与"冲动是魔鬼"是很难靠在一起的事情,但是您还是要这样谈。主人,我觉得吃上一顿红烧肉或者北京烤鸭什么的,这不能算"忘乎所以"吧!这与奢侈浪费等词汇也不沾边。人们在生活条件普遍不好时,如上两种食品还勉强算奢侈品,但现在条件变化了,我觉得您的思维方式也应该变化一下了。该高兴一下时就要尽情地高兴一下。您这样"内敛",家里的所有成员都要跟着您"简朴",我已经好长时间没有吃上肉骨头了。我真盼望着您能够"忘乎所以"一下,这样一来,我的生活就能够得到改善了。当然,希望您的"忘乎所以",要比花生米和啤酒的水平高一些!

6月4日星期二

今日感悟

管理者要比组织内的普通成员更要保持平常心态,保持淡定才会有一颗平常心,做事才会看得更准做得更好。管理岗位的本质在于服务和奉献,而不在于对下属指手画脚和在员工面前大呼小叫。走上管理岗位会让人荣耀,走下管理岗位会让人失落,这是一般人的思维方式。如果将名誉荣辱都视为过眼云烟,管理者就能做到宠辱不惊。在与员工打交道的过程中,就会更加平易近人。组织成员间的关系就会更加融洽,管理者就会将"做人"与"做事"完美整合在一起。

旁人说话

如果您在做一件事情的时候,旁观者都觉得无法忍受了,这说明您做事情的方式有些太过分了。今天我与主人散步时,有好心人为我打抱不平了。主人带我散步过马路时,为了保证我的安全,总是把我抱起来过马路。您不知道,在抱着我的时候,虽然我感觉有些不太舒服,但仍然觉得非常自豪,我相信很多宠物是不能体会到这种自豪感的。但是今天与往日有些不同,在您抱着我走到马路对面时,正好遇到一个老爷爷,怀中也抱着一只宠物准备过马路。我们从这位老爷爷面前经过时,老爷爷声音不大地说了一句话,我这时还记着呢!老爷爷说:"这是怎么抱着人家呢!"我觉得您当时好像没有太在意老爷爷这句话,但我听到耳朵里去了。我当时看了一下老爷爷抱宠物的姿势。主人,老爷爷抱宠物的姿势与您抱着我的姿势有很大的差别!人家是用左手扶着宠物的头,右手托着宠物的屁股,这样的话宠物就会非常舒服地坐在老爷爷的臂上了。您抱着我的姿势显然不一样,您是用双手掐住我的两只前腿,将我的头顶在您的胸前,我的两只后腿和尾巴全都耷拉着。虽然不很舒服,但一般我都能够忍住,因为过马路的时间毕竟都很短暂,我忍一忍就会过去了。当您将我放在地上时,我就会舒服地呼吸空气了。咱们今天遇到了这种敢于说公道话的老爷爷,我觉得真是我的运气。主人,听了老爷爷对您的提醒后,您是不是也应该改一改您抱着我的姿势了。老爷爷当时提醒您,您装着没有听见,我可是听得一清二楚。老爷爷那是在埋怨您虐待动物呢!您长期以来对我都是这样,我已经见怪不怪了。但是老爷爷今天对您提出了批评,您的行为应该有些改变了吧！我虽然能够忍受您,但外人都觉得不公道了,您难道还不能认识到自己的问题吗？您是我的主人，您的一些过失我有时是不便直接说的。我只盼着有一天您能够进行自我批评,但是这一天到来的时间实在是太遥远了,有时我都认为这是没有希望的事情。

我觉得您本心是对我好的,只是有些事情没有做到位而已,甚至有时您在好心办坏事,这些我都能够理解。我觉得今天发生的事情与管理工作发生的事情很相似。当局者迷旁观者清吗！老爷爷就是旁观者,您在工作中,身边总会有一些这样的老爷爷,只不过这些老爷爷有的虽然看出了您的问题,但仍然会保持沉默而已,这是不利于提高您的工作质量的。我觉得您在工作中,也能遇到今天咱们遇到的老爷爷就好了,这样的老爷爷多了,您就会变得聪明起来。您不是经常说"良言逆耳利于行"？老爷爷的话虽然很直白,但对您会很有好处的,您还是好自为之吧！

8 月 21 日星期三

今日感悟

自己认为正确的做法在他人眼中可能是不妥的,多听取他人的建议会使得错误的做法及时得到纠正,组织的发展轨迹就能够得到矫正,保证组织一直在正常轨道上运转。管理者要善于倾听他人的声音,使自己变得更加多谋善断。敢于直言的下属,往往会给自身造成损失而让组织受益,很少有组织成员愿意降低个人福利而为组织发展做补贴。管理者要善于培养此类下属,组织中有这样的下属,是管理者的福音,管理者要与其"长相厮守",不离不弃。

做个奴才

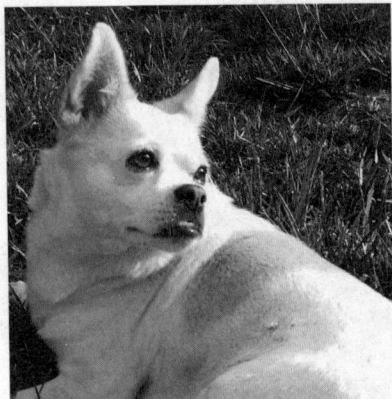

我就是主人的"奴才"，我没有什么本事，哄主人开心的把戏只有打滚儿、摇尾巴和"汪汪"等，除此以外，我再也没有什么绝招了。我有些想法也不能表达给主人，主人也根本听不懂我的语言。我觉得做个"奴才"很好，有吃有喝的，衣食无忧，我还有什么其他的追求呢？

主人，我已经看出来了，您的终极目标就是要让我唯命是从，无论您是正确的还是错误的，我都不能反驳。只有这样，才能够显示您的威严。主人，也许您的思路是正确的，如果您提出某个想法后，很多人都七嘴八舌地与您"理论"，这样太浪费时间了，而且讨论半天也不一定会有什么样的结果。所以"家有千口，主事一人"，您是我们的主心骨，我们都听您的，在关键的时候您拍板这是很重要的。但是我也有一些其他的看法，我觉得您这种不允许其他人说话的做事风格，弄得家中的气氛太压抑了。难到您没有感觉出来什么吗？家中现在一般都是您在说话，别人只是在以"嗯"表示同意。原先遇到您做事不对时，我也在您面前"汪——汪——"两声的，但是现在我只是舔您的胳膊、腿、脚，我几乎都不会"汪——汪——"了。我现在已经非常清楚了，既然您的目标就是将我训练成为奴才,那我为什么不按照您的意思做事呢!否则玉米面粥和咸菜条这等食物我都很难吃得上了,也说不定将来有一天我会成为一个"流浪狗"呢!我可不想沦落到此种境地。我觉得此生遇到您是我的幸运,没有生长在特别贫困的人家就是我的造化了,您能够给我一个安乐窝并且让我吃喝不愁,我就已经心满意足了。至于能否在您面前表达我的诉求,这些都无关紧要。我在小的时候非常不懂事,不知道您是我的唯一。随着年龄逐渐长大,现在已经明白了这个道理。我不会跟着别人乱跑了,也不会随随便便地顶撞您了。我只认准您一个人,我要清楚地记着您的气味、走路姿势等各方面的特征,从很远的地方我就能够认出您。在外面散步时,我会紧紧地跟着您,寸步不离。

主人,我想与您讨论一个问题,您说是不是很多管理者都希望自己的下属是奴才?喜欢下属对自己言听计从?如果是这样,我看社会就真的没有办法发展了。我觉得一个人的想法毕竟还是有一定局限性的,常言道"兼听则明偏信则暗",如果管理者说的话无可辩驳,那就意味着这个管理者永远没有错误,我觉得这是不可能的。这会对一个组织的发展产生阻碍作用,我觉得不应该将人才驯化为"奴才",否则管理者的身边人才就会越来越少,奴才越来越多。我真的很难想象,这将是一个什么样的情况呀!

9月19日星期一

今日感悟

人才不是奴才,让人才成为奴才,下属中就不会有人才。在管理实践中,相对于敢于直言的下属,言听计从的奴才更讨管理者喜欢。这样的下属没有自己的主见,只会执行管理者的命令,即使管理者已经在犯错误时也不指出,让管理者一错再错。为了组织高效发展,管理者应该意识到,"人才≠奴才",如果已经发生了"人才=奴才"的问题,说明管理者自身存在问题,这样的组织已经病入膏肓了。这样的管理要尽快进行"体检",否则组织就会走向穷途末路。

◆ 结 语 ◆

　　读者朋友,前面我说的这些话有很多不着边际的地方。您在读了本书之后,千万不要对号入座,我可是不愿意惹您生气!您看本书,只当是消遣一下就行啦!当然,如果您确实是存在一些问题的管理者,您在阅读此书后能够在行为上有些改变,就更是求之不得!怎么样,书读上去感觉还算幽默风趣吧。我总觉得管理虽然很深奥、很复杂,但只要管理者将制度定得好好的,并且能够严格执行,管理就不会那样复杂。我总觉得事情复杂的原因往往就在于人的心思比较复杂。世界是由人组成的,也是由人心组成的。由于每个人看待事物的着眼点有很大差别,彼此间就会出现矛盾。一些人认为这样做事合理,另外一些人认为那样做事合理,而事情最终的发展结果并不是按照某一个人的思路发展的,而是沿着社会合力的方向发展的。这个合力就是不同人的思想的"交集"。捉摸人的心思是很费心劳神的,这就需要智慧。就像我的主人所说的,这个世界充满了博弈,普通人之间存在博弈,国家与国家之间也存在博弈。在一个组织中,上下级之间也是存在博弈的。管理就是一种博弈。好的管理者能够让复杂的事情变得简单,较差的管理者却让简单的事情变得复杂。我的主人是二者兼而有之。所以在书中我对主人提出了很多的忠告!

　　其实我起初一点儿管理也不懂,因为主人是做管理工作的,所以经常听他絮絮叨叨的,我也就对管理有了很多感悟。有句话说得非常好,"熟读唐诗三百首,不会作诗也会吟",我就是在主人的熏陶下对管理有了较深的感悟呢!我的主人虽然是个急性子,有时做事也欠周全,但是在绝大多数情况下做事还算是很正确的,不会让我这样的"下属"堵心堵肺哟!我庆幸遇到了这样一个豁达的主人。我也有自己的小脾气,有时也会惹主人生气的,但是主人对我的这些错误从来不记在心上。我觉得我是幸运的,因为我知道我的一些朋友经常受到主人的虐待。在外面散步时，我有时也会看到主人打宠物的事情。每当遇到这种情况，我都会为自己有这样一个好主人而自豪，主人从来没有打过我。他会给我美食，在我表现不错时及时给我鼓励。过马路时会将我抱起来，生怕我有个闪失什么的。当我被主人抱起时，我感到无比幸福。每当这个时候，我都会将脑袋紧紧地贴在主人胳膊上，将身躯贴在主人胸口上，悉心地感受主人的体温，用身躯体会主人的心跳。

　　我的日记记述了近三年发生的一些小事，从这些小事上面我联想到了管理问题。这本书表面上是我的日记，实际上是我在管理层面的心得体会。我觉得管理就在我们身边，甚至在我们的一日三餐当中。从这个角度讲，管理并不复杂，也并不是只有在大部头的著作中才能够看到的。读者朋友，我这样说话，您不要觉得我有些言过其实呀！就像我的主人经常说的，管理实际上包括"管"和"理"两个层面的意思。光有"管"而没有"理"，"管"就是在表面上做文章，管理者一定要好好地学习心理学的东西，要读懂下属，体会下属的心理过程，对下属不能进行"围追堵截"，而是要进行很好的"疏导"，只有这样下属才会与管理者一条心。就像我与主人一样，我们之间是没有隔阂的。在主人有做得不足的时候，我马上会通过我的方式对主人表达，这时候主人对我的心思也能心领神会。主人在努力改变自己，我也一样。我与主人之间已经磨合得很好了。我们之间没有矛盾，只有合作。我想，我们之间合作的水平会越来越高的。我觉得在一个组织中，组织成员之间如果达到了像我与主人之间的这种合作水平，就非常不错了。很多组织都是由于矛盾而分崩离析的。

　　主人曾经以韦伯的行政组织理论，解释对权力的看法。我觉得主人说得很对，只有"理性—合法"的权力才能让下属服从上司。主人施加在我身上的权力就完全属于"理性—合法"的权力。管理者的目标并不是要束缚组织成员，而是要让组织成员接受管理者的思想，促使所有成员形成合力。组织成员做事的愿望非常高，不是"要我做"而是"我要做"，这种高涨的士气是单纯依靠发号施令无法获得的。我在主人面前就非常善于表现，我有什么样的本事都愿意毫无保留地在主人面前展露出来。我觉得这要得益于主人的好品格。主人经常说，在一个组织中，并不是下属都愿意在上司面前表现的。如果上司对下属施以不公正的对待，这样的下属是无法打起精神做事情的。

主人常说，有什么样的主人就有什么样的宠物。我觉得这句话也可以这样说：有什么样的上司就有什么样的下属。如果想了解某个管理者的工作风格，不用直接与这个上司接触，只要看看其下属怎样被要求的就可以了。下属就是上司的影子，我现在越来越坚信这个道理了。如果书中的这些话是在我心中想的，这也无关紧要，因为主人并不知道我在想什么。但是以书的方式出来后，主人什么时候想看就可以拿起来看，这实际上也是我最担心的。读者朋友是知道的，一个人的日记是不能拿出来让别人看的。日记是自己的隐私，但是日记以书的方式出现后，我的主人说不定哪天就能够与书不期而遇了，这时候我的"思想"简直就要在主人面前"裸体"了。书中我的一些话对主人是有失礼貌的，我担心主人看后，会对我"采取措施"，我不会要承受灭顶之灾吧？当然这只是我的单方面想法。我觉得不会的，因为我的主人是一个好主人，我整天生活在主人身边，我对主人是非常了解的。主人是一个很通情达理的人，平时我们交流的时候，我也会直言不讳地指出主人的一些弱点，主人都接受了并且改正了，想到这里我倒不怎么担心了。

将我的想法写成书也有一些好处，因为有很多与我同样的"詹妮"，这些"詹妮"的想法与我也很相似，我将他们的想法表达出来，让"主人"看了之后知道与"詹妮"相处的办法。从这个角度讲，我也算对从事管理工作的人们做出了一点贡献。主人看见我这样说可不要批评我呀！无论如何，我永远都是主人的詹妮，主人也永远是詹妮的主人，我们说定了，我们永远不分离哟！

◆ 后 记 ◆

　　我以拟人的笔法写这本书是建立在长期思考的基础上的。这样写书会让读者感受到更好的亲和力,让读者喜欢读书,在消遣娱乐之余感知管理学的东西,从根本上避免了管理学著作枯燥乏味的问题。本书是我在多年从事管理学教学实践的基础上写成的。在长期的教学实践和与企业合作进行课题攻关的过程中我发现,在企业管理中有很多需要切实解决的实际问题,这些问题有些是实践者意识到不能解决的,有些是实践者遇到了但不愿解决的。我在诸多研究报告中针对相关实际问题提出了具有开创性的解决思路,事实表明能够给企业解决诸多实际问题。当然学术研究与管理实践还是存在很大差别的,将学术研究与管理实践紧密结合在一起,也是管理学发展的一个重要任务。本书采用日记体,用非常轻松的语言向读者阐述管理学道理,表面上是宠物詹妮在对主人诉说,实际上是下属对管理者的抱怨。这是一个下属发自内心的呼喊,让管理者对其更加公正些,希望管理者要不断提升自身素质,将组织发展与员工个人发展紧密整合在一起。日记中提出的感悟在一定程度上能够达到根除企业病症的目的。著作中的观点仅代表我一家之言,也希望读者能够在阅读之余与我探讨。本书中的所有观点仅作为探讨之用,希望能够引起学界同人的共同探索。

　　如果说我在该书中能够有所进步,也是建立在学界同人已经取得的成果的基础上的。人力资源管理是一门复杂的学问,正像著名管理学家西蒙所说,"决策贯穿管理过程的始终"。可以说管理者每天应对的问题就是决策,无论是大决策还是小决策。战斗在一线的企业管理者才是研究管理学的实践家,作为书斋里的教书先生,从事的主要是理论教育,实践经历无论如何也不如企业家,所以本书中的一些看法肯定有不着边际的地方,井蛙之见而已。如果书中的某些观点与学界同人的观点相抵触,希望能够得到学界同人的批评和指正。

首先要感谢夫人曹建华女士,她是我所有作品的第一个读者,写作中我的一些怪诞想法每每遭到夫人的批评,在其批评中我的书不断得到完善,我也在修改书中得到了很多快乐。夫人的批评就是对我的鼓励,也是一定程度上对我的认可。每当一部新作问世时,夫人总是高兴地拿给我看,因为她知道看到作品变成铅字是我最大的快乐。平时我只知道坐在电脑前一个字一个字地将想法敲在屏幕上,而夫人却把可口的饭菜摆在了饭桌上,她默默地承担起了全部家务、赡养老人以及抚养儿子的重担,使我能够全身心地投入写作。现在想起来,如果没有这样一个坚强的后盾,我的书稿很难顺利完成。应该说,书稿是我的作品,更是夫人的作品,书稿中凝结了夫人的辛勤汗水。

同时也感谢我的学生们,是他们在课堂上与我针锋相对地交流管理思想,不加保留地将自己的思想奉献给我,使我在写作中有了更多灵感,从而使得书稿的内容更加丰富。学生是我一生中最可宝贵的财富,有了你们我才有快乐,我才能不知疲倦地写出我的想法,有更多时间认真备课、认真讲课,与你们交流想法,希望你们在读完此书后能够给我以批评和指证,以便我在以后写作中有更大提高。感谢你们!

最后要感谢詹妮。詹妮很乖,她给我带来了很多快乐,我在写作时她会一直躺在我旁边睡觉,其均匀的呼吸声已经成为我写作过程中不可或缺的旋律。一有空闲,我就会领着詹妮到公园散步,活泼可爱的詹妮会闻花香、闻草香,会捉蝴蝶,会与蜜蜂捉迷藏,会撒开欢儿在草地上奔跑。活泼的詹妮让我很快消除了写作的疲倦,也让我暂时忘却生活和工作中的烦恼。詹妮诱发我的写作激情,让我拿起笔来用日记方式记录一个下属要对其上司说出的话。管理就是为了解决矛盾而存在的,但有些问题因长期得不到解决而延缓了组织的进步效率。詹妮童言无忌,希望她在日记中的只言片语能够触动管理者,让管理者反躬自省,提升自身素质,提升组织进步效率。这样,"詹妮"的生活质量就会得到提升,工作就会更加顺心顺气。"詹妮"与"主人"就会长相厮守,不离不弃了。

　　本书是基于学界同人已经取得的丰硕成果写成的，有了管理学的大厦，才能使我在汲取前人智慧的基础上驻足思考。由于著作出版时间紧迫以及本人的能力有限，书中错误和疏漏在所难免，敬请各位读者能够海涵和谅解，也希望读者能够提出宝贵意见和建议，以便日后笔者出版其他著作时纠正错误，提高写作质量。

孟祥林
2017 年 1 月于华北电力大学